JN189604

ポイントカードの消費者行動

Consumer Behavior in Loyalty Programs

NAKAGAWA Hiromichi

中川宏道 著

千倉書房

はじめに

　本書は，ポイントカード（ロイヤルティ・プログラム）に関する研究をまとめた学術書である。従来，ポイントカードに関する書籍は，経営コンサルタント等によるポイントカードを経営に活用する実務書[1]や，シンクタンク等が発行する未来予測と提言[2]，ムックなどの消費者向けのポイント活用術などに限られてきた。一方で消費者行動研究においては，ポイントカードに関する研究の蓄積が進んできている。しかしながら，その研究成果が一般の方々に広まっているとは言いがたい現状がある。本書は，そのギャップを埋めることを目的として刊行されるものである。

　具体的には，以下のような疑問に対して，学術的に回答することを目指している。

- ・どのようなポイントカードを利用者はお得だと思っているのか？
- ・ポイント付与と値引きとでは，どちらを消費者はよりお得だと思っているのか？それは購買金額やポイント付与率（値引率）によって変わるのか？
- ・ポイント付与（値引き）をお得だと感じる度合いは，バスケットレベルでも商品レベルでも同じなのか？
- ・ポイントデーと値引きデーとでは，店舗の売上金額や来店客数をより向上させるのはどちらか？その効果は商圏によってどのように変わるのか？
- ・どのようなときに消費者はポイントを使おうとするのか？購買金額とポイント残高のどちらがよりポイント使用に影響するのか？
- ・ポイントカードによって消費者の店舗ロイヤルティやスイッチング・コストは向上するのか？その効果はリアル店舗とネット店舗とでは異なるのか？

　研究である以上，一般書と違って学術的な厳密性を担保しているため，方法論的な手続きに煩雑さを覚える方もいらっしゃるかもしれない。しかしながら，そうであるがゆえに本書での結論は頑健性があり，汎用性が高いものであるともい

える。実務家の方に本書を活用いただければ幸いである。

　なお，ポイントカードはロイヤルティ・プログラム（Loyalty Program），フリークエント・リワード・プログラム（Frequent Reward Program），リワード・プログラム，ロイヤルティ・カード，ロイヤルティ・スキーム，アドバンテージカードなどの呼び方のバリエーションが存在する。学術的にはロイヤルティ・プログラム（Loyalty Program）と呼ぶことが一般的であるが，我が国の実務家や消費者の間ではロイヤルティ・プログラムよりもポイントカードと呼ぶことが一般的である。したがって，本書では以下ポイントカードとして呼称を統一することとする。

(1)　安岡（2014）など。
(2)　野村総合研究所（2006）など。

ポイントカードの消費者行動

目次

目　次

第 1 章

本書の目的と研究方法

　国内外の小売業や航空会社などのサービス業において，ポイントカード（ロイヤルティ・プログラム）は普及している。米国国内におけるポイントカードの入会者はのべ26億5,000万人にまで達すると試算されている（Berry 2013）。また，日本国内12業界の主要企業が2022年度に発行したポイント・マイレージの発行額は 2 兆1,890億円と推計され，この主要企業以外にも多くの企業からポイントが発行されている[1]。「ポイントエコノミー」という用語が存在するとおり，経済に影響を与える量のポイント数が発行されている。

　そのような現状に伴って，ポイントカードに関する数多くの研究がなされるようになっており，いくつかのサーベイ論文が発表されるまでに至っている（Henderson et al. 2011; Dorotic et al. 2012; Breugelmans et al. 2015; Chen et al. 2021; Kim et al. 2021）。そこで，まずはポイントカードに関する研究の全体像を概観したうえで，本書における研究の位置付けを確認する。本章では，まず第 1 節においてポイントカードの定義を確認し，本書におけるポイントカードの定義付けをおこなう。次に，第 2 節においてポイントカードに関する研究の全体像を明らかにする。第 3 節において，ポイントカードに関する研究全体における本書の範囲と位置付けを示し，第 4 節において本書の構成および目的について述べる。

1．ポイントカードの定義

　まずは本節でポイントカードの定義をおこなおう。これまで先行研究において様々な定義がなされてきており，代表的なものは**表 1 - 1** にまとめられている（Rayner 1996; Dowling and Uncles 1997; Sharp and Sharp 1997; Kim et al. 2001; Lal and

表1-1	先行研究におけるポイントカード（ロイヤルティ・プログラム）の定義
研究	定義
Rayner（1996）	「顧客ロイヤルティ計画は，ロイヤル顧客を識別し特典を与えるメカニズムである。」
Dowling and Uncles（1997）	「ロイヤルティ・プログラムは，追加的なインセンティブを提供することによって，顧客と企業や製品やサービスとを結合しようとするものである。」
Sharp and Sharp（1997）	「ロイヤルティ・プログラムは，組織化されたマーケティング努力であり，特典を与えて，それゆえロイヤル行動を奨励する。」
Kim et al.（2001）	「リワード・プログラムは，顧客のロイヤルティを発展させるプロモーションのツールであり，その企業から一定の製品やサービスの累積的な購買量にもとづいて消費者にインセンティブを提供する。」
Lal and Bell（2003）	「これらのプログラムは、店舗、サービス、製造業などの提供者から累積的な購買量をベースにして消費者に様々なインセンティブや特典を提供する。」
Yi and Jeon（2003）	「ロイヤルティ・プログラムは，利益になる顧客に対してインセンティブを提供することにより，顧客のロイヤルティを構築することを意図するマーケティングのプログラムである。」
Lewis（2004）	「そのようなプログラムは、顧客がより頻繁により大量に購買するためのインセンティブを提供することによって、反復購買を奨励し、それゆえ顧客維持率を改善させる。」
Liu（2007）	「ロイヤルティ・プログラムは，企業から反復購買をしたときに無料の特典を蓄積することを認めているプログラムだと定義される。そのようなプログラムは，1回の購買では消費者にはめったに利益をもたらさないかわりに，長い時間をかけて顧客のロイヤルティを育成することを意図している。」
Meyer-Waarden（2007）	「ロイヤルティ・プログラムは，関係性や財布シェアを向上させるためのツールを表し，マーケティング活動と経済的・心理的・社会的特典との統合的なシステムである。」
Liu and Yang（2009）	「我々はロイヤルティ・プログラムを，消費者に，後に無料の特典と引き替えることできるプログラムの通貨を蓄積することを認める長期志向のプログラムと定義する。」
Henderson et al.（2011）	「我々はロイヤルティ・プログラムを，時間を通じて消費者の消費行動を強化しようと試みる制度化されたインセンティブ・システムと定義する。」
Noble et al.（2014）	「ロイヤルティ・プログラムは，顧客に，組織に対する再購買（愛顧）と引き替えに利益を提供することである。」

（出所）Köcher（2015）をもとに筆者編集

Bell 2003; Yi and Jeon 2003; Lewis 2004; Liu 2007; Meyer-Waarden 2007; Liu and Yang 2009; Henderson et al. 2011; Noble et al. 2014）。これらの定義において共通しているのは，ロイヤルティの強化を目的とすること，特典の提供をおこなうこと，ポイ

ントカードの構造を有していること，長期志向であること，の4点であるといえる（Dorotic et al. 2012）。

　まず第1に，最も基本的なポイントカードの目的は，消費者の態度的および行動的ロイヤルティを強化することであり，これにより長期的な関係性にもとづく利益を実現させることであるということである。第2に，リピート購買の見返りとしてインセンティブを提供するということである。この特典の提供によって購買行動の強化学習をうながし，可能な限り当該店舗で購入するように仕向けることを可能にする。第3に，ポイントカードは明確な構造があるということである。ポイントカードの便益を受けるためには，まずはポイントカードに入会して会員にならなければならない。次に，会員は特典を得るために，当該店舗での購入量に応じて提供されるポイントカードの通貨（ポイント）を集めなければならない。このように，ポイントカードの構造には，購入量に応じたポイントカードの通貨の発行と，ポイントカードの通貨と特典との交換の2つのメカニズムが含まれている。第4に，ポイントカードは長期志向であり，時間を通じて顧客のロイヤル行動を育成するすることを意図するものである。

　以上4つの特徴を網羅した定義として，本書におけるポイントカード（ロイヤルティ・プログラム）を，以下のとおり定義する。

　ポイントカード（ロイヤルティ・プログラム）は，あらかじめ定義されたポイントカードの構造にしたがって特典を与えることにより，ポイントカード会員の購買を促進することによって，顧客のロイヤルティを発展・強化することを意図した，長期志向の関係性構築のためのツールである。

2．ポイントカードに関する研究の全体像

　ポイントカードに関する研究の全体像を図1-1にまとめている。ポイントカードに関する消費者の行動的反応としては，まずは①ポイントカードへの入会がある。入会後の消費者行動としては，②商品購入，③ポイント蓄積，④ポイント使用，⑤顧客支出・顧客維持，があげられる。そして入会後の態度的反応としては，⑥企業およびポイントカードへの態度があげられる。そして，これらポイントカードへの消費者行動に影響を与える要因として，⑦ポイントカードの要素，⑧消費者関連の要素，⑨競合店舗関連の要素がある。以降では，これら①〜⑨に関する研究を概観していく。

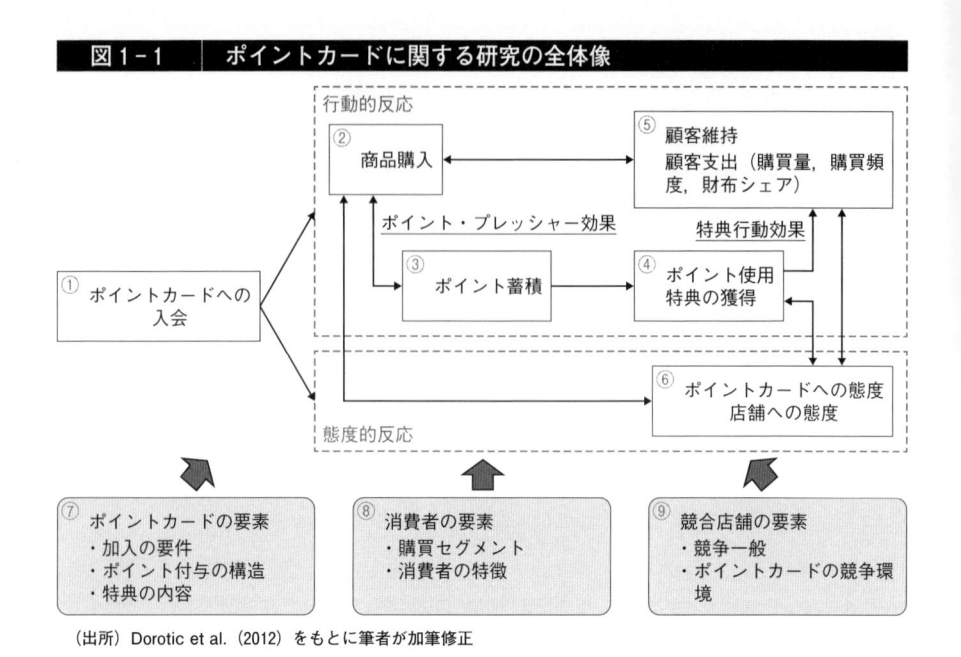

図1-1　ポイントカードに関する研究の全体像

（出所）Dorotic et al.（2012）をもとに筆者が加筆修正

2-1　ポイントカードの消費者反応

（1）ポイントカードへの入会（図1-1の①）

　ポイントカードに入会するか否かの顧客の決定は，会員を継続することの知覚コストおよび知覚リスクを，会員であることの利得の評価が上回るか否かによって決まる。ポイントカードの会員であることの利得とは，実用的利得（経済的貯蓄，利便性，贈与など），快楽的利得（個別的待遇など），象徴的利得（企業からの感謝，社会的地位，所属感情など）が含まれる。多くの消費者は，ポイントカードへの参加によって得られる実用的利得の価値を高いと考えている（Bridson et al. 2008; Furinto et al. 2009; Gable et al. 2008; Mimouni-Chaabane and Volle 2010）。というのは，実利的利得は快楽的および象徴的利得よりも，目に見えて評価するのが容易であるためと考えられる。実用的利得の選好は，経済的な買物の性向のためにポイントカードに入会する傾向があることを反映している（Demoulin and Zidda 2009; Leenheer et al. 2007; Mägi 2003）。

　また，会員であることの金銭的・非金銭的コストを評価するために，店舗への

移動コストおよび利便性に関するコストを入会前に考慮する。それは，主として店舗までの距離と購買頻度に依存する（Allaway et al. 2003; Ashley et al. 2011; Meyer-Waarden 2007）。

（2）商品購入（図1‑1の②）

　入会してポイントカード会員となった消費者を対象としてポイント・プロモーションが実施されており，その販促による商品購入への影響が存在する。ポイントカードにおける一般的なポイント付与の方法として，買物総額に対して一定比率のポイントを付与するパターン（バスケットレベルのポイント付与：バスケットポイント方式）と，特定のカテゴリーに対してポイントを付与するパターン（カテゴリーレベルのポイント付与：カテゴリーポイント方式），および特定商品に対してポイントを付与するパターン（商品レベルのポイント付与：商品ポイント方式）が存在する。他のプロモーション，とりわけ最も一般的な販促である値引きに比べて，ポイント付与の効果は高いのであろうか。バスケットレベルの効果を測定した Zhang and Breugelmans（2012）によるとポイント・プロモーションの方が値引きよりも高い効果であったが，カテゴリーレベルの効果を測定した Wei and Xiao（2015）によれば，ポイント・プロモーションの方が値引きよりも低い効果であった。このようにポイント・プロモーションの種類によって効果が異なる結果が得られている。

（3）ポイント蓄積（図1‑1の③）

　ポイント・プレッシャー効果（point pressure effect）とは，特典を得ようとするために支出額を増加させる効果のことである。ポイント・プレッシャー効果は心理学的説明には，生体は目標へ近づくほど努力を加速させるという**目標勾配仮説**（goal-gradient hypothesis; Hull 1934）と，人間は基準（特典を得るための購買金額）と比較して特典を得るまでにこれまで貯めてきたポイントの割合を計算することで自分の進歩を判断するという目標距離モデル（goal distance model）から説明可能である（Blattberg et al. 2008）。ポイント・プレッシャー効果は，先行研究において支持されている（Kopalle et al. 2012; Lal and Bell 2003; Lewis 2004; Taylor and Neslin 2005）。

図1-2　　ポイントカードが購買量に与える影響

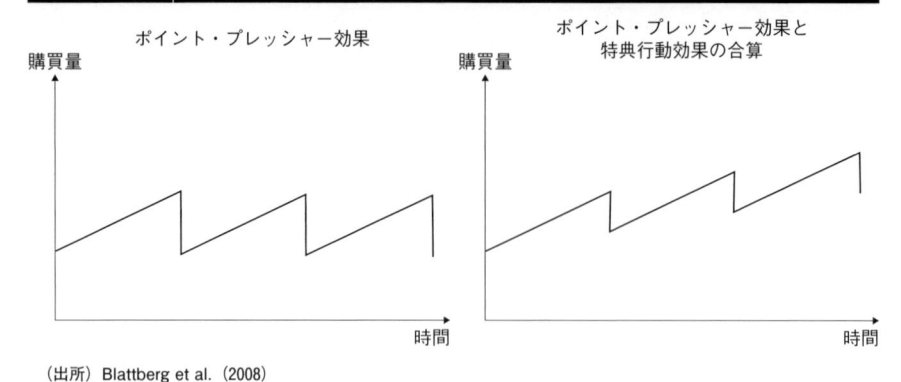

（出所）Blattberg et al.（2008）

（4）ポイント使用・特典の獲得（図1-1の④）

　特典行動効果（Rewarded behavior effect）とは，顧客が特典を得た後に，顧客は購買を持続するか増加しようとすることである。特典行動効果が生じる理由は，再購買が特典をもたらすという行動学習（オペラント条件づけ）である。特典行動効果は多数の実証研究が支持している（Kopalle et al. 2012; Lal and Bell 2003; Lewis 2004; Taylor and Neslin 2005）。

　図1-2は，ポイント・プレッシャー効果と特典行動効果の購買量への影響を表している。図1-2の左の図はポイント・プレッシャー効果だけの場合を表しており，特典を得るための閾値に近づくと購買量が上がるが，特典を得るとまた元の水準にまで購買量が戻る，この繰り返しである。図1-2の右の図はポイント・プレッシャー効果に特典行動効果を加えたもので，特典を得るごとに行動学習によって購買量の水準が高くなる。したがってポイント・プレッシャー効果と特典行動効果を合わせれば，ポイントカードによって短期的にも長期的にも購買量は増加することになる。

（5）顧客維持・顧客支出（図1-1の⑤）

　長期的に見た場合，ポイントカードによって，最終的に顧客維持や顧客支出は向上するのであろうか。浸透率（購買率）や購買頻度や財布シェア（顧客の業態への支出金額に占める当該チェーンへの支出金額のシェア）といった指標を集計レベルで見たときには，正の変化をもたらしていることが確認されている（Cigliano

6

et al. 2000; Liu and Yang 2009)。さらに，個人レベルの顧客の支出額への影響については，ポイントカードのメンバーは非メンバーよりも行動のロイヤルティは高いことが確認されている（Gómez et al. 2006; Mägi 2003; Mauri 2003; Meyer-Waarden 2008; Smith et al. 2003）。

ただし，支出額の変化の大きさは，ポイントカードのタイプによって異なる。購買行動の絶対額において最も大きい変化が見られたのは，ある特定の期限内にある一定金額購買した消費者に対して特典を与える短期型（2-2参照）のポイントカードである（Drèze and Hoch 1998; Lal and Bell 2003）。連続型（2-2参照）ポイントカードの結果としても，売上は上昇する（オンラインもしくはオフラインの小売業：Leenheer et al. 2007; Lewis 2004; Liu 2007; Meyer-Waarden 2007; 百貨店：Kim et al. 2009; Lacey 2009; 航空会社：Liu and Yang 2009; 金融サービス：Verhoef 2003）。

（6）態度（図1-1の⑥）

態度には店舗に対する態度とポイントカードに対する態度に大別される。前者については，ポイントカードが態度に与える影響として，態度的ロイヤルティ（attitudinal loyalty）への影響，顧客満足への影響，スイッチング・コスト（switching cost）への影響がある。

第1に，ポイントカードが顧客の態度的ロイヤルティに与える効果には，直接効果（Gómez et al. 2006; Smith et al. 2003）と調整効果（Evanschitzky and Wunderlich 2006; Lacey 2009）に関する研究がある。ポイントカードの会員でポイント使用経験がある顧客は非使用者に比べて小売業に対するロイヤルティが高く，関与度が高く，感情的な愛着が高いレベルであることが確認されている。また，店舗への関係性コミットメントが購買行動に与える正の関係について，ポイントカードによって強化される調整効果が見られることが確認されている。

第2に，ポイントカードが顧客満足に与える効果に関する研究があげられる（Gómez et al. 2006; Bridson et al. 2008）。ポイントカードが顧客満足へ与える影響については研究間で結論が一致していない。特典の種類によっても異なる（Bridson et al. 2008）。

第3に，ポイントカードがスイッチング・コストに与える影響について，これまで様々な研究が行われている（Carlsson and Lofgren 2006; Nako 1992; Proussaloglou and Koppelman 1999; Wirtz et al. 2007）。例えば航空業界におけるポイントカードがスイッチング・コストに与える効果については，航空会社では平均チケット価格の8～12％と推定されている。

後者のポイントカードに対する態度としては，１次元で知覚価値として捉える研究と，複数次元で知覚価値を捉える研究がある（Voorhees et al. 2015; Mimouni-Chaabane and Volle 2010）。

2-2　消費者反応に影響を与える要因

　ポイントカードへの消費者の反応に影響を与える要因として，（１）ポイントカードの要素，（２）消費者の要素，（３）競合店舗の要素がある。

（１）ポイントカードの要素（図１-１の⑦）

　ポイントカードの要素としては，（１）入会要件，（２）ポイント付与の構造，（３）特典，（４）提携，があげられる。（１）入会要件とは，ポイントカードの入会に関する利便性およびコストに関する要素である。利便性とは，自発的に入会するのか，サービス開始と同時に自動的に入会することになるのか，といった仕組みのことである[2]。コストとは，会員料（年会費）が無料か有料かということである。（２）ポイント付与の構造とは，購買によってどれだけポイントが発生するのか，特典を得るためにどのくらいのポイントが必要なのか，顧客階層構造があるのか，ということである。（３）特典とは，特典の選択と利用可能性のことであり，特典の価値とそれを得るためのコスト，与えられる特典の内容，利用ブランドと特典との親和性，などがある。（４）提携とはＴポイントやPontaなどのように，ポイント蓄積もしくはポイント使用の互換性に関する提携がされているポイントカードのことである。

① 入会要件

　ポイントカードの入会要件（自発的に入会するのか，サービス開始と同時に自動的に入会するか）について，みずからが自発的にポイントカードに参加する顧客は，将来の高い行動意図，関係性の継続，支出レベルを示している（Dholakia 2006; Steffes et al. 2008）。自発的にポイントカードに入会しようと内発的に動機付けられた顧客は，行動的ロイヤルティを増加させると考えられる（Dholakia 2006）。

② ポイント付与の構造

　ポイント付与の構造としては，短期型と長期型，フリークエンシー・リワード・プログラム（Frequency Reward Program）と顧客階層（Customer-tier Program），線形型と非線形型，連続型と非連続型，ポイント付与率，単純型と複雑型，ポイントの有効期限，単独型と提携型がある。

◆短期型と長期型

　ポイントカードは，**短期型**と**長期型**に分類できる（Dorotic et al. 2012）。短期型とは，10個スタンプが貯まれば1個無料というような，比較的短期間の購買に応じた特典を与えるポイントカードを指す。長期型とは，小売各社のフリークエント・ショッパーズ・プログラム（FSP）や航空会社が発行しているフリークエント・フライヤー・プログラム（FFP）などのような，将来にわたって永続的に長期間使用することが前提のポイントカードを指す。日本の小売業でポイントカードという場合，セールス・プロモーションの一部として短期型がおこなわれる場合があるものの，通常は長期型のことを指す。

　短期型は長期型に比べて，直接的な売上効果および顧客の支出（購買量，購買頻度，財布シェア）が高いことが確認されている（Leenheer et al. 2007; Mägi 2003; Sharp and Sharp 1997）。

◆フリークエンシー・リワードと顧客階層

　フリークエンシー・リワードとは，すべての会員顧客に対して平等に，事前に決められた購買金額とポイント数の対応表に応じてポイントが付与されるポイントカードを指す。**顧客階層**とは，企業にとっての価値（たいていは売上）に応じて顧客を異なったセグメントに分け，上位の階層の顧客に対してより優遇的な取り扱いをするポイントカードを指す（Blattberg et al. 2008）。後者の典型例として，ANA や JAL のマイレージ・カードがあげられる。例えば ANA のマイレージ・カードでは，前年の利用実績に応じてプラチナ・ゴールド・ブロンズ・一般の4階層に分けられ，上位の階層ほどラウンジ利用や座席クラスのアップグレードや優先搭乗，フライトボーナスマイルが加えられるなどの特典が受けられる。小売業では，サンキュードラッグのポイントカードなどで採用されている。サンキュードラッグでは，前年に獲得したポイント数に応じて翌年の会員ランク（レ

表1-2	サンキュードラッグの顧客階層			
前年の獲得ポイント数	3万 ポイント未満	3万〜10万 ポイント未満	10万〜15万 ポイント未満	15万 ポイント以上
会員ランク	レギュラー	シルバー	ゴールド	プラチナ
ポイント付与（買物200円につき）	1ポイント	1.2ポイント	1.6ポイント	2ポイント

（出所）株式会社サンキュードラッグ HP（https://www.drug39.co.jp/events/marica.html）（2017年3月5日閲覧）

ギュラー・シルバー・ゴールド・プラチナ）が決定され，それぞれのランクに応じたポイント付与率が決まる（表1-2）。

　フリークエンシー・リワードと顧客階層の有効性を直接比較した Kopalle et al. (2012) によると，非常に大多数（94％）の航空会社の顧客が，顧客階層の方をフリークエンシー・リワードよりも好む。さらには，顧客階層は，より高い階層の資格を得ることに近づいているメンバーにポイント・プレッシャー効果をつくり得る（Drèze and Nunes 2009）。同様に，顧客階層は，より高い階層に移動した顧客に特典行動効果をつくる可能性がある（Dorotic et al. 2012）。

◆線形型と非線形型

　線形型とは，蓄積ポイント数がどれだけ多くなっても1ポイント当たりの価値が変わらない特典付与を指し，非線形型とは，1ポイント当たりの価値が蓄積ポイント数に応じて幾何級数的に増加する特典付与を指している。非線形型の例として，中部薬品（V・ドラッグ）の特典付与があげられる。中部薬品では，100円の購買金額につき1ポイントという通常の付与に加えて，前月1カ月分の購買金額に応じてボーナスポイントが翌月に加算される。結果的に付与されるポイント数は，前月の購買金額に応じて幾何級数的に増加する（図1-3）。

◆連続型と非連続型

　連続型とは1ポイント単位でポイントを使用することができる特典付与を指し，非連続型とは小売業によって設定された一定のポイント数までポイントを貯めなければならない特典付与を指している。前者の例としては，イトーヨーカドーやサミットなどがあげられる。後者の例としてはヤオコーなどがある。ヤオコーでは，500ポイントに達するごとに500円分の買物券が自動的に発券される。

　このように，ポイントカードにおける特典付与の方法は，連続型・非連続型と

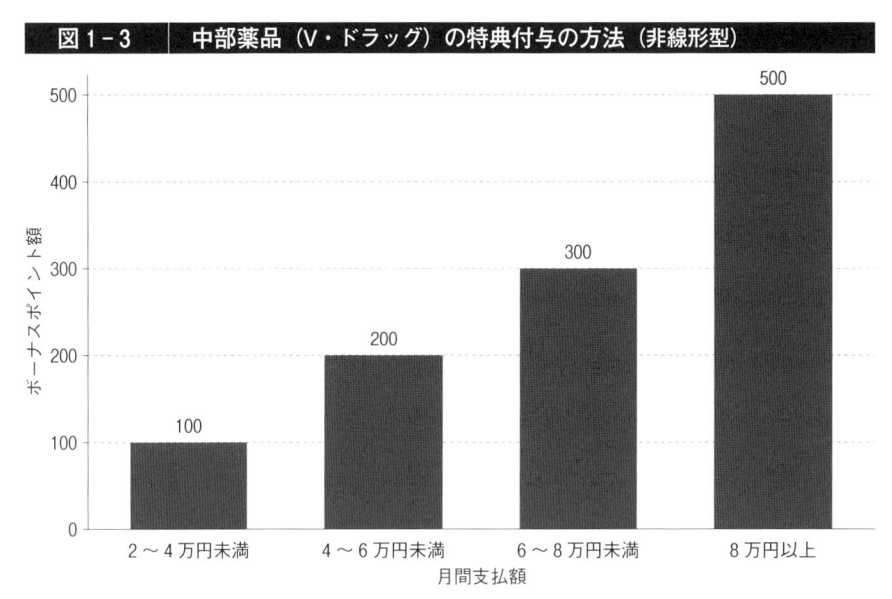

| 図1-3 | 中部薬品（V・ドラッグ）の特典付与の方法（非線形型） |

（出所）中部薬品株式会社 HP（https://www.vdrug.co.jp/card/）（2021年3月27日閲覧）

線形型・非線形型という2つの軸で，計4種類に大別される（図1-4）。

　連続型は，購買行動に対して連続的に特典を与えることとなるため，行動学習理論が示唆するとおり，最も効果が高い連続強化となり得る（Rothschild 1981）。その一方で，連続型はポイント・プレッシャーをつくらない。対照的に非連続型は，ポイント・プレッシャーをつくるが，閾値の設定次第ではインセンティブを損ねる。なぜなら，閾値が高すぎれば顧客に特典を得る可能性がないと思われてしまい，反対に閾値が低すぎれば特典の魅力がないためにポイントを貯めようとするやる気をなくさせるからである。さらには閾値の設定によって，はじめにポイントをプレゼントすることにより（Kivetz et al. 2006），あるいは閾値を分割することによって（Drèze and Nunes 2011），ポイント・プレッシャー効果を強化することが可能である。

◆ポイント付与率

　ポイント付与率とは，何円の買物につき1ポイントが付与されるかということである。多くのスーパーマーケットでは，ポイント付与率は0.5％の企業が多く，一部で1％の企業も存在する。ただしスーパーマーケットの場合，クレジット機

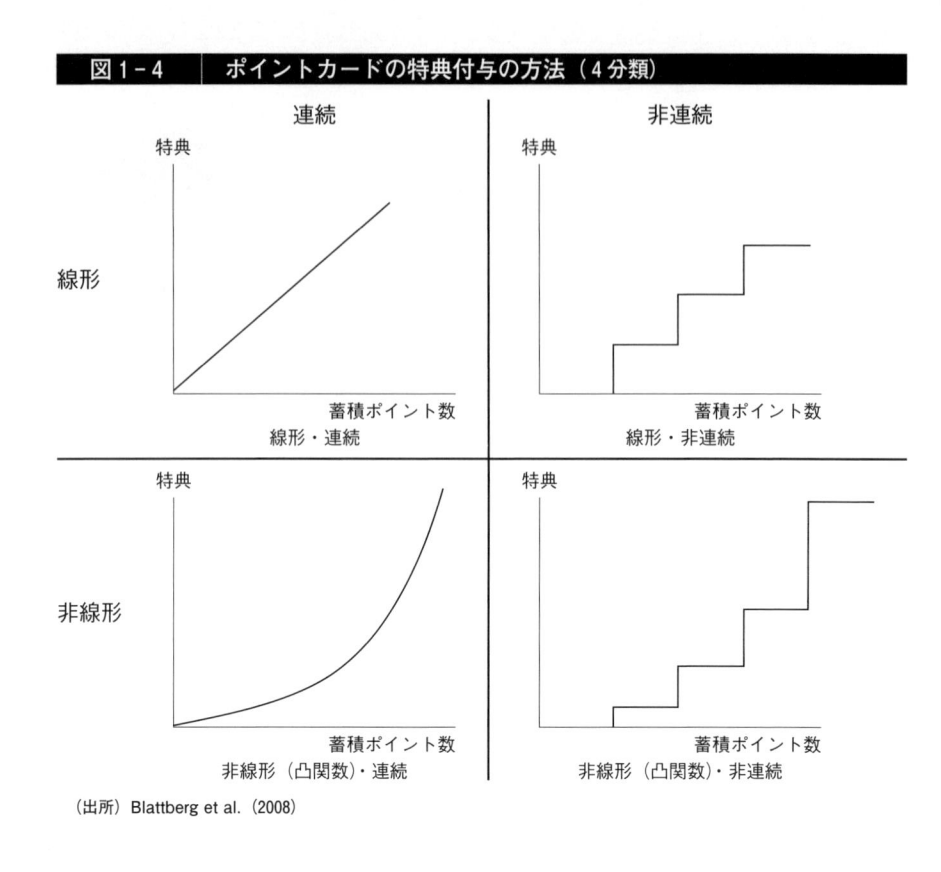

図1-4　ポイントカードの特典付与の方法（4分類）

連続

特典

蓄積ポイント数
線形・連続

非連続

特典

蓄積ポイント数
線形・非連続

線形

特典

蓄積ポイント数
非線形（凸関数）・連続

特典

蓄積ポイント数
非線形（凸関数）・非連続

非線形

（出所）Blattberg et al.（2008）

能付き，もしくは電子マネーのポイントカードは通常のカードとは異なるポイント付与率が設定されていることが多い。例をあげると，東急ストアの通常のポイントカード会員のポイント付与率は0.5%であるが，クレジットカードのポイントカード会員のポイント付与率は1.5%である。

◆単純型と複雑型

　単純型とは，分かりやすい特典付与のポイントカードのことである。例えば，200円の購買につき1ポイントが付与され，1ポイントで1円分の値引きに使用できるというような場合，買物金額の0.5%分だけ得をするということで，購買金額と利得との対応が分かりやすい。**複雑型**とは，購買金額と利得との対応が複雑で分かりにくい特典付与のポイントカードのことである（Blattberg et al. 2008）。ほとんどの小売業は，単純型を採用しており，複雑型を採用している小

売業は少ない。複雑型の例としては，MUJI の永久不滅ポイント（1,000円の買物ごとに3ポイント貯まり，200ポイントで1,200円の値引きが受けられる）やそうてつローゼンのウエルカムカード（100円の買物ごとに1ポイント貯まり，1,000ポイント貯まると500円の買物券がプレゼントされる）があげられる[3]。

　複雑型では，顧客は特典を得るためのポイント数が分からなくなるため，ポント・プレッシャー効果を減少させる可能性がある（Blattberg et al. 2008）。ただし，複雑型は2つの点で利点となり得る。1つ目は，複雑型の仕組みを理解する顧客だけを選別できるという意味で，顧客差別の道具になり得る。2つ目は，特典行動効果を増加させる可能性がある（Dorotic et al. 2012）。すなわち，特典を得るための努力が高くなればなるほど，ブランドを好きになることで解決しようとする認知的不協和が発生する可能性がある（Dodson et al. 1978）。もしくは，もし特典の仕組みを理解していなければ，顧客の期待を上回る特典の付与はサプライズとなる可能性がある（Rust and Oliver 2000）。

◆ポイントの有効期限

　ポイントカードによって，ポイント使用に関する有効期限が存在する場合がある。大別して，ポイントカードそのものの有効期限と，貯まったポイント自体の有効期限と2種類が存在する。前者の場合，最終購買から数年間（多くは1～2年）のうちに購買がなければ，貯めたポイントは失効されることになるが，その店舗で買物を続ける限り，有効期限は事実上存在しない。後者の場合，貯まったポイントごとに有効期限がついており，その有効期限内にポイントを使用しなければポイントごとに失効されることになる。ポイントの有効期限がない例としては，セゾンカードの「永久不滅ポイント」があげられる。多くのスーパーマーケットでは，ポイントカードそのものに有効期限が設定されている場合が多い。ポイントごとに有効期限が設定されるのは，ANA や JAL のフリークエント・フライヤー・プログラム（FFP）などである。

◆単独型と提携型

　ポイントカードには，**単独型**と**提携型**が存在する。単独型とは，ポイントカードを採用している企業（グループ）でのみポイントが付与されるポイントカードのことである。提携型とは，共通ポイントカードに加盟しているチェーンではどこでもポイントが付与されるポイントカードのことである。後者の例として，T

ポイントや Ponta などがあげられるが，コンビニエンスストアを除く大多数の小売業では単独型が採用されている。

　欧米の小売業においては，もともと単独型が支配的であったものの，提携型が増加傾向にある。英国の調査によれば，提携型のポイントカードは全ポイントカードの過半数を数える（52%）。そして消費者はこれら提携のポイントカードを，単独のポイントカードよりも頻繁に使っている（Dorotic et al. 2012）。

③　特典

　ポイントカードの特典としては，（1）金銭的特典と非金銭的特典，（2）直接的特典と間接的特典，（3）特典の大きさ，（4）単独型と提携型，といった要素がある。

◆金銭的特典と非金銭的特典

　金銭的特典とは，価格値引きやクーポンやキャッシュバックや現金を通じた割引のことを指す。**非金銭的特典**とは，優遇的取り扱い，追加的なサービスやアップグレードやスペシャル・イベントやもてなしや地位の上昇のような，心理学的・情動的な利得のことを指す。後者の例として，先述の FFP の上位顧客におけるラウンジ利用や座席クラスのアップグレードや優先搭乗などがあげられる。

　先行研究では，金銭的特典の方が非金銭的特典より効果的であることを示している（Keh and Lee 2006; Kivetz 2005; Yi and Jeon 2003）。ただし金銭的特典が有効なのは，ヘビーユーザーのセグメントが小さく，かつライトユーザーのセグメントに比べて価格感度が高い場合である（Kim et al. 2001）。その一方で，金銭的特典は顧客のロイヤルティを減少させる可能性がある。購入理由としてブランドの良さではなく特典に目を向けさせるため，偽りのロイヤルティを誘発し，顧客の内生的な関係の動機付けを減少させる可能性がある（Dholakia 2006）。

　非金銭的特典は態度的コミットメントを強化するためにより持続可能なロイヤルティを誘発する傾向が確認されている（Melancon et al. 2011）。非金銭的特典に関する先行研究は，主に心理的・情動的な利得に焦点が当てられており，感謝（Gwinner et al. 1998; Kumar and Shah 2004; Palmatier et al. 2009），帰属感情（Dowling and Uncles 1997），ステータスの上昇感（Drèze and Nunes 2009），顧客のコミットメント，顧客満足，クチコミ，知覚地位，再購買意図，協力意欲（Bridson et al. 2008; Drèze and Nunes 2009; Lacey 2009; Melancon et al. 2011; Smith et al.

2003）に正の効果が確認されている。

◆直接的特典と間接的特典

　直接的特典とは，ポイントカードの実施企業が提供している商品・サービスに関連している特典である。例えばコーヒー店において，「10個コーヒーを購入するとコーヒーが 1 個無料」という特典が該当する。**間接的特典**とは，ポイントカードの実施企業が提供している商品・サービスとは関連の無い特典である。例えばレンタカー店において，「レンタカーを10回利用するとマッサージの無料クーポンが得られる」という特典が該当する。後者の例として，スギ薬局のポイントカードがあげられる。スギ薬局では貯めたポイントを景品と交換する仕組みになっている。

　先行研究では，直接的特典の方が間接的特典よりも選好される傾向が確認されている。特典提供者へのブランド連想を強め得るため，直接的特典は態度的愛着と内発的な関係構築の動機付けを強化する（Roehm et al. 2002）。特に，高関与の場合や特典を得るにあたって相応の努力を要する場合に，顧客ロイヤルティを向上させる（Kivetz 2003; 2005; Yi and Jeon 2003）。間接的特典の魅力は，特典の高級度のレベルが上がるにつれて，あるいは手に入れるために必要とされる努力の総量が上がるにつれて上昇する（Kivetz and Simonson 2002）。

◆特典の価値の大きさ

　特典の価値の大きさとは，貯めたポイントによって得られる特典の大きさのことである。多くのスーパーマーケットでは， 1 ポイントは 1 円分の値引きに該当する。ヤオコーのような非連続型のポイントカードでは，値引きクーポンが発行される額（ヤオコーでは500ポイント＝500円）が特典の大きさになる。また ANAマイレージクラブでは，通常期では7,500マイルで東京（羽田）・福岡間の片道の航空券と交換することができる。すなわち，片道の航空券が特典の大きさになる。

　ポイントカードの特典付与の方法が非連続型の場合（図 1 - 4 ）では，特典を得られる閾値が特典の大きさということになる。そこでも述べたとおり，閾値が高すぎれば顧客に特典を得る可能性がないと思われてしまうし，閾値が低すぎれば特典の魅力がないためにポイントを貯めようとするやる気をなくさせる。企業の利益とポイントカードの有効性を最大化するポイント付与率をどのように決定

すればよいかは，今後の課題として残されている。

◆単独型と提携型

　ポイントカードの特典にも，**単独型**と**提携型**がある。先述のとおり，単独型とは，発行しているチェーンや店舗でのみポイント蓄積および使用が可能なポイントカードのことであり，提携型とはTポイントやPontaなどのように，ポイント蓄積もしくはポイント使用の互換性に関する提携がされているポイントカードのことである。利用者にとっては，自分の使用しているポイントカードで貯まったポイントを使うことができる店舗が増える提携型は明らかに有利である。一方で，企業にとってはマイナスとプラスの面がある。マイナス面としては，顧客の囲い込みの効果が低下してしまう点があげられる。プラス面としては，ポイント自体の魅力が高まるために新しく顧客を呼び込めるという点があげられる。

　先行研究では，単独型と提携型の結論が出ていないが否定的見解が多い。補完的な企業と比較して，競合している企業間でのネットワーク効果は無いという研究がある一方（Sharp and Sharp 1997; Dorotic et al. 2011），有意に正のネットワーク効果があるという研究もある（Meyer-Waarden and Benavent 2006）。このように提携型の効果についてはまだ結論は出ていない状況である。

（2）消費者の要素（図1-1の⑧）

　ポイントカードの要素とマネジメントが適切であったとしても，ポイントカードが成功するか否かは消費者の反応による。ポイントカードの効果に与える消費者の特徴の影響については，従来あまり検討されてこなかった（Liu and Yang 2009）。ポイントカードの効果に関する消費者要因は，特定の企業に対する態度的および行動的な要素と，デモグラフィック変数などの企業間横断的に共通する特徴の要素がある。前者の例としては，消費者の購買量を調整変数として分析したLal and Bell（2003）やLiu（2007）などがあり，ライトユーザーほどポイントカードによる購買金額の増加が高いことが示されている。後者の例としては，社会人口学的変数（Leenheer et al. 2007），買物指向（Mägi 2003），将来指向（Kopalle and Neslin 2003），バラエティ・シーキング（Zhang et al. 2000），価格感度（Kim et al. 2001; Kopalle et al. 2012）などが研究されている。将来指向や価格感度が高いほどポイントカードの効果が高いものの，それ以外の要素について統計的に支持されてない。

（3）競合店舗の要素（図1-1の⑨）

　ポイントカードの多くは他社とのポイントカードとの競争に直面しており，消費者は何枚ものポイントカードを所有しているのが実態である。したがって，ポイントカードの有効性を検証する際には，競合他社とのポイントカードにおける競争環境をも考慮に入れる必要がある（Mägi 2003）。しかしながら，他社とのポイントカードの競合を考慮に入れた研究はあまりなく，わずかにいくつかの研究において説明変数に加えられているだけである（Leenheer et al. 2007; Meyer-Waarden and Benavent 2006）。また，競合他社のポイントカードを所有している顧客は，所有していない顧客に比べて財布シェアおよびLTV（顧客生涯価値）が低いことが確認されている（Mägi 2003; Meyer-Waarden 2007）[4]。

3．先行研究における本書の研究の位置付け

　前節においてポイントカードに関する研究の全体像を概観した。先行研究の課題のなかでも，本書で焦点を当てるのは大きく5つある。第1に，図1-5の⑥のポイントカードに対する消費者の態度を測定することである（第2章）。様々なポイントカードの要素があるなかで，それらの要素がポイントカードの知覚価値にどのような影響を与えているかはまだ明らかになっていない。さらには，それらの要素が知覚価値に与える影響について，スーパーマーケットやドラッグストアやコンビニエンスストア，家電量販店といった業態によってどのように異なるかということについても分かっていない。

　第2に，図1-5の②商品購入について，ポイントに関する販売促進による商品購入の効果を，値引きとの比較においておこなうことである（第3章と第4章）。ポイントカードはマーケティング研究において，値引き制度などともにセールス・プロモーションの手段と位置付けられている。しかしながら，ポイントカードの研究は従来，ロイヤルティ研究（図1-5の⑤と⑥）の文脈でおこなわれてきたために，ポイント制度をセールス・プロモーションの手段の1つとして捉えた視点が従来の研究には乏しかった。小売業者を対象とした質問表調査を実施した青木・佐々木（2011）によると，販売促進効果としてはポイント付与も値引きもどちらも高いと小売業者は認識している。しかしながら，ポイント付与と値引きのどちらが効果的かは明らかになっていない。

　さらに先行研究では，ベネフィット水準の大きさによって値引きの（1円当た

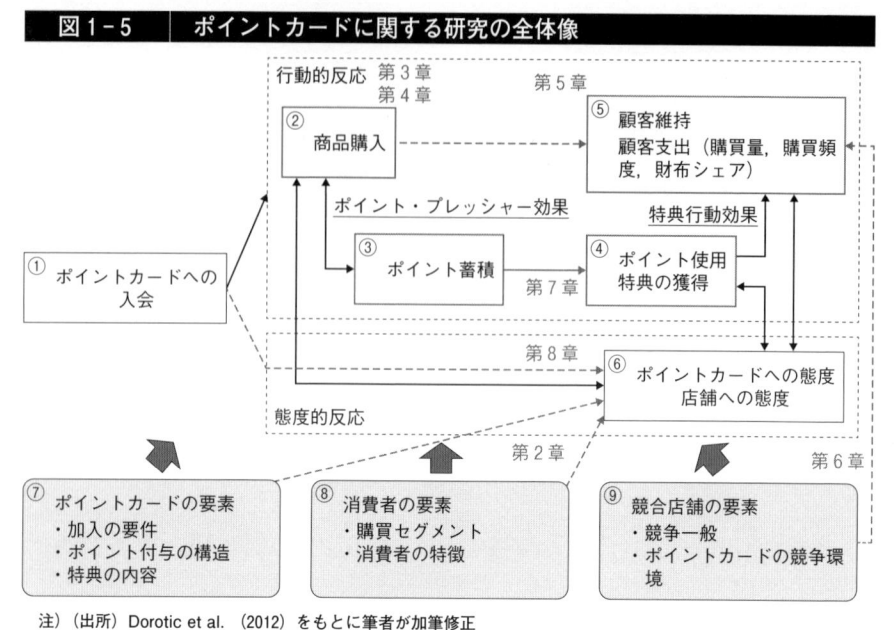

図1-5　ポイントカードに関する研究の全体像

注）（出所）Dorotic et al.（2012）をもとに筆者が加筆修正

りの）知覚価値が変わる，正のマグニチュード効果（magnitude effect）が存在することが示唆されている（白井 2005）。マグニチュード効果とは，金額の大きさによって選好や行動が一貫せずに変化することであり，マグニチュード効果は，様々な事象で確認されている[5]。ポイントについても，値引きと同様にマグニチュード効果が見られるのであろうか。

　消費者のライフスタイルや消費者を取り巻く買物環境の変化により，消費者に商品情報を伝達し，購買を説得する典型的な手段である広告の効果が薄れ，変わって消費者の購買意思決定に直接働きかける機能を持つセールス・プロモーション（SP）の重要性が高まっている。したがって，SP としてのポイント販促に焦点を当てたポイントカードの知覚価値や効果測定，さらにはその要因について考察をおこなうことは意義があると考えられる。

　第3に，ポイントカードによる SP によって，どの程度の顧客支出や来店客数の増加があるのか，またそれらの効果において店舗の競争環境を含めた商圏条件がどのような調整効果として働いているのか，を解明することである（図1-5の⑤，第5章と第6章）。バスケットレベルの値引きおよびポイント付与の効果について，消費者の実際の行動データによる検証はまだおこなわれていない。販促効果の商圏要因に関する先行研究では，対象となっているのはほとんどが値引

き，すなわち価格販促の効果に対して商圏要因が与える影響を見ているものがほとんどであり，ポイント販促の効果に対して商圏要因が与える影響を見ているものは現時点では存在しない。さらには，バスケットレベルの値引きの効果に対する商圏要因の影響についても，先行研究ではまだ検証されていない。

第4に，連続型のポイントカードの場合に，図1-5の③ポイント蓄積および④ポイント使用に焦点を当てて，ポイント蓄積およびポイント使用の要因を検証することである（第7章）。従来の研究は，非連続型のポイントカードにおけるポイント蓄積やポイント使用行動に関する研究が中心であった。しかしながら，線形型・連続型の特典付与におけるポイント蓄積やポイント使用行動における要因に関する研究は少ない。ポイント付与が線形型・連続型，すなわち1ポイント単位で使用できるポイントカードにおいて，消費者はどのようなときにポイントを使用するのであろうか。時間割引率の観点から考えれば，貯まっているポイント数すべてを精算時に使用することが合理的であると考えられるにもかかわらず，多くの消費者がある程度のポイント数になるまで貯めてからポイントを使用していることが観察されている（Smith and Sparks 2009, 中川・守口 2013）。線形型・連続型のポイントカードにおいて，消費者はなぜ，ある程度のポイント数になるまでポイントを貯め続けようとするのであろうか。言い換えれば，消費者はどのようなときに貯めたポイントを使用するのであろうか。さらに先行研究では，支払手段（現金やプリペイドカード，小切手，クレジットカードなど）によって，消費者の支払いの知覚コストが異なることが確認されている（Soman 2003; Raghubir and Srivastava 2008）。同様に，現金による支払いとポイントによる支払いとでは，支払いの痛みが異なることが想定される（Stourm et al. 2015）。現金による支払いの痛みとポイントによる支払いの痛みは，どのような状況において，どちらが大きくなるのであろうか。

このように，線形型のポイントカードにおいて，消費者がポイントを使用する要因や，ポイントおよび現金による支払いの知覚コストの要因に関する研究は課題となっている。

第5に，ポイントカードへの入会によって，店舗へのロイヤルティなどの態度（図1-5の⑥）への効果を検証することである（第8章）。ポイントカードは顧客のロイヤルティの形成にどのような役割を果たしているのであろうか。その構造は，ネット店舗とリアル店舗では異なっているのであろうか。ポイントカードはスイッチング・コストにどの程度影響を与えているのであろうか。このような，ポイントカードが顧客満足，店舗ロイヤルティ，スイッチング・コストなどに与える影響は，研究の課題となっている。

4．本書の構成

　本書は，『流通情報』（中川 2018; 2022）（第2章），『行動経済学』（中川 2015; 2016）（第3章と第7章），『流通研究』（中川・星野 2017）（第4章），『名城論叢』（中川 2024）（第6章），『Direct Marketing Review』（中川・小野 2016）（第8章）などにおいて，筆者がこれまで発表してきた論文に加筆修正をおこない，新たに第5章を加えて体系化したものである。本書の構成は以下のとおりである。

　まず，第2章では，スーパーマーケット，家電量販店，ドラッグストア，コンビニエンスストアを対象とした質問表調査により，業態ごとにポイントカードの知覚価値について，ポイントカードの特典の提供方法や特典の内容に関する要因，および消費者の要因について，検討をおこなう。

　第3章では，バスケットポイント方式によるポイント付与のサーベイ実験をおこなう。低価格条件としてスーパーマーケット，高価格条件として家電量販店における顧客を対象として，ポイント付与のセールス・プロモーションの商品購入時における知覚価値を，同等の値引きの知覚価値と比較する。これにより，ポイント付与の大きさと商品購入における知覚価値の関係を，値引きとの比較から明らかにする。

　第4章では，スーパーマーケットの売上データを用いて，商品レベルのポイント付与におけるセールス・プロモーションの売上効果を，商品レベルの値引きの売上効果と比較する。これにより，ポイント付与の大きさと商品購入との関係を，値引きとの比較から明らかにする。

　第5章と第6章では，バスケットポイント方式に該当するポイントデーと値引きデーの効果を，実際の購買データを用いて明らかにする。特に第6章においては，商圏要因がポイントデーおよび値引きデーの販促効果にどのように影響しているのかを検証する。

　さらに第7章では，連続型（貯めたポイントを1ポイント単位で使用できる構造）の小売業について，低価格条件としてスーパーマーケット，高価格条件として家電量販店における顧客を対象としてサーベイ実験をおこない，どのような要因が，ポイント使用意図および支払方法の選択（ポイント使用割合），支払いの知覚コストに影響を与えているのかについて検証する。これらにより，なぜポイントを貯めるのか，どのような要因でポイントを使用するのかについてのメカニズムを明らかにする。

　第8章では，家電量販店のポイントカード会員を対象とした質問表調査によ

り，包括的な顧客満足モデルにおいてポイントカードが顧客満足および態度的ロイヤルティに与える影響について，リアル店舗とネット店舗を比較しながら，理論的・実証的に検証する。

　最後に第9章ではまとめをおこなう。以上の研究内容を**表1-3**にまとめている。

(1)　野村総合研究所2023年12月28日のニュースリリース参照（https://www.nri.com/jp/news/newsrelease/lst/2023/cc/1228_1）（2024年6月22日閲覧）
(2)　一例をあげると，日本の携帯電話の大手キャリア3社と契約をした時点で自動的に会員となりポイントの蓄積が始まる。
(3)　http://www.muji.net/mt/contact/card/point_info/014454.html を参照（2016年11月閲覧）。ちなみに，MUJIの永久不滅ポイントを1ポイント1円の還元の形に合わせるならば，1,000円の買物で18ポイントとなり，ポイント付与率は1.8%ということになる。
(4)　LTVとは顧客生涯価値（Life Time Value）のことであり，その顧客から将来にわたって得られる利益のことである。
(5)　一例であげると，金額が大きいほど時間割引率が低くなり，少額ほど時間割引率が高くなることが確認されており，時間割引率に関するマグニチュード効果として知られている（池田 2012, p.39）。

表1-3	本書の研究概要			
研究	研究の位置付け	方法	被説明変数	主要な説明変数
第2章	ポイントカードの要素がポイントカードの知覚価値に与える効果	スーパーマーケット，家電量販店，ドラッグストア，コンビニエンスストアにおける質問表調査	知覚価値	ポイントカードの要素（線形，連続，ポイント付与率，顧客階層，提携型…）および消費者要因
第3章	バスケットレベルにおけるポイント付与率（値引率）の大小とポイント（値引き）の知覚価値	スーパーマーケット（低価格条件）におけるサーベイ実験	知覚価値	ポイント付与率および値引率 購買金額
		家電量販店（高価格条件）におけるサーベイ実験		
第4章	単品レベルにおけるポイント付与率（値引率）の大小とポイント（値引き）の売上効果	スーパーマーケットのPOSデータによる販促弾力性の推定	購買数量	ポイント付与率および値引率 商品単価
第5章	バスケットレベルにおけるポイントデー（値引きデー）の売上効果	ドラッグストアのPOSデータによる販促弾力性の推定	売上金額 売上数量 来店客数 商品単価 買上数量	ポイントデー・ダミー 値引きデー・ダミー
第6章	バスケットレベルにおけるポイントデー（値引きデー）の売上効果に対する商圏要因の調整効果	ドラッグストアのPOSデータによる販促弾力性の推定	来店客数	商圏要因（競合店舗数，単身世帯比率，昼夜間人口比率，高齢者人口比率，高所得世帯比率）
第7章	バスケットレベルにおいて購買金額およびポイント残高がポイント使用の意思決定に与える効果	家電量販店（高価格条件）におけるサーベイ実験	ポイントの使用意図	購買金額 ポイント残高
			支払方法の選択	
		スーパーマーケット（低価格条件）におけるサーベイ実験	支払いの知覚コスト	
第8章	顧客満足モデルにおけるポイント使用経験の調整効果（多母集団同時分析）	家電量販店（リアル店舗，ネット店舗）における質問表調査	顧客満足 ロイヤルティ スイッチング・コスト	ポイント使用経験

第 2 章

小売業におけるポイントカードの知覚価値（質問表調査）
──どのようなポイントカードを得と感じるのか？──

1. はじめに

　ポイントカードには様々なバリエーションが存在する。例えば，当該チェーンだけで使用できるポイントカードもあれば，T ポイントや Ponta などのように提携ポイントに加盟している店舗で使えるポイントカードも存在する。多くの小売業では貯めたポイントは値引きとして使用されるが，貯めたポイントと引き替えに景品が付与される小売業も存在する。

　それでは，どのような特徴のポイントカードを消費者は価値が高いと感じているのであろうか。（Blattberg et al. 2008）によれば，ポイントカードの設計は，特典の提供方法と特典の内容に分解できる。先行研究においては，ポイントカードの特定の特典の提供方法や特典の内容に焦点を当てて知覚価値を比較検証しているものは存在するが（Keh and Lee 2006; Yi and Jeon 2003），ポイントカードの様々な特徴を包括的に検証した研究は存在しない。

　さらには，どのような消費者がポイントカードの価値を高いと感じているのであろうか。従来，セールス・プロモーション（SP）研究においてはディール・プローン（deal prone）と呼ばれる，SP が有効な消費者セグメントを識別する研究がなされてきている（Blattberg et al. 1978）。ポイントカードの文脈では，ポイント蓄積やポイント使用などの行動データによるディール・プローンネスに関する研究がおこなわれてきており，例えばヘビーユーザーよりもライトユーザーの方がポイントカードによる購買行動への効果が大きいことなどが明らかになっている（Blattberg et al. 2008）。しかしながら，ポイントカードの知覚価値に関する消費者要因を包括的に検証している研究は存在しない。

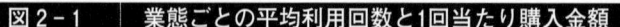

図2-1　業態ごとの平均利用回数と1回当たり購入金額

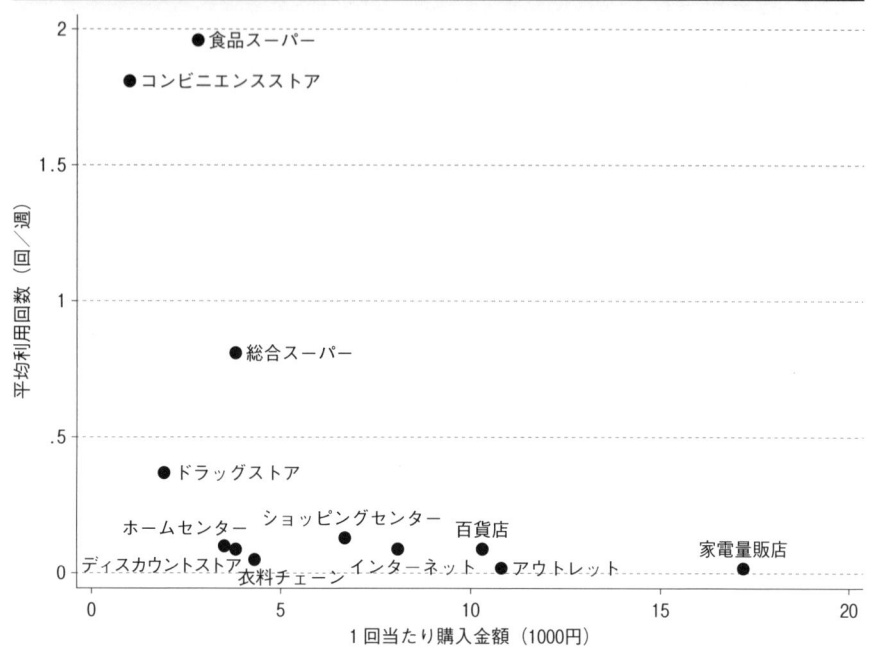

（出所）立澤（2012）をもとに筆者作成

　本章の目的は，スーパーマーケット[1]，家電量販店，ドラッグストア，コンビニエンスストアを対象として，業態ごとにポイントカードの知覚価値について，ポイントカードの特典の提供方法や特典の内容に関する要因，および消費者の要因の検討をおこなうことである。スーパーマーケット，家電量販店，ドラッグストアの利用者の約8割，コンビニエンスストアの利用者の約6割がポイント保有認識を示している（安岡2014）。したがってこれらの業態は消費者にとって最もポイントカードの馴染みがある小売業態の1つと考えられる。図2-1は業態ごとの平均利用回数と1回当たり購入金額の散布図である。スーパーマーケットとコンビニエンスストアは購買頻度が相対的に高く，そのかわり1回当たりの購買金額は相対的に低い。家電量販店はスーパーマーケットとは逆に，購買頻度は相対的に低く，1回当たりの購買金額は相対的に高い。ドラッグストアは平均利用回数および1回当たり購入金額ともに相対的に低い。このような特徴を持つ業態のポイントカードの知覚価値を研究対象とする。

　以下，第2節においてポイントカードの特徴について整理をおこない，第3節においてポイントカードの知覚価値に関する先行研究のレビューをおこない，仮

説導出をおこなう。第4節において分析対象となるチェーンのポイントカードの特徴を確認し，第5節において分析モデルと分析データについて説明する。第6節において，分析結果について述べ，第7節において考察，インプリケーションおよび今後の研究課題について述べる。

2．ポイントカードの知覚価値に関する先行研究のレビュー

　ポイントカードの知覚価値に関する研究としては，（1）ポイントカードの知覚価値そのものの尺度（開発）に関する研究，（2）ポイントカードの知覚価値とその要因に関する研究，の2つに大別される。以下では，この2つの観点から先行研究をレビューし，今後の研究課題についてまとめる。

2-1　ポイントカードの知覚価値の尺度

　先行研究では，ポイントカードの知覚価値を1次元で捉えるものと複数の次元で捉えるものに大別される。前者の例として Voorhees et al.（2015），Ashley et al.（2011）があげられ，後者の例として Mimouni-Chaabane and Volle（2010）や Kreis and Mafael（2014）があげられる。

　Voorhees et al.（2015）は，ポイントカードの知覚価値がロイヤルティなどの他の変数に与える効果に関する研究において，ポイントカードの知覚価値を，「この店のポイント制度はとてもよい」，「この店のポイント制度によって得られる利益は価値がある」，「この店のポイント制度による特典（ポイント分の値引き）を得るのにかかる時間は許容範囲にある」の3つの質問項目について，11件法によるリッカート尺度により1つの次元で捉えている。

　O'Brien and Jones（1995）は，（1）特典の金銭的価値，（2）特典の選択の幅，（3）特典を熱望する価値（特典の魅力度），（4）特典達成の知覚見込み（関連性），（5）ポイントカードの使いやすさ（利便性），によってポイントカードは評価できるとしている。Yi and Jeon（2003）は，この O'Brien and Jones（1995）の提唱する価値のうち，研究で用いているポイントカードに合わせて，（1）特典の金銭的価値，（3）特典を熱望する価値（特典の魅力度），（4）特典達成の知覚見込み，の3つの質問項目を使用している。具体的には，「特典は高い金銭的価値がある」，「特典を得る可能性が高い」，「特典は私がまさに欲しいものであ

る」の3つの質問項目（7件法）の平均値である。

　さらに，ポイントカードの知覚価値に関連する概念として，関係性プログラム受容度が1次元で捉えられている（Ashley et al. 2011）。これは，企業から提供された様々な関係性ツールに関わりたいと思う度合いのことであり，具体的な質問項目としては，「アナウンスやクーポンなどを受け取るために店舗のe-メールリストに載ることを許容する」，「この会社のポイントカードを受け取りたい」，「この会社からキャッシュバックのオファーをメールしてもらいたい」，「アナウンスやクーポンなどを受け取るために店舗のダイレクトメールのリストに載ることを許容する」，「この会社のクレジットカードを受け取りたい」の5つである。

　他方，ポイントカードの知覚価値を複数の次元で捉えている研究が存在する。Mimouni-Chaabane and Volle（2010）は，ポイントカードの知覚価値を効用（Utilitarian），快楽（Hedonic），象徴（Symbolic）の次元で捉えている。効用の下位次元には，金銭の節約（monetary saving：支払いを減らしてお金を貯めること）と利便性（convenience：選択を減らして，必要な時間と努力を減らすこと）を置き，快楽の下位次元には，探検（exploration：新しく売られた製品を発見し楽しむこと）とエンターテイメント（entertainment：ポイントを集めて使うことを楽しむこと）を置き，象徴の下位次元には正当な評価（recognition：特別な地位を得る，区別されてよりよく扱われる）と社会性（social：同じ価値を共有しているグループに所属すること）を置いている。因子分析の結果抽出した，それぞれの下位尺度に関する質問項目としては，金銭の節約は「より低い金銭的コストで買物をする」，「支出を減らす」，「お金を節約する」である。利便性は因子分析の結果，因子が確認されなかった。探検は「新しい製品を発見する」，「他の店舗では発見できなかった製品を発見する」，「新しい製品を試す」である。エンターテイメントは「ポイントを集めることは楽しい」，「ポイントを使うことは楽しい」，「ポイントを使うとき，自分が得意になる」である。正当な評価は，「店員が他の客に比べてより私を大事にする」，「他の顧客よりも良く接客されていると感じる」，「より敬意をもって接客されていると感じる」，「他の顧客よりも自分が気品があると感じる」である。社会性は「同じ価値を共有する人々のコミュニティに属している」，「ブランドに近いと感じる」，「ブランドと同じ価値を共有していると感じる」である。

　Kreis and Mafael（2014）は，ポイントカードの知覚価値を経済的価値，心理的価値，相互作用的価値の3つの次元から捉えている。具体的には，経済的価値を「私がこのポイント制度の会員になることは，経済的に妥当である」，「ポイント制度は私に追加的な価値を私に与える」，「ポイント制度は，この店で買物をすることについてより魅力的にする」の3つの質問項目，心理的価値を「この店の

ポイント制度は私に自信を持たせてくれる」、「私はこの店のポイント制度で買い物をした分、見返りを受けて当然だ」、「私はこの店のポイント制度の会員であることを楽しんでいる」、「この店のポイント制度は、他の顧客と比べて自分が特別だと感じさせる」の4つの質問項目、相互作用価値を「ポイント制度の会員であることを通じて、私はこのポイント制度の会社に謝意を表することができる」、「ポイント制度は私にとって社会的な便益がある」、「ポイント制度は商品情報の提供という観点からとても有用である」の3つの質問項目によって、それぞれの因子を構成している。

このように、ポイントカードの知覚価値を1次元で捉えるか複数次元で捉えるかに大別される。特に後者については、経済的な知覚価値と（象徴や相互作用を含む広い意味での）心理的な知覚価値に大別される。

2-2　ポイントカードの知覚価値に影響を与える要因

本2-2項では、ポイントカードの知覚価値に影響を与える要因について、先行研究を概観する。ここでは要因を、（1）特典の提供方法の要因、（2）特典の内容の要因、（3）消費者要因に分類し、それぞれについてレビューをおこなう。併せて、仮説の導出をおこなう。

（1）特典の提供方法の要因

① 短期型と長期型

第1章第2節で見たとおり、特典の提供方法は短期型と長期型がある。長期型に比べて短期型の方が、売上の上昇効果は高いことが明らかになっている（Dorotic et al. 2012）。しかしながら、短期型と長期型との間で、知覚価値の比較をおこなっている研究は存在しない。

② フリークエンシー・リワードと顧客階層

第1章第2節で見たとおり、特典の提供方法は線形型と非線形型がある。Kopalle et al. （2009） は、非常に大多数（94%）の航空会社の顧客が顧客階層の方をフリークエンシー・リワードよりも好むということを明らかにしている。顧

客階層は，高い階層の顧客の地位の知覚を高め，企業との関係性についてポジティブな感情を向上させる（Drèze and Nunes 2009）。

③ 線形型と非線形型

第1章第2節で見たとおり，特典の提供方法は線形型と非線形型がある。非線形型は線形型に比べて，ポイント・プレッシャー効果を発生させやすいことが，購買データなどの行動データが用いられた先行研究から明らかになっている（Blattberg et al. 2008）。ポイント・プレッシャー効果とは，特典を得るために消費者が支出額を増やそうとする効果のことである（Dorotic et al. 2012）。非線形型では，得るポイント数が多くなるほどボーナスポイントが増加するため，より多くのポイントを得ようとしてポイント・プレッシャー効果が発生すると考えられる。しかしながら，線形型と非線形型との間で，知覚価値の比較をおこなっている研究は存在しない。

④ 連続型と非連続型

第1章第2節で見たとおり，特典の提供方法は連続型と非連続がある。この点について，特典の即時性という観点から先行研究を概観する。特典の即時性とは，購買のタイミングと特典を得るタイミングの間の長さに関連する概念であり，その長さが短い場合には即時型特典，その長さが長い場合には延期型特典と呼ばれる（Blattberg et al. 2008）。したがって，連続型は即時的特典，非連続型は延期的特典と解釈できる。

Yi and Jeon（2003）によると，低関与条件の店舗（フライドチキン）では，即時的特典の方が延期的特典よりも選好されたが，高関与条件の店舗（美容室）では，即時的特典と延期的特典との間には選好の差はなかった。すなわち，顧客が企業との関係性をつくることについて内発的に動機付けられていないとき，顧客は延期型の特典よりも即時型特典の方を好む傾向があることが明らかになっている。同様に Meyer-Waarden（2015）でも，低関与条件の店舗（グローサリーストア）では即時的な特典が延期的特典よりも好まれるのに対して，高関与条件の店舗（香水ショップ）では即時的な特典と延期的特典の間に選好の差がないことが明らかになっている。加えて Keh and Lee（2006）は，店舗に満足している顧客は延期的特典を望むのに対して，不満足な顧客は即時的な特典の方を好むことを明らかにしている。

以上の先行研究をまとめれば，低関与の店舗や不満足な顧客にとって，連続型の特典の提供方法は非連続型より好まれるといえる。

⑤ ポイント付与率

　他の条件が等しければ，高いポイント付与率のポイントカードの方を低いポイント付与率のポイントカードよりも消費者が選好することは自明であろう。しかしながら，同じ特典が貰える場合でも，高いポイント付与率の方が選好されることが，トークン（代用貨幣）を用いた実験をおこなった Hsee et al.（2003）によって示されている。消費者は努力によって直接的に最終成果物を得る場合に比べて，努力によって貨幣やポイントなどの媒介物を得ることを通して最終成果物を得る場合には，貨幣やポイントなどの媒介物を過大評価し，媒介物と最終成果を交換することを過少評価する傾向がある。

⑥ 単純型と複雑型

　第1章第2節で述べたとおり，特典の提供方法の分かりやすさについてである。先述のポイント・プレッシャー効果について，複雑型は顧客が特典を得るためにどのくらいポイントを貯めなければならないか分からなくなるため，ポイント・プレッシャーを減少させる可能性がある（Blattberg et al. 2008, p.568）。しかしながら，単純型と複雑型との間で，知覚価値の比較をおこなっている研究は存在しない。

⑦ 単独型と提携型

　提携型のポイントカードは，提携型の方が単独型よりもポイントが蓄積される機会が多くなり，利便性を高めると考えられる（Dorotic et al. 2012, p.229）。したがって，提携型は単独型に比べて，顧客にとってより魅力的になると考えられる（Blattberg et al. 2008, p.572）。しかしながら，単独型と提携型との間で，知覚価値の比較をおこなっている研究は存在しない。

（2）特典の要因

① 金銭的特典と非金銭的特典

　金銭的特典と非金銭的特典に関する先行研究は，特典の明白さ（tangibility）に関する研究としておこなわれている。特典の明白さとは，特典の具体度の高さ（特典の抽象度の低さ）のことである。明白な特典とは，例えば値引きや割引クーポンといった金銭的インセンティブなどの特典である。不明白な特典とは，例えば優先的取り扱い，地位（ステータス）の向上感，サービス，特別なイベントへの招待，エンターテイメント，優先的なチェックインなどといった心理的，関係性的，感情的な特典である。Meyer-Waarden（2015）では，高関与な店舗条件（香水ショップ）でも低関与な店舗条件（グローサリーストア）でもともに，明白な特典は不明白な特典よりも好まれる傾向があることが確認されている。

② 直接的特典と間接的特典

　特典の直接性に関する先行研究は，特典の親和性（compatibility）に関する研究としておこなわれている。特典の親和性とは，特典と企業との親和性のことである。例えば香水ショップで香水を1個買えばエステを受けられるというような，企業に親和性のある特典は，第1章第2節の直接的特典に該当する。一方で，香水ショップで香水を1個買えば映画のDVDをもらえるというような，企業に親和性のない特典は，第1章第2節の間接的特典に該当する。Kivetz（2005）は，親和性の低い間接的特典はプロモーション・リアクタンスを高めるという仮説について実験をおこない，直接的特典の方が間接的特典よりも選好されることを確認している。さらにYi and Jeon（2003）の実証研究では，高関与条件の店舗（美容室）では直接的特典の方が間接的特典よりも価値が高いと知覚されるのに対して，低関与条件の店舗（フライドチキン）では，直接的特典と間接的特典とでは知覚価値に差がなかったことが示されている。まとめれば，Meyer-Waarden（2015）でもYi and Jeon（2003）と同様に，高関与条件の店舗（香水ショップ）では直接的特典の方が間接的特典よりも知覚価値が高いのに対して，低関与条件の店舗（グローサリーストア）では直接的特典と間接的特典とでは知覚価値に差がないことが示されている。

③ 特典の価値の大きさ

　特典の価値の大きさに関する先行研究として，Ashley et al.（2011）では関係性プログラム受容度に影響を与える要因として「予想されるベネフィット」が検証されており，プラスで有意であった。本章第2節で述べた O'Brien and Jones（1995）の文脈では，特典が大きいほど（1）の特典の金銭的価値が高くなると解釈できる。しかしながら，ポイントカードの知覚価値に関して，特典の価値の大きさをコントロールしている研究はない。

④ 有効期限

　ポイントカードを発行する企業にとっては，有効期限の長い（もしくは無い）場合と有効期限が短い場合では，長期的にどちらの方が有効であるかは，研究課題となっている（Dorotic et al. 2012）。

⑤ 単独型と提携型

　提携型のポイントカードは，提携型の方が単独型よりもポイントを使用する機会が多くなり，利便性を高めると考えられる（Dorotic et al. 2012, p.229）。しかしながら，提携している業者間で購買が分散するため，企業に対する行動的なロイヤルティを低くしてしまう（Dowling and Uncles 1997; Kivetz 2005; Roehm et al. 2002）。ただし単独型と提携型との間で，知覚価値の比較をおこなっている研究は存在しない。

（3）消費者要因

　ポイントカードの知覚価値の消費者要因に関する研究はほとんど存在しないため，ここではポイントカードへの入会に関する消費者要因の研究を中心に概観する。

① 行動的変数

　ポイントカードの典型的な初期入会者は，そのカテゴリーのヘビーユーザーであり，店の近くに住み，複数のポイントカードを持っている（Allaway et al. 2003;

Demoulin and Zidda 2009; Leenheer et al. 2007; Meyer-Waarden and Benavent 2009)。ヘビーユーザーは，購買行動を変えたり努力量を向上させたりすることなく大きな利益を得ることができるので，ポイントカードに入会するモチベーションが最も高いと考えられる。また，Ashley et al.（2011）の関係性プログラム受容度に影響を与える要因としては，購買頻度はプラスで有意であった。したがって，購買量が多い顧客ほどポイントカードの知覚価値が高い可能性が示唆されるが，これらの要因に関する先行研究では存在しない。

　さらには，先行研究ではポイントの使用経験がその後の購買行動に正の影響を与えることが確認されている（Dorotic et al. 2014; Lal and Bell 2003; Taylor and Neslin 2005）。この効果は特典行動効果と呼ばれ，先行研究ではその効果が確認されている（Blattberg et al. 2008）。しかしながら，ポイントの使用経験がポイントカードの知覚価値に与える影響については，明らかになっていない。

　そして先行研究では，計画的なポイント使用（ポイント使用の意思決定が店舗選択時など）において，ポイントカードの満足度および行動的ロイヤルティ（取得ポイント数）が高まることが確認されている（佐藤 2012）。しかしながら，ポイント使用決定のタイミングがポイントカードの知覚価値に与える影響については，明らかになっていない。

② 社会人口的変数

　性別や年代などの社会人口学的特徴は，ポイントカードへの入会にはほとんど関係がない（Demoulin and Zidda 2009; Lara and de Madariaga 2007; Mägi 2003）。所得水準について，より高い所得水準の家計は，ポイントカードの初期の入会者になる傾向がある（Allaway et al. 2003）。しかし，高所得者は複数のポイントカードに携わる傾向もあり（van Doorn and Verhoef 2011），ポイントカードの使用についてより選択的である（Leenheer et al. 2007）。言い換えれば，所得水準が高いほど新しいポイントカードの会員になりやすいが，ポイントカードへの加入後は，ポイントカードを選別的に使用する傾向がある。以上のことから，性別および年代はポイントカードの知覚価値に影響がないことが示唆される。また，所得水準が高い顧客ほどポイントカードの知覚価値が高い可能性が示唆される。しかしながら，これらの要因に関する先行研究では存在しない。

③ 心理的変数

　関係性プログラム受容度に影響を与える要因として，顧客満足はプラスで有意であった（Ashley et al. 2011）。すなわち，消費者の顧客満足が高いほど，関係性プログラム受容度にプラスの影響を与える。したがって，顧客満足はポイントカードの知覚価値にプラスの影響をもたらす可能性が示唆されるが，これらの要因に関する先行研究では存在しない。

　以上，ポイントカードの知覚価値に影響を与える要因として，特典の提供方法，特典の内容，消費者要因からレビューをおこなった。以上を踏まえ，残されている課題について，特典の提供方法，特典の内容，消費者要因から整理をおこなう。
　まず第1に，特典の提供方法や特典の内容がポイントカードの知覚価値に与える影響について包括的に検証した研究は存在しない。即時的特典と延期的特典のようにある要素を取り上げて知覚価値を比較したりしているものは存在するが，様々なチェーンのポイントカード利用者を対象として，ポイントカードの特典の提供方法や特典の内容が知覚価値に与える影響を比較検討している研究は存在しない。特に，ポイントカードの知覚価値への影響を与えると考えられる，線形型と非線形型，ポイント付与率，単純型と複雑型，単独型と提携型，特典の価値の大きさなどの要因に関して，先行研究では明らかになっていない。
　第2に，ポイントカードの知覚価値に影響を与えている消費者要因について，包括的に検証している研究は存在しない。特に購買量や購買頻度などの行動的要因，所得水準や性・年代などの社会人口的要因，顧客満足などの心理的要因に関して，どの消費者要因がポイントカードの知覚価値に影響を与えているのかは，先行研究では明らかになっていない。

3．仮説導出

　ポイントカードの知覚価値に関して，まず第1に，特典の付与方法に関する仮説導出からおこなう。フリークエンシー・リワードと顧客階層については，大多数の航空会社の顧客が顧客階層の方をフリークエンシー・リワードよりも好む傾向がある（Kopalle et al. 2009）。また，顧客階層は高い階層の顧客の地位の知覚を高め，企業との関係性についてポジティブな感情を向上させる（Drèze and Nunes

2009)。したがって，以下の**仮説1**を設定する。

　仮説1　フリークエンシー・リワードよりも顧客階層の方が，ポイントカード
　　　　　の知覚価値は高い。

　線形型・非線形型については，先行研究では非線形型の方が線形型よりもポイント・プレッシャー効果を高め，購買量を増加することが明らかになっている（Blattberg et al. 2008）。利用すればするほど利得が大きくなるという意味では，ユーザーにとっては線形型よりも非線形型の方が好まれると考えられる。この点を踏まえると，ポイントカード利用者は非線形型の方が線形型よりも知覚価値が高いと考えられる。したがって，以下の**仮説2**を設定する。

　仮説2　線形型よりも非線形型の方が，ポイントカードの知覚価値は高い。

　次に連続型・非連続型について，先行研究では低関与の店舗においては，連続型の特典の提供方法は非連続型より好まれることが明らかになっている（Meyer-Waarden 2015; Yi and Jeon 2003）。本研究の分析対象はスーパーマーケットであり，低関与の業態と考えられる（池尾 1993）。したがって，**仮説3**が導出される。

　仮説3　連続型よりも非連続型の方が，ポイントカードの知覚価値は低い。

　次にポイント付与率について，トークン（代用貨幣）を用いた先行研究ではポイント付与率が高いほど選好されることが明らかになっている（Hsee et al. 2003）。この点を踏まえると，日本のスーパーマーケットにおいても，ポイント付与率が高いほどポイントカードの知覚価値が高くなると考えられる。したがって，**仮説4**が導出される。

　仮説4　ポイント付与率が高いほど，ポイントカードの知覚価値は高い。

　次に単純型・複雑型について，複雑型は単純型に比べてポイント・プレッシャー効果を減少させ得る（Blattberg et al. 2008）。これは，特典を得るまでの必要なポイント数が単純型の方が複雑型よりも分かりやすいためと考えられる。分かりやすさは利便性を高めるために，ポイントカードの知覚価値を高めるであろう。この点を踏まえると，ポイントカード利用者は複雑型よりも単純型の方が知覚価

値は高いと考えられる。したがって，仮説5が導出される。

仮説5　複雑型よりも単純型の方が，ポイントカードの知覚価値は高い。

　次に，特典の付与方法，特典の内容の両方に関わる単独型・提携型の仮説について述べる。提携型の方が単独型よりもポイントが蓄積される機会やポイントを使用する機会が多くなり，利便性を高めると考えられる（Dorotic et al. 2012）。したがって，以下の仮説6が導出される。

仮説6　単独型よりも提携型の方が，ポイントカードの知覚価値は高い。

　以降では，特典の内容に関わる要因について述べる。先行研究では，高関与の店舗においては，直接的特典は間接的特典よりも好まれるが，低関与の店舗においては，直接的特典と間接的特典とでは知覚価値に差が無いことが明らかになっている（Yi and Jeon 2003; Meyer-Waarden 2015）。この点を踏まえると，一般的に低関与の店舗と考えられる本研究対象の小売業においては，直接的特典と間接的特典との差が無いと考えられる。したがって，以下の仮説7が導出される。

仮説7　直接的特典と間接的特典とでは，ポイントカードの知覚価値に差は無い。

　次にキャッシュバックについて，先行研究では，金銭的特典が非金銭的特典よりも好まれることが確認されている（Meyer-Waarden 2015）。そして直接現金と交換できるキャッシュバックは，通常のポイントによる値引きよりも金銭的特典の度合いが高いと考えられる。したがって，キャッシュバック制度の導入はポイントカードの知覚価値をさらに高めると考えられるため，以下の仮説8が導出される。

仮説8　キャッシュバック制度を導入している方が，キャッシュバック制度を導入していないよりも，ポイントカードの知覚価値が高い。

　ここから消費者要因の仮説について述べていく。まずは消費者の行動的変数に関して，先行研究では購買量が多い顧客ほど入会しやすく，関係性プログラム受容度を高める傾向がある（Ashley et al. 2011）。この点を踏まえると，購買量が多

い顧客ほどポイントカードの知覚価値が高いと考えられる。購買量は購買頻度と1回当たりの購買金額のかけ算であるため，ここでの購買量を購買頻度と1回当たりの購買金額と捉える。さらに，スーパーマーケットでの購買金額に占める当該チェーンでの購買金額の割合を示す財布シェアも購買量に加える。したがって，以下の**仮説9**が導出される。

仮説9　購買量（購買頻度，1回当たり購買金額，財布シェア）が多い顧客ほど，ポイントカードの知覚価値が高い。

ポイントの使用経験の仮説について述べる。先行研究から，ポイントの使用経験がその後の購買行動に正の影響を与える特典行動効果が確認されている（Blattberg et al. 2008）。この点を踏まえると，ポイントの使用経験がある顧客は，ポイントの使用経験が無い顧客よりも，ポイントカードの知覚価値が高いと考えられる。したがって，以下の**仮説10**が導出される。

仮説10　ポイントの使用経験がある顧客は，ポイントの使用経験が無い顧客に比べてポイントカードの知覚価値が高い。

さらには，ポイント使用決定のタイミングの仮説について述べる。先行研究から，計画的なポイントの使用決定は，ポイントカードの満足度を高め，行動的ロイヤルティを高めることが明らかになっている（佐藤 2012）。この点を踏まえると，レジ精算時にポイント使用を意思決定する顧客よりも，それ以前に意思決定する顧客の方がポイントカードの知覚価値が高いと考えられる。したがって，以下の**仮説11**が設定される。

仮説11　ポイント使用の意思決定が，レジ精算時よりも入店前の方が，ポイントカードの知覚価値が高い。

次に，消費者の社会人口的変数について述べる。先行研究から，所得水準が高い顧客ほどポイントカードに入会しやすい傾向が確認されている（Allaway et al. 2003）。しかしながら，性別や年代については，ポイントカードの入会に影響を与えないことも確認されている（Demoulin and Zidda 2009 など）。以上の点を踏まえると，所得水準が高いほどポイントカードの知覚価値が高いと考えられる。そして，性別や年代はポイントカードの知覚価値に影響を与えないと考えられる。

したがって，以下の仮説12〜仮説14が導出される。

仮説12　所得水準が高い顧客ほど，ポイントカードの知覚価値が高い。
仮説13　性別は，ポイントカードの知覚価値に影響を与えない。
仮説14　年代は，ポイントカードの知覚価値に影響を与えない。

　次に，消費者の心理的変数について述べる。先行研究から，顧客満足が高いほど，関係性プログラム受容度にプラスの影響を与えることが明らかになっている（Ashley et al. 2011）。この点を踏まえると，顧客満足が高い顧客ほど，ポイントカードの知覚価値が高いと考えられる。したがって，仮説15が導出される。

仮説15　顧客満足が高い顧客ほど，ポイントカードの知覚価値は高い。

4．本章における分析対象チェーンのポイントカードの特徴

4-1　スーパーマーケット

　本節の分析対象となるチェーンは，2016年4月14日から4月18日にかけておこなった首都圏および関西圏の在住者を対象としたwebによる質問表調査において，回答者がポイントカード会員となっているスーパーマーケットのうち，最も使用しているチェーンである[2]。その結果，2,907名（男性1,513名，女性1,394名）からの回答が得られた。
　回答が得られたスーパーマーケットは，イトーヨーカドー，オークワ，オオゼキ，サミットストア，ダイエー／グルメシティ，東武ストア，トライアル，Fuji（富士シティオ），マミーマート，マルエツ，ヤオマサ，ヨークベニマル，ヨークマート，ライフ，赤札堂，アコレ，アピタ，アルプス，いなげや，エコス，カスミ，コープみらい，コモディイイダ，三和，そうてつローゼン，東急ストア，ピーコックストア，ベルク，まいばすけっと，マックスバリュ，ヤオコー，ユーコープ，イオン，ベイシア，イズミヤ，大阪いずみ市民生協，関西スーパーマーケット，コープこうべ，阪急オアシス，フレスコ，平和堂，マックスバリュ／KOHYOの42チェーンである。これらのチェーンにおけるポイントカードの特徴を表2−1にまとめている。

表2-1　スーパーマーケットにおける各チェーンのポイントカードの特徴

No.	チェーン名	フリークエンシー・リワード / 顧客階層	連続型 / 非連続型	線形型 / 非線形型	ポイント付与率（%）			単純型 / 複雑型	提携型	キャッシュバック	直接型 / 間接型	（参考）サンプルサイズ
					通常	クレジットカード	電子マネー					
1	イトーヨーカドー	フリークエンシー・リワード	連続型	線形型	1	1.5	1.5	単純型	nanaco	無し	直接型	536
2	オークワ	フリークエンシー・リワード	連続型	線形型	0.5	0.5	0.9	単純型	単独型	無し	直接型	90
3	オオゼキ	フリークエンシー・リワード	連続型	線形型	1	–	–	単純型	単独型	有り	直接型	85
4	サミットストア	フリークエンシー・リワード	連続型	線形型	0.5	–	–	単純型	単独型	有り	直接型	215
5	ダイエー/グルメシティ	フリークエンシー・リワード	連続型	線形型	0.5	–	–	単純型	単独型	無し	直接型	295
6	東武ストア	フリークエンシー・リワード	連続型	線形型	0.5	–	–	単純型	Tポイント	無し	直接型	36
7	トライアル	フリークエンシー・リワード	連続型	非線形型	0.5	–	0.5	単純型	単独型	無し	直接型	72
8	Fuji（富士シティオ）	フリークエンシー・リワード	連続型	線形型	0.5	1	–	単純型	Tポイント	無し	直接型	31
9	マミーマート	フリークエンシー・リワード	連続型	線形型	0.5	–	–	単純型	Tポイント	無し	直接型	49
10	マルエツ	フリークエンシー・リワード	連続型	線形型	0.5	–	–	単純型	Tポイント	無し	直接型	226
11	ヤオマサ	フリークエンシー・リワード	連続型	線形型	0.5	–	–	単純型	Tポイント	無し	直接型	7
12	ヨークベニマル	フリークエンシー・リワード	連続型	線形型	–	–	1	単純型	nanaco	無し	直接型	30
13	ヨークマート	フリークエンシー・リワード	連続型	線形型	1	1.5	1	単純型	nanaco	無し	直接型	59
14	ライフ	フリークエンシー・リワード	連続型	線形型	0.5	–	0.8	単純型	単独型	無し	直接型	451
15	赤札堂	フリークエンシー・リワード	連続型	線形型	0.5	–	–	単純型	単独型	無し	直接型	1
16	アコレ	フリークエンシー・リワード	非連続型	線形型	0.5	–	0.5	単純型	waon	無し	直接型	2
17	アピタ	フリークエンシー・リワード	連続型	線形型	0.5	0.5	–	単純型	単独型	無し	直接型	4
18	アルプス	フリークエンシー・リワード	連続型	非線形型	0.5	–	1	単純型	単独型	無し	直接型	10
19	いなげや	フリークエンシー・リワード	連続型	非線形型	0.5	1	–	単純型	単独型	無し	直接型	35
20	エコス	フリークエンシー・リワード	連続型	非線形型	0.5	–	–	単純型	単独型	無し	直接型	10
21	カスミ	フリークエンシー・リワード	非連続型	線形型	0.5	–	–	単純型	単独型	無し	間接型	12
22	コープみらい	フリークエンシー・リワード	連続型	線形型	0.5	–	–	単純型	単独型	無し	直接型	23
23	コモディイイダ	フリークエンシー・リワード	非連続型	線形型	0.5	–	–	単純型	単独型	無し	直接型	9
24	三和	フリークエンシー・リワード	非連続型	線形型	0.6	–	–	単純型	単独型	無し	直接型	38
25	そうてつローゼン	フリークエンシー・リワード	連続型	線形型	0.5	–	–	複雑型	単独型	無し	直接型	18
26	東急ストア	フリークエンシー・リワード	連続型	非線形型	0.5	1.5	–	単純型	単独型	無し	直接型	44
27	ピーコックストア	フリークエンシー・リワード	非連続型	線形型	0.5	–	0.5	単純型	単独型	無し	直接型	4
28	ベルク	フリークエンシー・リワード	連続型	線形型	1	–	–	単純型	単独型	無し	直接型	44
29	まいばすけっと	フリークエンシー・リワード	連続型	線形型	0.5	–	0.5	単純型	waon	無し	直接型	8
30	マックスバリュ	フリークエンシー・リワード	非連続型	線形型	0.5	–	0.5	単純型	waon	無し	直接型	11
31	ヤオコー	フリークエンシー・リワード	連続型	線形型	0.5	–	–	単純型	単独型	無し	直接型	68
32	ユーコープ	フリークエンシー・リワード	連続型	線形型	0.5	–	–	単純型	単独型	無し	直接型	4
33	イオン	フリークエンシー・リワード	非連続型	線形型	0.5	–	0.5	単純型	waon	無し	直接型	128
34	ベイシア	フリークエンシー・リワード	連続型	線形型	–	1.2	–	単純型	単独型	無し	直接型	8
35	イズミヤ	フリークエンシー・リワード	連続型	線形型	0.5	1	1.5	単純型	単独型	無し	直接型	57
36	大阪いずみ市民生協	フリークエンシー・リワード	連続型	非線形型	0.1	–	–	単純型	単独型	無し	直接型	6
37	関西スーパーマーケット	フリークエンシー・リワード	非連続型	非線形型	–	0.5	–	単純型	単独型	無し	直接型	6
38	コープこうべ	フリークエンシー・リワード	連続型	線形型	0.3	–	–	単純型	単独型	無し	直接型	17
39	阪急オアシス	フリークエンシー・リワード	連続型	非線形型	0.5	–	–	単純型	単独型	無し	直接型	40
40	フレスコ	フリークエンシー・リワード	連続型	線形型	0.5	–	–	単純型	単独型	無し	直接型	10
41	平和堂	フリークエンシー・リワード	非連続型	線形型	1	–	–	単純型	単独型	有り	直接型	67
42	マックスバリュ/KOHYO	フリークエンシー・リワード	非連続型	線形型	0.5	–	0.5	単純型	waon	無し	直接型	41

（出所）2016年4月時点の各チェーンHP

まずフリークエンシー・リワードと顧客階層については，これら42チェーンすべてがフリークエンシー・リワードである。連続型・非連続型については，21チェーンが連続型，21チェーンが非連続型であり，首都圏のスーパーマーケットでは比較的連続型が多いのに対し，関西圏のスーパーマーケットでは非連続型が多い傾向がある[3]。線形型・非線形型については，32チェーンが線形型であり，10チェーンが非線形型であった。ポイント付与率は，通常のポイントカードでは0.5〜1％であるが，クレジットカードや電子マネーの場合には，ポイント付与率が高くなるチェーンも存在する。単純型・複雑型では，41チェーンが単純型だが，そうてつローゼンのみが複雑型である[4]。単独型・提携型については，30チェーンが単独型であり，12チェーンが提携型である。12チェーンの提携型のうち，Tポイントは5チェーン，WAONは5チェーン，nanacoは3チェーンである[5]。間接的特典は，カスミの1チェーンだけである。ポイント数を現金と交換できるキャッシュバックを導入しているのは，オオゼキ，サミットストア，平和堂の3チェーンだけである。

4-2　家電量販店

　対象となる家電量販店は，ヤマダ電機，エディオン，ヨドバシカメラ，ビックカメラ，コジマ，ソフマップ，上新電機，ノジマ，である。各チェーンのポイントカードの特徴は，*表2-2*のとおりである。連続型・非連続型については，すべてのチェーンが連続型である。線形型・非線形型については，すべてのチェーンが線形型である。まずフリークエンシー・リワードと顧客階層については，ノジマのみ顧客階層型であり，それ以外はフリークエンシー・リワードである。年会費については，エディオン以外はすべて0円であった。
　調査実施期間としては，スーパーマーケットは2016年4月14日から4月18日にかけて，家電量販店においては2016年3月11日から3月14日にかけて，webによる質問表調査によっておこなわれた[6]。その結果，3,285名（男性2,016名，女性1,269名）のサンプルが得られた。

4-3　ドラッグストア

　本項の分析対象となるチェーンは，2022年3月16日から3月21日にかけておこ

表2-2			家電量販店における各チェーンのポイントカードの特徴		

No.	チェーン名	連続型 / 非連続型	線形型 / 非線形型	フリークエンシー・リワード / 顧客階層型	ポイント 付与率	年会費
1	ヤマダ電機	連続型	線形型	フリークエンシー・リワード	10	0
2	エディオン	連続型	線形型	フリークエンシー・リワード	1	980
3	ヨドバシカメラ	連続型	線形型	フリークエンシー・リワード	10	0
4	ビックカメラ	連続型	線形型	フリークエンシー・リワード	10	0
5	コジマ	連続型	線形型	フリークエンシー・リワード	1	0
6	ソフマップ	連続型	線形型	フリークエンシー・リワード	1	0
7	上新電機	連続型	線形型	フリークエンシー・リワード	10	0
8	ノジマ	連続型	線形型	顧客階層	8	0

(出所) 2016年4月時点の各チェーンHP
(注) 調査時点 (2016年4月) のものである

なった全国の在住者を対象としたweb調査において，回答者がポイントカード会員となっているドラッグストアのうち，最も使用しているチェーンである[7]。その結果，2,907名（男性1,513名，女性1,394名）からの回答が得られた。回答が得られたドラッグストアは，ウエルシア薬局，サンドラッグ，マツモトキヨシ，スギ薬局，ツルハドラッグ，クリエイトSD，ココカラファイン，カワチ薬品，クスリのアオキ，セイムス（富士薬品），ダイコクドラッグ，キリン堂，中部薬品，サッポロドラッグ，トモズ，ドラッグストア　モリ，くすりの福太郎，くすりのレデイ，ウォンツ，ゲンキー，杏林堂，ドラッグイレブン，ウェルパーク，ユタカファーマシー，ザグザグ，ププレひまわり，セキ薬局，カメガヤ，薬王堂，スギヤマ薬品，コクミンドラッグ，B&Dドラッグストア，千葉薬品，ドラッグアカカベ，ウェルネス，ゴダイドラッグ，エバグリーン，シミズ薬品，ドラッグトップス，丸大サクラヰ薬局，サンキュードラッグ，マック（mac），マルエドラッグ，よどやドラッグ，クスリのサンロード，大賀薬局，アインズ＆トルペの47チェーンである。これらのチェーンにおけるポイントカードの特徴を表2-3にまとめている。

　まずフリークエンシー・リワードと顧客階層については，47チェーンのうち34チェーンがフリークエンシー・リワード，13チェーンが顧客階層である。連続型・非連続型については，26チェーンが連続型，21チェーンが非連続型である。線形型・非線形型については，46チェーンが線形型であり，1チェーンの中部薬品のみが非線形型であった。ポイント付与率は，通常のポイントカードでは0.5～1％であるが，クレジットカードや電子マネーの場合には，ポイント付与率が高くなるチェーンも存在する[8]。単純型・複雑型では，45チェーンが単純

表2-3　ドラッグストアにおける各チェーンのポイントカードの特徴

No.	チェーン名	フリークエンシー／顧客階層	連続型／非連続型	最低使用可能ポイント数	線形型／非線形型	ポイント付与率（%）通常	クレジットカード	電子マネー（チャージ時含む）	縦続型／複雑型	増殖型	ポイント使用デー	直接型／間接型	（参考）サンプルサイズ
1	ウエルシア薬局	フリークエンシー・リワード	連続型	1	線形型	1			単純型		ポイント	直接型	662
2	サンドラッグ	フリークエンシー・リワード	連続型	1	線形型	1	2		単純型		無し	直接型	495
3	マツモトキヨシ	顧客階層	連続型	1	線形型	1			単純型		無し	直接型	416
4	スギ薬局	フリークエンシー	連続型	200	線形型	2			増殖型		無し	直接型	389
5	ツルハドラッグ	フリークエンシー・リワード	連続型	1	線形型	1	+0.3		単純型		無し	直接型	284
6	クリエイトSD	フリークエンシー・リワード	連続型	400	線形型	1	+0.5		単純型		あり	直接型	238
7	ココカラファイン	フリークエンシー・リワード	連続型	200	線形型	0.5			単純型		無し	直接型	178
8	カワチ薬品	顧客階層	非連続型	500	線形型	1			単純型		無し	直接型	113
9	クスリのアオキ（富士薬品）	フリークエンシー・リワード	非連続型	500	線形型	1	+0.3		増殖型	楽天	無し	直接型	85
10	セイムス（富士薬品）	フリークエンシー・リワード	非連続型	400	線形型	0.5			単純型		無し	直接型	80
11	ダイコクドラッグ	顧客階層	非連続型		線形型	1			単純型		無し	直接型	79
12	キリン堂	フリークエンシー・リワード	非連続型	300	線形型	1			単純型		無し	直接型	69
13	中部薬品	フリークエンシー・リワード	非連続型	100	線形型	0.5	+0.5	+0.5	単純型		あり	直接型	68
14	サッポロドラッグ	フリークエンシー・リワード	非連続型	1	線形型	1			単純型		無し	直接型	65
15	トモズ	顧客階層	連続型	500	線形型	1			単純型		無し	直接型	53
16	ドラッグストア モリ	フリークエンシー・リワード	非連続型	1	線形型	1			単純型		あり	直接型	42
17	くすりの福太郎	フリークエンシー・リワード	非連続型	500	線形型	1			単純型		無し	直接型	39
18	くすりのレデイ	フリークエンシー・リワード	非連続型	1	線形型	1			単純型		無し	直接型	38
19	セキ薬品	フリークエンシー・リワード	非連続型	300	線形型	1	+0.5		単純型		無し	直接型	36
20	ウォンツ	フリークエンシー・リワード	非連続型	1	線形型	2			単純型		無し	直接型	36
21	ゲンキー	フリークエンシー・リワード	非連続型	500	非線形型	1			単純型		無し	直接型	29
22	杏林堂	フリークエンシー・リワード	非連続型	1	線形型	1			単純型		無し	直接型	29
23	ウエルパーク	フリークエンシー・リワード	非連続型	500	線形型	0.5			単純型		あり	直接型	27
24	ウェルシア薬局	フリークエンシー・リワード	非連続型	500	線形型	1	0.5		単純型		無し	直接型	22
25	サツドラ	フリークエンシー・リワード	非連続型	500	線形型	0.5			単純型		無し	直接型	20
26	ププレひまわり	フリークエンシー・リワード	非連続型	1	線形型	1	+0.5		単純型		無し	直接型	20
27	セキ薬局	フリークエンシー・リワード	非連続型	300	線形型	1			単純型		あり	直接型	19
28	カメガヤ	フリークエンシー・リワード	非連続型	1	線形型	0.5			単純型		無し	直接型	19
29	薬王堂	顧客階層	連続型	300	線形型	0.5	+0.3		複雑型		あり	直接型	17
30	スギ薬局	フリークエンシー・リワード	連続型	300	線形型	0.5	+0.5		単純型		あり	直接型	16
31	コクミンドラッグ	顧客階層	連続型	500	線形型	1			単純型		あり	直接型	11
32	B&Dドラッグストア	フリークエンシー・リワード	連続型	1	線形型	1			単純型		無し	直接型	11
33	千葉薬品	フリークエンシー・リワード	連続型	500	線形型	1			単純型		無し	直接型	9
34	ドラッグアカカベ	フリークエンシー・リワード	連続型	400	線形型	1	+0.5		単純型		無し	直接型	8
35	ウェルネス	フリークエンシー・リワード	連続型	500	線形型	1			単純型		あり	直接型	8
36	ヤックスドラッグ	フリークエンシー・リワード	連続型	500	線形型	1			単純型		あり	直接型	8
37	エバグリーン	フリークエンシー・リワード	連続型	1	線形型	1			単純型		あり	直接型	6
38	シミズ薬品	顧客階層	連続型	1	線形型	1	2		単純型		あり	直接型	6
39	ドラッグトップス	フリークエンシー・リワード	連続型	1	線形型	1			単純型		あり	直接型	5
40	丸大サクラヰ薬局	フリークエンシー・リワード	連続型	1	線形型	0.5			単純型		無し	直接型	4
41	サンキュードラッグ	フリークエンシー・リワード	連続型	1	線形型	1			単純型		あり	直接型	4
42	マツヤ（mac）	フリークエンシー・リワード	連続型	1	線形型	1			単純型		無し	直接型	3
43	マルエドラッグ	フリークエンシー・リワード	連続型	500	線形型	0.5			単純型		あり	直接型	3
44	とくやまドラッグ	フリークエンシー・リワード	連続型	1	線形型	1			単純型		あり	直接型	3
45	クスリのサンロード	フリークエンシー・リワード	連続型	1	線形型	1.5			単純型		あり	直接型	3
46	大賀薬局	フリークエンシー・リワード	連続型	1	線形型	1		+0.5	単純型		あり	直接型	3
47	アインズ&トルペ	フリークエンシー・リワード	非連続型	100	線形型	0.2			単純型		無し	直接型	1

型だが，セイムス（富士薬品）とアインズ＆トルペが複雑型である。単独型・提携型については，39チェーンが単独型であり，8チェーンが提携型である。8チェーンの提携型のうち，Tポイントが7チェーン，楽天が1チェーンである。間接的特典は，スギ薬局の1チェーンだけである。

4-4　コンビニエンスストア

　本項の分析対象となるチェーンは，2023年5月30日から6月6日にかけておこなった全国の在住者を対象としたwebによる質問表調査において，回答者がポイントカード会員となっているドラッグストアのうち，最も使用しているチェーンである[9]。その結果，2,600名（男性1,300名，女性1,300名）からの回答が得られた。回答が得られた本研究の分析対象となるチェーンは，セブン-イレブン，ローソン，ファミリーマート，ミニストップ，デイリーヤマザキ，セイコーマートである。各チェーンのポイントカードの特徴は，表2-4のとおりである。
　まずフリークエンシー・リワードと顧客階層については，6チェーンのうちすべてのチェーンがフリークエンシー・リワードであり，顧客階層のチェーンは存在しない。連続型・非連続型については，5チェーンが連続型，1チェーン（セイコーマート）が非連続型である。線形型・非線形型については，6チェーンすべてが線形型であり，非線形型は存在しない。ポイント付与率は，通常のポイントカードでは0.5〜1％であるが，クレジットカードや電子マネーの場合には，ポイント付与率が高くなるチェーンも存在する[10]。単独型・提携型については，カードの種類による。間接的特典は，セイコーマートの1チェーンだけである。
　以上の各業態における各チェーンのポイントカードの特徴から，第4節において導出した仮説について検証可能なものは表2-5のとおりである。

5．分析モデルと分析データ

5-1　分析モデル

　ポイントカードの知覚価値を被説明変数として，説明変数にポイントカードの特典の付与方法（線形型／非線形型，連続型／非連続型，ポイント付与率，単純型／

表2−4　コンビニエンスストアにおける各チェーンのポイントカードの特徴

No.	チェーン名	ポイントカード名称	フリークエンシー・リワード / 顧客階層	連続型 / 非連続型	線形型 / 非線形型	ポイント付与率 (%)	電子マネー	クレジットカード	チャージポイント	提携型 T ポイント	Ponta	nanaco	WAON	d ポイント	楽天	直接型 / 間接型	ポイント使用デー	(参考) サンプルサイズ
1	セブン - イレブン	通常の nanaco カード（アプリ含む）	フリークエンシー・リワード	連続型	線形型	0.5	電子マネー	–	無し	無し	無し	あり	無し	無し	無し	直接型	無し	712
		セブンカード・プラス（nanaco 機能付き）	フリークエンシー・リワード	連続型	線形型	1	電子マネー		有り	無し	無し	あり	無し	無し	無し	直接型	無し	137
2	ローソン	Ponta カード（クレジット機能なし）	フリークエンシー・リワード	連続型	線形型	0.67	–	–		無し	あり	無し	無し	無し	無し	直接型	無し	526
		d ポイントカード	フリークエンシー・リワード	連続型	線形型	0.67	–	–		無し	あり	無し	無し	あり	無し	直接型	無し	230
		Ponta カード（クレジット機能つき）	フリークエンシー・リワード	連続型	線形型	1.33	–	クレジットカード		無し	あり	無し	無し	無し	無し	直接型	無し	86
3	ファミリーマート	T ポイントカード（クレジット機能なし）	フリークエンシー・リワード	連続型	線形型	0.5	–	–		あり	無し	無し	無し	無し	無し	直接型	無し	329
		d ポイントカード	フリークエンシー・リワード	連続型	線形型	0.5	–	–		無し	無し	無し	無し	あり	無し	直接型	無し	106
		楽天ポイントカード	フリークエンシー・リワード	連続型	線形型	0.5	–	–		無し	無し	無し	無し	無し	あり	直接型	無し	264
		ファミマ T カード（クレジット機能つき）	フリークエンシー・リワード	連続型	線形型	1.5	–	クレジットカード		あり	無し	無し	無し	無し	無し	直接型	無し	75
		T カード Prime（クレジット機能つき）	フリークエンシー・リワード	連続型	線形型	1	–	クレジットカード		あり	無し	無し	無し	無し	無し	直接型	無し	12
		T カード プラス PREMIUM（クレジット機能つき）	フリークエンシー・リワード	連続型	線形型	1	–	クレジットカード		あり	無し	無し	無し	無し	無し	直接型	無し	4
		上記以外のクレジット機能つき T ポイントカード	フリークエンシー・リワード	連続型	線形型	1.5	–	クレジットカード		あり	無し	無し	無し	無し	無し	直接型	無し	11
4	ミニストップ	電子マネー WAON カード	フリークエンシー・リワード	連続型	線形型	0.5	電子マネー	–	無し	無し	無し	あり	無し	無し	無し	直接型	有り	32
		（電子マネーではない）WAON POINT カード	フリークエンシー・リワード	連続型	線形型	0.5	–	–	無し	無し	無し	あり	無し	無し	無し	直接型	有り	8
5	デイリーヤマザキ	楽天ポイントカード	フリークエンシー・リワード	連続型	線形型	1	–	–		無し	無し	無し	無し	無し	あり	直接型	無し	18
6	セイコーマート	Pecoma（電子マネー機能つき）	フリークエンシー・リワード	非連続型	線形型	1	電子マネー	–	無し	無し	無し	無し	無し	無し	無し	間接型	無し	44
		クラブカードプラス（クレジット機能つき）	フリークエンシー・リワード	非連続型	線形型	2	–	クレジットカード		無し	無し	無し	無し	無し	無し	間接型	無し	6

（出所）2023年 5 月時点の各チェーン HP

		スーパーマーケット	家電量販店	ドラッグストア	コンビニエンスストア
仮説 1	顧客階層 ＞ フリークエンシー・リワード	-	検証可能	検証可能	-
仮説 2	非線形 ＞ 線形	検証可能	-	検証可能	-
仮説 3	非連続 ＜ 連続	検証可能	-	検証可能	※
仮説 4	ポイント付与率 (+)	検証可能	検証可能	検証可能	検証可能
仮説 5	単純型 ＞ 複雑型	検証可能	-	検証可能	-
仮説 6	提携型 ＞ 単独型	検証可能	-	検証可能	-
仮説 7	直接的特典 ＝ 間接的特典	検証可能	-	検証可能	※
仮説 8	キャッシュバック ＞ キャッシュバック無し	検証可能	-	-	-
仮説 9	購買量（頻度，単価，財布シェア）(+)	検証可能	検証可能	検証可能	検証可能
仮説10	ポイント使用経験有り ＞ 経験無し	検証可能	検証可能	検証可能	検証可能
仮説11	のポイント使用決定が入店前 ＞ レジ精算時	検証可能	検証可能	検証可能	検証可能
仮説12	所得水準 (+)	検証可能	検証可能	検証可能	検証可能
仮説13	男性 ＝ 女性	検証可能	検証可能	検証可能	検証可能
仮説14	年代による知覚価値に差が無い	検証可能	検証可能	検証可能	検証可能
仮説15	顧客満足 (+)	検証可能	検証可能	検証可能	検証可能

表 2-5　各業態における検証可能な仮説のまとめ

（注）※は検証可能だが仮説 3 （非連続型）と仮説 7 （間接的特典）が分離不可能である

複雑型，単独型／提携型），特典の内容（直接的特典／間接的特典，キャッシュバック），消費者要因（購買量，ポイントの使用決定のタイミング，所得水準，性別，年代，顧客満足）とする重回帰分析をおこなう。さらに，仮説には含めなかったもののポイントカードの知覚価値と共変関係があると考えられる変数をコントロール変数とする。具体的には，会員継続期間，カードの種類，首都圏／関西圏をコントロール変数として説明変数に加える。

分析モデルの概要は図 2-2 のとおりである。

5-2　使用する変数

被説明変数のポイントカードの知覚価値に関する質問項目としては，Yi and Jeon（2003）が用いた尺度のうち，金銭的価値（cash value），熱望的価値（aspirational value）を用いた[11]。具体的には，金銭的価値は「＊＊（チェーン名）のポイントカードによって，金銭的に得をしていると思う」，熱望的価値は「＊＊（チェーン名）のポイントカードのポイントをとても欲しいと思う」について，そ

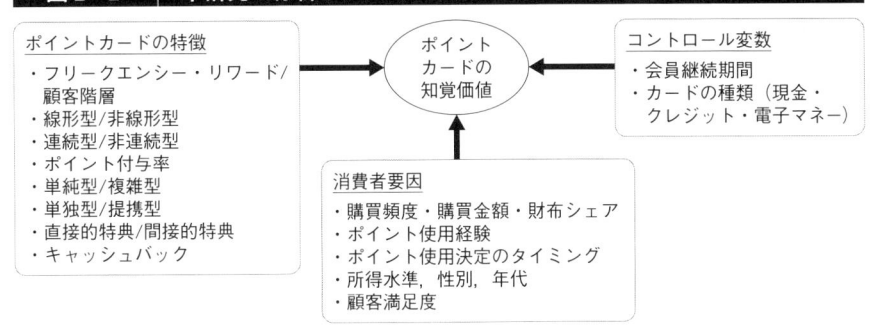

図2-2　本研究の分析モデル（ポイントカードの知覚価値の要因）

ポイントカードの特徴
・フリークエンシー・リワード/顧客階層
・線形型/非線形型
・連続型/非連続型
・ポイント付与率
・単純型/複雑型
・単独型/提携型
・直接的特典/間接的特典
・キャッシュバック

ポイントカードの知覚価値

コントロール変数
・会員継続期間
・カードの種類（現金・クレジット・電子マネー）

消費者要因
・購買頻度・購買金額・財布シェア
・ポイント使用経験
・ポイント使用決定のタイミング
・所得水準，性別，年代
・顧客満足度

れぞれ7件法で尋ねている。この2つの尺度の合計得点を被説明変数として使用した。先行研究との関連でいえば，本研究では知覚価値を1次元として捉えている。

　説明変数のうちポイントカードの特典の付与方法および特典の内容について，顧客階層ダミー（顧客階層であれば1），非線形型ダミー（非線形型であれば1），非連続型ダミー（非連続型であれば1），ポイント付与率である。そして単独型を基準として0とし，それぞれの業態ごとに提携型（Tポイント，WAON，nanacoなど）のダミーを加えた。さらに，間接的特典ダミー（間接的特典であれば1），キャッシュバックダミー（ポイントによるキャッシュバック制度があれば1）である。

　説明変数のうち消費者要因について，店舗利用頻度，買物1回当たり購買金額，当該チェーンへの財布シェア，女性ダミー（女性であれば1），30歳を基準とした20歳代から80歳代までの各年代ダミー，年収，顧客満足である。顧客満足は，JCSI（日本版顧客満足度指数）のモデルで使用されている尺度を使用した（南・小川 2010）。顧客満足は，全体的満足，選択満足（選択の妥当性），生活満足という3つの質問項目を「これまでの経験を振り返って」という条件文を付けることで，累積的満足として測定している。具体的には，最近1年間の利用経験を踏まえて，「＊＊（チェーン名）にどの程度満足していますか。」，「＊＊（チェーン名）を利用したことは，あなたにとって良い選択だったと思いますか。」，「＊＊（チェーン名）を利用することは，あなたの生活を豊かにすることに，どの程度役立っていると思いますか。」（それぞれ10件法）の3つの質問項目の合計得点である。

　説明変数のうちコントロール変数について，ポイントカード会員の会員継続期間，通常カードを基準とした場合のクレジット機能付きダミーおよび電子マネー

機能付きダミーである[12]。

6．分析結果

6-1　スーパーマーケットの分析結果

　分析にあたって，被説明変数と説明変数の基本統計量をまとめたものが**表2-6**である。非線形型の比率が8.6%（すなわち線形型の比率が91.4%），非連続型の比率が18.1%（すなわち連続型の比率が81.9%），ポイント付与率の平均は0.730%である。複雑型はそうてつローゼンの1チェーンだけであり，複雑型の比率が0.6%（すなわち単純型の比率が99.4%）と低い。提携型のうちTポイントの比率は12.0%，WAONの比率は2.6%，nanacoの比率は6.0%である。間接的特典はカスミの1チェーンだけであり，間接的特典の比率が0.4%（すなわち直接的特典の比率が99.6%）と低い。キャッシュバックの比率は12.6%である。

　店舗利用頻度の平均は年間80.8回，1回当たり購買金額の平均は2,686円，財布シェアの平均は54.5%である。ポイント使用の経験がない回答者は6.9%である。また，レジ精算時にポイント使用を決定する回答者は63.0%であり，入店前の意思決定者は20.2%において，買物途中の意思決定者は9.9%である。世帯年収の平均は578万円，女性比率は48.0%（すなわち男性は52.0%）である。回答者の年代は，50歳代が最も多く，次いで40歳代，60歳代，30歳代と続く。会員継続期間の平均は7.4年である。ポイントカードの形態としては，通常カードが62.5%であり，クレジット機能付きのポイントカードが26.8%，（WAON・nanaco以外の）電子マネー機能付きのポイントカードが2.1%である。また，関西圏の回答者の比率は8.4%（すなわち首都圏の比率は91.6%）である。

　最小二乗法（OLS：Ordinary Least Squares）による推定結果について，非標準化偏回帰係数（b）と標準化偏回帰係数（β）を，**表2-7**にまとめている[13]。ポイントカードの特徴に関する説明変数については，非線形型は線形型と比べて有意差は無かった。同様に，非連続型は連続型と比べて有意差は無かった。また，ポイント付与率も有意ではなかった。複雑型は単純型と比べて有意な差は無かった。提携型については，Tポイントとnanacoは単独型に比べて有意に高かった。しかしながら，WAONは単独型と比べて有意差はなかった。間接的特典は直接的特典に比べて有意に低かった。また，キャッシュバック制度がある方

表2-6 基本統計量（スーパーマーケット）

●被説明変数	サンプルサイズ	平均	標準偏差	最小	最大
ポイントカードの知覚価値	2,907	9.494	2.019	2	14
●説明変数（ポイントカードの特徴）					
非線形型（＝1）	2,907	8.6%	0.281	0	1
非連続型（＝1）	2,907	18.1%	0.385	0	1
ポイント付与率（%）	2,907	0.730	0.371	0.1	1.5
複雑型（＝1）	2,907	0.6%	0.078	0	1
提携型 Tポイント（＝1）	2,907	12.0%	0.325	0	1
提携型 waon（＝1）	2,907	2.6%	0.159	0	1
提携型 nanaco（＝1）	2,907	6.0%	0.237	0	1
間接的特典（＝1）	2,907	0.4%	0.064	0	1
キャッシュバック（＝1）	2,907	12.6%	0.332	0	1
●説明変数（消費者要因）					
店舗利用頻度（回／年間）	2,907	80.782	71.152	1	365
1回当り購買金額（円）	2,907	2,686	1,873	250	10,000
財布シェア（%）	2,907	54.460	28.089	5	100
ポイント使用経験無し（＝1）	2,907	6.9%	0.254	0	1
入店前でのポイント使用決定（＝1）	2,907	20.2%	0.401	0	1
買物途中でのポイント使用決定（＝1）	2,907	9.9%	0.299	0	1
レジ精算時のポイント使用決定（＝1）	2,907	63.0%	0.483	0	1
世帯年収（万円）	2,907	577.623	363.076	150	1,500
女性（＝1）	2,907	48.0%	0.500	0	1
20歳代（＝1）	2,907	1.3%	0.114	0	1
30歳代（＝1）	2,907	10.2%	0.302	0	1
40歳代（＝1）	2,907	27.5%	0.447	0	1
50歳代（＝1）	2,907	30.1%	0.459	0	1
60歳代（＝1）	2,907	22.5%	0.418	0	1
70歳代（＝1）	2,907	7.5%	0.264	0	1
80歳代（＝1）	2,907	0.9%	0.094	0	1
顧客満足	2,907	20.335	4.551	3	30
●コントロール変数					
会員継続期間（年）	2,907	7.442	5.920	1	30
通常カード（＝1）	2,907	62.5%	0.484	0	1
クレジット機能付き（＝1）	2,907	26.8%	0.443	0	1
電子マネー（waon・nanaco 以外）（＝1）	2,907	2.1%	0.144	0	1
関西圏（＝1）	2,907	8.4%	0.277	0	1

※2値データ（ダミー変数）の平均を%表示としている

表2-7	分析結果（スーパーマーケット）

被説明変数：ポイントカードの知覚価値

説明変数：	偏回帰係数 非標準化 (b)	偏回帰係数 標準化（β）	t 値
●ポイント・カードの特徴			
非線形ダミー	0.082	0.011	(0.703)
非連続ダミー	−0.151	−0.029	(−1.452)
ポイント付与率	0.086	0.016	(0.830)
複雑型ダミー	−0.567	−0.022	(−1.398)
提携型（基準：単独型）			
Tポイントダミー	0.547***	0.088	(5.453)
waon ダミー	0.206	0.016	(1.031)
nanaco ダミー	0.324*	0.038	(2.127)
間接的特典ダミー	−1.108*	−0.035	(−2.349)
キャッシュバックダミー	0.435***	0.072	(4.481)
●消費者要因			
店舗利用頻度	0.002***	0.070	(4.185)
1回当たり購買金額	0.000	0.008	(0.516)
財布シェア	0.003**	0.043	(2.580)
ポイントの使用経験無しダミー	−0.292***	−0.090	(−5.907)
ポイント使用決定のタイミング（基準：レジ精算時）			
入店前ダミー	0.257***	0.051	(3.352)
買物途中ダミー	0.011	0.002	(0.110)
年収	0.000	0.001	(0.042)
女性ダミー	0.311***	0.077	(4.859)
年代（基準：30歳代）			
20歳代ダミー	−0.503	−0.028	(−1.821)
40歳代ダミー	−0.043	−0.01	(−0.396)
50歳代ダミー	0.063	0.014	(0.572)
60歳代ダミー	−0.114	−0.024	(−0.986)
70歳代ダミー	−0.312*	−0.041	(−2.120)
80歳代ダミー	−0.029	−0.001	(−0.089)
顧客満足	0.248***	0.558	(36.720)
●コントロール変数			
会員継続期間	0.014**	0.04	(2.593)
所有カード形態（基準：通常カード）			
クレジットカードダミー	0.296***	0.065	(3.715)
電子マネー（waon・nanaco 以外）ダミー	0.361	0.026	(1.718)
関西圏ダミー（基準：関東）	0.099	0.014	(0.691)
定数項	4.168***		(18.890)
観測数	2,907		
F 値	63.24		
調査済み決定係数	0.381		

*p＜.05, **p＜.01, ***p＜.001

が，無い場合に比べて有意に高かった。

　消費者要因に関する説明変数については，店舗利用頻度と財布シェアは正に有意であったが，1回当たりの購買金額は有意ではなかった。ポイントの使用経験が無い顧客は，使用経験がある顧客に比べてポイントカードの知覚価値が有意に低かった。ポイント使用のタイミングとしては，精算時に決定する場合に比べて，入店前にポイント使用を意思決定する人の方がポイントカードの知覚価値は有意に高かった。ただし，買物途中にポイント使用を意思決定する場合は，精算時に決定する場合に比べて有意差は無かった。世帯年収は有意ではなかった。女性の方が男性よりも（利用頻度などを考慮してもなお）有意に高かった。年代については，70歳代は30歳代に比べて有意に低かった。顧客満足は正に有意であり，なおかつ β が0.558とその影響力が非常に高かった。

　ポイントカードの知覚価値の要因について影響の大きさを β で比較すると，最も影響が大きいのが顧客満足（$\beta = 0.558$）であり，次いでポイント使用経験無し（$\beta = -0.090$），Tポイント（$\beta = 0.088$），女性（$\beta = 0.077$）であった。

　コントロール変数に関する説明変数については，会員継続期間は正に有意であった。所有するカードの形態では，クレジット機能付きは正に有意であったが，電子マネー（WAON・nanaco 以外）は有意ではなかった。関西圏は有意ではなかった。

　線形型よりも非線形型の方が知覚価値が高いという仮説2，連続型よりも非連続型の方が知覚価値が低いという仮説3，ポイント付与率が高いほど知覚価値が高いという仮説4，複雑型の方が単純型よりも知覚価値が低いという仮説5，については支持されなかった。単独型よりも提携型の方が知覚価値は高いという仮説6については，WAON については支持されなかったが，Tポイントおよびnanaco については支持された。直接的特典と間接的特典の差が無いという仮説7については支持されず，直接的特典の方が間接的特典よりも高かった。キャッシュバック制度があるポイントカードの方が，キャッシュバック制度のないポイントカードよりも知覚価値が高いという仮説8は支持された。購買量の多い顧客ほど知覚価値が高いという仮説9については，1回当たりの購買金額については支持されなかったが，購買頻度と財布シェアについては支持された。ポイントの使用経験有りはポイント使用経験無しよりも知覚価値が高いという仮説10，ポイント使用決定がレジ精算時よりも入店前の方が知覚価値は高いという仮説11，顧客満足が高い顧客ほど知覚価値が高いという仮説15は支持された。しかしながら，所得水準が高いほど知覚価値が高いという仮説12，男性と女性の知覚価値に差が無いという仮説13，年代による知覚価値に差が無いという仮説14は支持されなか

った。**仮説13**については，女性の知覚価値の方が男性の知覚価値よりも高かった。**仮説14**については，70歳代の知覚価値は，30歳代に知覚価値よりも低かった。スーパーマーケットのチェーンの制約により，**仮説1**は検証することはできなかった。

6-2　家電量販店の分析結果

　分析をおこなうにあたって，被説明変数と説明変数の基本統計量をまとめたものが**表2-8**である。顧客階層型を採用しているのはノジマ1社だけであるため，平均値が3.4%と低くなっている。店舗利用頻度の平均は年間6.1回，1回当たり購買金額の平均は68,061円，財布シェアの平均は66.3%である。ポイント使用経験がない回答者は3.4%である。また，ポイント使用の意思決定をレジ精算時にする割合は56.8%であり，入店前に意思決定する回答者は23.7%，買物途中に意思決定する回答者は14.4%である。世帯年収の平均は581万円，女性比率は38.6%である。回答者の年代は50歳代が最も多く，次いで40歳代，60歳代が続く。

　家電量販店に関する推定結果は，**表2-9**にまとめられている[14]。ポイントカードの要素要因については，顧客階層型はフリークエンシー・リワードに比べて有意差は無かった。ポイント付与率は正に有意であった。また，年会費は有意ではなかった。

　消費者要因については，先述のスーパーマーケットと同様，店舗利用頻度と財布シェアは正に有意であったが，1回当たりの利用金額は有意ではなかった。スーパーマーケットとは異なり，会員継続期間は有意ではなかった。スーパーマーケットと同様，ポイントを使用した経験が無い場合には有意にポイントカードの知覚価値を下げることが明らかになった。ポイント使用のタイミングとしては，精算時に決定する場合に比べて，入店前にポイント使用を意思決定する人の方がポイントカードの知覚価値は有意に高かった。ただし，買物途中にポイント使用を意思決定する場合は，精算時に決定する場合に比べて有意差は無かった。これらの点もまた，スーパーマーケットと同様の結果であった。

　コントロール変数については，女性の方が男性よりも（利用頻度などを考慮してもなお）有意に高かった。年代については，いずれの年代も30歳代に比べて有意差は無かった。世帯年収は有意ではなかった。購買行動については，利用頻度と財布シェアは正に有意であったが，1回当たりの利用金額は有意ではなかっ

表2-8	基本統計量（家電量販店）				
●被説明変数	サンプルサイズ	平均	標準偏差	最小	最大
ポイント・カードの知覚価値	3,285	9.460	2.133	2	14
●説明変数（ポイント・カードの要素要因）					
顧客階層型（＝1）	3,285	3.4%	0.181	0	1
ポイント付与率（%）	3,285	8.837	2.941	1	10
年会費	3,285	68.317	249.604	0	980
●説明変数（消費者要因）					
店舗利用頻度（回／年間）	3,285	6.095	7.915	1	52
1回当り使用金額（円）	3,285	68,061	75,981	5,000	310,000
財布シェア（%）	3,285	66.336	32.292	5	100
ポイント使用経験無し（＝1）	3,285	3.4%	0.181	0	1
入店前でのポイント使用決定（＝1）	3,285	23.7%	0.425	0	1
買物途中でのポイント使用決定（＝1）	3,285	14.4%	0.351	0	1
精算時でのポイント使用決定（＝1）	3,285	56.8%	0.495	0	1
●コントロール変数					
会員継続期間（年）	3,285	10.582	8.273	1	30
女性（＝1）	3,285	38.6%	0.487	0	1
世帯年収（万円）	3,285	580.929	359.482	150	1,500
20歳代（＝1）	3,285	0.026	0.159	0	1
30歳代（＝1）	3,285	0.108	0.311	0	1
40歳代（＝1）	3,285	0.259	0.438	0	1
50歳代（＝1）	3,285	0.325	0.468	0	1
60歳代（＝1）	3,285	0.210	0.407	0	1
70歳代（＝1）	3,285	0.066	0.249	0	1
80歳代（＝1）	3,285	0.006	0.076	0	1
顧客満足	3,285	20.555	5.096	3	30

※2値データ（ダミー変数）の平均を%表示としている

た。顧客満足は正に有意であり，なおかつβが0.599とその影響力が非常に高いことが明らかになった。

　ポイント付与率が高いほど，ポイントカードの知覚価値が高いという**仮説4**，購買量が多い顧客ほど，ポイントカードの知覚価値が高いという**仮説9**，ポイントの使用経験がある顧客は，ポイントの使用経験がある顧客は，ポイントの使用経験が無い顧客に比べてポイントカードの知覚価値が高いという**仮説10**，ポイント使用の意思決定が，レジ精算時よりも入店前の方が，ポイントカードの知覚価値が高いという**仮説11**，顧客満足が高い顧客ほど，ポイントカードの知覚価値が

表2-9　　分析結果（家電量販店）

被説明変数：ポイントカードの知覚価値

説明変数：	偏回帰係数		t値
	非標準化（b）	標準化（β）	
●ポイント・カードの要素要因			
顧客階層ダミー	0.015	0.001	(0.094)
ポイント付与率	0.032*	0.045	(2.240)
年会費	0.000	-0.020	(-0.993)
●消費者要因			
店舗利用頻度	0.013***	0.050	(3.505)
1回当たりの利用金額	0.000	0.006	(0.418)
財布シェア	0.004***	0.064	(4.547)
ポイントの使用経験無しダミー	-1.153***	-0.098	(-7.155)
ポイント使用決定のタイミング（基準：精算時）			
入店前ダミー	0.197**	0.039	(2.746)
買物途中ダミー	0.101	0.017	(1.178)
女性ダミー	0.045**	3.177	(3.177)
年代（基準：30歳代）			
20歳代ダミー	0.009	0.582	(0.582)
40歳代ダミー	-0.002	-0.081	(-0.081)
50歳代ダミー	-0.019	-0.854	(-0.854)
60歳代ダミー	-0.006	-0.276	(-0.276)
70歳代ダミー	-0.020	-1.160	(-1.160)
80歳代ダミー	0.015	1.107	(1.107)
年収	-0.003	-0.239	(-0.239)
顧客満足	0.251***	0.599	(43.463)
●コントロール変数			
会員継続期間	0.002	0.009	(0.653)
定数項	3.584***		(16.723)
観測数	3,285		
F値	119.9		
調査済み決定係数	0.408		

$^{*}p < .05,\ ^{**}p < .01,\ ^{***}p < .001$

高いという**仮説15**が支持された。**仮説14**については，年代によるポイントカードの知覚価値の有意差は確認されなかった[15]。一方で，フリークエンシー・リワードよりも顧客階層の方が，ポイントカードの知覚価値が高いという**仮説1**，所得水準が高い顧客ほど，ポイントカードの知覚価値が高いという**仮説12**，男女間でポイントカードの知覚価値に影響を与えないという**仮説13**は支持されなかった。家電量販店のチェーンの制約により，**仮説2**，**仮説3**，**仮説5**，**仮説6**，**仮説7**，**仮説8**は検証することはできなかった。

6-3　ドラッグストアの分析結果

　分析にあたって，被説明変数と説明変数の基本統計量をまとめたものが**表2-10**である。顧客階層型の比率が25.6%（すなわちフリークエンシー・リワードの比率が74.4%），非線形型の比率が2.1%（すなわち線形型の比率が97.9%），非連続型の比率が49.2%（すなわち連続型の比率が51.8%），ポイント付与率の平均は1.216%である。複雑型はセイムス（富士薬品）とアインズ＆トルペの2チェーンだけであり，複雑型の比率が2.4%（すなわち単純型の比率が97.6%）と低い。提携型のうちTポイントの比率が16.3%，楽天の比率は2.0%である。間接的特典はスギ薬局の1チェーンだけであり，間接的特典の比率が10.8%（すなわち直接的特典の比率が89.2%）である。

　店舗利用頻度の平均は年間30.1回，1回当たり購買金額の平均は2,347円，財布シェアの平均は82.4%である。ポイント使用の経験がない回答者は9.3%である。また，ポイント使用の意思決定をレジ精算時にする割合は44.0%であり，入店前に意思決定する回答者は33.9%，買物途中の意思決定者は12.8%である。世帯年収の平均は566万円，女性比率は53.5%である。回答者の年代は，50歳代が最も多く，次いで40歳代，60歳代，70歳代と続く。会員継続期間の平均は12.3年である。ポイントカードの形態としては，通常カードが66.0%であり，クレジット機能付きのポイントカードが18.9%，電子マネー機能付きのポイントカードが17.8%である。

　OLSによる推定結果について，非標準化偏回帰係数（b）と標準化偏回帰係数（β）を，**表2-11**にまとめている[16]。ポイントカードの特徴に関する説明変数については，顧客階層型はフリークエンシー・リワードに比べて有意差は無かった。また，非線形型は線形型と比べて有意な差はなかった。しかし，非連続型は連続型と比べて1%水準で有意に低かった。また，ポイント付与率も同様に1%

表 2-10　基本統計量（ドラッグストア）

●被説明変数	サンプルサイズ	平均	標準偏差	最小	最大
ポイントカードの知覚価値	3,091	10.127	2.199	2	14
●説明変数（ポイントカードの特徴）					
顧客階層型（＝1）	3,091	25.6%	0.437	0	1
非線形型（＝1）	3,091	2.1%	0.142	0	1
非連続型（＝1）	3,091	49.2%	0.500	0	1
ポイント付与率（%）	3,091	1.216	0.550	0	5
複雑型（＝1）	3,091	2.4%	0.153	0	1
提携型　Tポイント（＝1）	3,091	16.3%	0.369	0	1
提携型　楽天（＝1）	3,091	2.0%	0.140	0	1
電子マネー	3,091	20.3%	0.403	0	1
間接的特典（＝1）	3,091	10.8%	0.311	0	1
●説明変数（消費者要因）					
店舗利用頻度（回／年間）	3,091	30.085	38.284	1	350
1回当たり購買金額（円）	3,091	2,347	3,508	250	100,000
財布シェア（%）	3,091	0.824	0.197	0.009	1
ポイント使用経験無し（＝1）	3,091	9.3%	0.291	0	1
入店前でのポイント使用決定（＝1）	3,091	33.9%	0.473	0	1
買物途中でのポイント使用決定（＝1）	3,091	12.8%	0.334	0	1
レジ精算時のポイント使用決定（＝1）	3,091	44.0%	0.496	0	1
世帯年収（万円）	3,091	566.079	355.054	150	1,500
女性（＝1）	3,091	53.5%	0.499	0	1
20歳代（＝1）	3,091	1.1%	0.103	0	1
30歳代（＝1）	3,091	7.0%	0.256	0	1
40歳代（＝1）	3,091	22.3%	0.416	0	1
50歳代（＝1）	3,091	36.8%	0.482	0	1
60歳代（＝1）	3,091	21.5%	0.411	0	1
70歳代（＝1）	3,091	9.9%	0.299	0	1
80歳代（＝1）	3,091	1.4%	0.117	0	1
顧客満足	3,091	21.927	5.245	3	30
●コントロール変数					
会員継続期間（年）	3,091	12.256	9.184	1	35
通常カード（＝1）	3,091	66.0%	0.474	0	1
クレジット機能付き（＝1）	3,091	18.9%	0.392	0	1
電子マネー（＝1）	3,091	17.8%	0.383	0	1

※2値データ（ダミー変数）の平均を%表示としている

水準で正に有意であった。複雑型は単純型と比べて有意な差はなかった。提携型については，Tポイントは単独型に比べて1％水準で有意に高かったが，楽天は単独型と比べて有意差は無かった。電子マネー導入チェーンは，非導入チェーンに比べて有意差はなかった。間接的特典は直接的特典に比べて1％水準で有意に低かった。

　消費者要因に関する説明変数については，利用頻度は1％水準で正に有意であったが，1回当たりの購買金額と財布シェアは有意ではなかった。ポイントの使用経験が無い顧客は，使用経験がある顧客に比べてポイントカードの知覚価値が1％水準で有意に低かった。ポイント使用のタイミングとしては，精算時に決定する人に比べて，入店前にポイント使用を意思決定する人の方がポイントカードの知覚価値は1％水準で有意に高かった。ただし，買物途中にポイント使用を意思決定する場合では，精算時に決定する場合に比べて有意差はなかった。世帯年収は有意ではなかった。女性の方が男性よりも（利用頻度などを考慮してもなお）5％水準で有意に高かった。年代については，20歳代は30歳代に比べて5％水準で有意に高かった。顧客満足は1％水準で正に有意であり，なおかつ標準化係数 β が0.450とその影響力が非常に高かった。

　ポイントカードの知覚価値の要因について影響の大きさを標準化係数 β で比較すると，最も影響が大きいのが顧客満足（$\beta = .450$）であり，次いで間接的特典（$\beta = -.248$），ポイント使用経験無し（$\beta = -.135$），入店前ポイント使用決定（$\beta = .105$）であった。

　コントロール変数については，会員継続期間は有意ではなかった。所有するカードの形態では，クレジットカードは5％水準で正に有意であったが，電子マネーは有意ではなかった。

　フリークエンシー・リワードより顧客階層の方が知覚価値が高いという**仮説1**，線形型よりも非線形型の方が知覚価値が高いという**仮説2**は支持されなかった。連続型よりも非連続型の方が知覚価値が低いという**仮説3**は支持された。複雑型の方が単純型よりも知覚価値が低いという**仮説5**については支持されなかった。単独型よりも提携型の方が知覚価値が高いという**仮説6**については，楽天については支持されなかったが，Tポイントについては支持された。また，直接的特典と間接的特典の差が無いという**仮説7**は支持されなかった。購買量の多い顧客ほど知覚価値が高いという**仮説9**については，1回当たりの購買金額と財布シェアについては支持されなかったが，購買頻度については支持された。ポイントの使用経験有りはポイント使用経験無しよりも知覚価値が高いという**仮説10**，ポイント使用決定がレジ精算時よりも入店前の方が知覚価値は高いという**仮説**

表 2-11 分析結果（ドラッグストア）

被説明変数：ポイントカードの知覚価値

説明変数：	偏回帰係数		(t 値)
	非標準化 (b)	標準化 (β)	
●ポイントカードの特徴			
顧客階層ダミー	-0.161	-0.032	(-1.764)
非線形ダミー	-0.192	-0.012	(-.709)
非連続ダミー	-0.507***	-0.115	(-4.892)
ポイント付与率	0.268**	0.067	(3.284)
複雑型ダミー	-0.105	-0.007	(-.459)
提携型（基準：単独型）			
Ｔポイントダミー	0.335**	0.056	(2.651)
楽天ダミー	0.185	0.012	(.738)
電子マネー導入チェーン	0.210	0.038	(1.614)
間接的特典ダミー	-1.754***	-0.248	(-8.229)
●消費者要因			
店舗利用頻度	0.005***	0.087	(5.701)
1 回当たり購買金額	0.000	0.016	(1.096)
財布シェア	-0.086	-0.008	(-.511)
ポイントの使用経験無しダミー	-1.020***	-0.135	(-8.183)
ポイント使用決定のタイミング			
（基準：レジ精算時）			
入店前ダミー	0.487***	0.105	(6.379)
買物途中ダミー	0.179	0.027	(1.700)
年収	-0.000	-0.002	(-.126)
女性ダミー	0.136*	0.031	(2.041)
年代（基準：30歳代）			
20歳代ダミー	0.801*	0.037	(2.361)
40歳代ダミー	0.015	0.003	(.103)
50歳代ダミー	-0.150	-0.033	(-1.103)
60歳代ダミー	-0.033	-0.006	(-.230)
70歳代ダミー	-0.077	-0.011	(-.475)
80歳代ダミー	-0.042	-0.002	(-.138)
顧客満足	5.714***	0.450	(29.970)
●コントロール変数			
会員継続期間	0.006	0.027	(1.763)
所有カード形態（基準：通常カード）			
クレジットカードダミー	0.183*	0.033	(2.119)
電子マネーダミー	0.105	0.018	(1.195)
定数項	5.714***		(21.520)
観測数	3,091		
決定係数	0.331		
調整済み決定係数	0.325		
F 値	56.15		

*$p < .05$, **$p < .01$, ***$p < .001$

11，満足度が高い顧客ほど知覚価値が高いという**仮説15**は支持された。しかしながら，所得水準が高いほど知覚価値が高いという**仮説12**，男性と女性の知覚価値に差が無いという**仮説13**，年代による知覚価値に差が無いという**仮説14**は支持されなかった。**仮説13**については，女性の知覚価値の方が男性の知覚価値よりも高かった。**仮説14**については，20歳代の知覚価値は，30歳代に知覚価値よりも有意に高かった。ドラッグストアのチェーンの制約により，**仮説8**は検証することはできなかった。

6-4　コンビニエンスストアの分析結果

　分析にあたって，被説明変数と説明変数の基本統計量をまとめたものが**表2-12**である。店舗利用頻度の平均は年間57.0回，1回当たり購買金額の平均は867円，財布シェアの平均は74.5%である。ポイント使用の経験がない回答者は8.7%である。また，ポイント使用の意思決定をレジ精算時にする割合は30.0%であり，入店前に意思決定する回答者は37.3%，買物途中に意思決定する回答者は15.8%である。世帯年収の平均は510万年，女性比率は50.0%である。回答者の年代は40歳代が最も多く，次いで50歳代，60歳代が続く。会員継続期間の平均は，12.1年である。ポイントカードの携帯としては，クレジット機能付きのポイントカードが35.6%，電子マネーの機能付きが7.5%である。

　OLSによる推定結果について，非標準化偏回帰係数（b）と標準化偏回帰係数（β）を，**表2-13**にまとめている[17]。ポイントカードの特徴に関する説明変数については，顧客階層型はフリークエンシー・リワードに比べて負の有意傾向であった。非線形型は線形型と比べて有意な差は無かった。しかし，非連続型は連続型と比べて1%水準で有意に低かった。また，ポイント付与率も同様に1%水準で正に有意であった。複雑型は単純型と比べて有意な差は無かった。提携型については，Tポイントは単独型に比べて1%水準で有意に高かった。しかしながら楽天は単独型と比べて有意差はなかった。電子マネー導入チェーンでは，有意ではなかった。間接的特典は直接的特典に比べて1%水準で有意に低かった。

　消費者要因に関する説明変数については，利用頻度は1%水準で正に有意であったが，1回当たりの購買金額と財布シェアは有意ではなかった。ポイントの使用経験が無い顧客は，使用経験がある顧客に比べてポイントカードの知覚価値が1%水準で有意に低かった。ポイント使用のタイミングとしては，精算時に決定する場合に比べて，入店前にポイント使用を意思決定する人の方がポイントカー

表2-12	基本統計量（コンビニエンスストア）				
●被説明変数	サンプルサイズ	平均	標準偏差	最小	最大
ポイントカードの知覚価値	2,600	9.589	2.282	2	14
●説明変数（ポイントカードの特徴）					
ポイント付与率（%）	2,600	0.655	0.257	0.5	2
提携型　Tポイント（＝1）	2,600	16.6%	0.372	0	1
提携型　Ponta（＝1）	2,600	23.5%	0.424	0	1
提携型　dポイント（＝1）	2,600	12.9%	0.336	0	1
提携型　楽天ポイント（＝1）	2,600	10.8%	0.311	0	1
提携型　WAON（＝1）	2,600	1.5%	0.123	0	1
非連続型・間接的特典（＝1）	2,600	1.9%	0.137	0	1
●説明変数（消費者要因）					
店舗利用頻度（回／年間）	2,600	57.024	72.392	1	365
1回当たり購買金額（円）	2,600	866.769	1,792	100	60,000
財布シェア	2,600	0.745	0.211	0.15	1
ポイント使用経験無し（＝1）	2,600	8.7%	0.282	0	1
入店前でのポイント使用決定（＝1）	2,600	37.3%	0.484	0	1
買物途中でのポイント使用決定（＝1）	2,600	15.8%	0.365	0	1
レジ精算時のポイント使用決定（＝1）	2,600	30.0%	0.458	0	1
世帯年収（万円）	2,600	510.019	340.951	150	1,500
女性（＝1）	2,600	50.0%	0.500	0	1
20歳代（＝1）	2,600	13.5%	0.342	0	1
30歳代（＝1）	2,600	16.4%	0.371	0	1
40歳代（＝1）	2,600	18.7%	0.390	0	1
50歳代（＝1）	2,600	18.3%	0.387	0	1
60歳代（＝1）	2,600	18.1%	0.385	0	1
70歳代（＝1）	2,600	13.5%	0.342	0	1
80歳代（＝1）	2,600	1.4%	0.117	0	1
顧客満足	2,600	21.048	5.181	3	30
●コントロール変数					
会員継続期間（年）	2,600	12.073	8.966	1	35
クレジット機能付き（＝1）	2,600	35.6%	0.479	0	1
電子マネー（waon・nanaco以外）（＝1）	2,600	7.5%	0.263	0	1

※2値データ（ダミー変数）の平均を%表示としている

表2-13　分析結果（コンビニエンスストア）

被説明変数： ポイントカードの知覚価値	(1)			(2)		
	偏回帰係数			偏回帰係数		
	非標準化 (b)	標準化 (β)	t 値	非標準化 (b)	標準化 (β)	t 値
説明変数：						
●ポイントカードの特徴						
ポイント付与率	0.359	0.040	(1.295)	0.175	0.020	(0.596)
提携型（基準：nanaco）						
T ポイントダミー				0.279*	0.046	(2.362)
Ponta ダミー				0.501***	0.093	(4.795)
d ポイントダミー				0.714***	0.105	(5.825)
楽天ダミー				0.310*	0.042	(2.367)
WAON ダミー				0.494	0.027	(1.615)
非連続型・間接的特典ダミー	-1.299***	-0.078	(-4.327)	-1.166***	-0.070	
●消費者要因						
店舗利用頻度	0.001	0.017	(0.960)	0.001	0.018	(1.043)
1 回当たり購買金額	0.000	-0.004	(-0.261)	0.000	-0.003	(-0.179)
財布シェア	0.321	0.030	(1.781)	0.327	0.030	(1.816)
ポイント使用経験無しダミー	-0.537***	-0.066	(-3.863)	-0.539***	-0.067	(-3.867)
ポイント使用決定のタイミング						
（基準：レジ精算時）						
入店前ダミー	0.602***	0.128	(7.072)	0.580***	0.123	(6.794)
買物途中ダミー	0.153	0.024	(1.366)	0.141	0.023	(1.261)
年収	0.000*	0.037	(2.238)	0.000*	0.036	(2.151)
女性ダミー	0.183*	0.040	(2.423)	0.174*	0.038	(2.302)
年代（基準：30歳代）						
20歳代ダミー	-0.316*	-0.047	(-2.335)	-0.284*	-0.043	(-2.094)
40歳代ダミー	-0.127	-0.022	(-1.016)	-0.103	-0.018	(-0.819)
50歳代ダミー	-0.548***	-0.093	(-4.332)	-0.515***	-0.087	(-4.06)
60歳代ダミー	-0.706***	-0.119	(-5.423)	-0.675***	-0.114	(-5.173)
70歳代ダミー	-0.741***	-0.111	(-5.297)	-0.710***	-0.106	(-5.06)
80歳代ダミー	-0.244	-0.013	(-0.747)	-0.208	-0.011	(-0.636)
顧客満足	0.232***	0.527	(31.866)	0.231***	0.523	(31.616)
●コントロール変数						
会員継続期間	0.001	0.005	(0.264)	0.002	0.008	(0.482)
所有カード形態（基準：通常カード）						
クレジットカードダミー	-0.357	-0.041	(-1.366)	-0.117	-0.013	(-0.422)
電子マネーダミー	-0.462***	-0.097	(-5.729)			
定数項	4.389***		(15.552)	4.030***		(13.72)
観測数	2,600			2,600		
決定係数	0.336			0.339		
調整済み決定係数	0.331			0.333		
F 値	65.36			55.05		

*p＜.05, **p＜.01. ***p＜.001

ドの知覚価値は１％水準で有意に高かった。世帯年収は有意ではなかった。女性の方が男性よりも（利用頻度などを考慮してもなお）５％水準で有意に高かった。年代については，20歳代は30歳代に比べて５％水準で有意に高かった。顧客満足は１％水準で正に有意であり，なおかつ標準化係数 β が0.447とその影響力が非常に高かった。

ポイントカードの知覚価値の要因について影響の大きさを標準化係数 β で比較すると，最も影響が大きいのが顧客満足（$\beta = .523 \sim .527$）であり，次いで入店前ポイント使用決定（$\beta = -.123 \sim -.128$），60歳代ダミー（$\beta = -.119 \sim -.114$），70歳代ダミー（$\beta = -.111 \sim -.106$），ｄポイント（$\beta = .105$）であった。

コントロール変数に関する説明変数については，会員継続期間は有意ではなかった。所有するカードの形態では，クレジットカードは５％水準で正に有意であったが，電子マネーは有意ではなかった。

連続型よりも非連続型の方が知覚価値が低いという**仮説３**は支持された。直接的特典と間接的特典の差が無いという**仮説７**は支持されなかった。ただし,非連続型と間接的特典のチェーンが同一であるために,効果を切り分けることはできない。単独型よりも提携型の方が知覚価値は高いという**仮説６**については，基準が単独型ではないため,検証はできない。しかしnanacoを基準とした場合,Ｔポイント,Ponta,dポイント,楽天は有意に高かった。購買量の多い顧客ほど知覚価値が高いという**仮説９**については，利用頻度，１回当たりの購買金額，財布シェアともに支持されなかった。ポイントの使用経験有りはポイント使用経験無しよりも知覚価値が高いという**仮説10**，ポイント使用決定がレジ精算時よりも入店前の方が知覚価値は高いという**仮説11**，所得水準が高いほど知覚価値が高いという**仮説12**，顧客満足が高い顧客ほど知覚価値が高いという**仮説15**は支持された。しかしながら，男性と女性の知覚価値に差が無いという**仮説13**は支持されなかった。年代による知覚価値に差が無いという**仮説14**については，20歳代，50歳代，60歳代，70歳代の知覚価値は，30歳代に知覚価値よりも有意に低かった。コンビニエンスストアのチェーンの制約により，**仮説１**，**仮説２**，**仮説５**，**仮説６**，**仮説８**は検証することはできなかった。

6-5　分析結果のまとめ

仮説について，スーパーマーケット，家電量販店，ドラッグストア，コンビニエンスストアにおける検証結果をまとめたものが**表２-14**である。

表2-14　仮説検証結果のまとめ

		スーパーマーケット	家電量販店	ドラッグストア	コンビニエンスストア
仮説1	顧客階層 > フリークエンシー・リワード	−	×	×	×
仮説2	非線形 > 線形	×	−	×	−
仮説3	非連続 < 連続	×	−	○	○
仮説4	ポイント付与率（+）	×	○	○	×
仮説5	単純型 > 複雑型	×	−		
仮説6	提携型 > 単独型	○ Tポイント, nanaco	−	○ Tポイント	
仮説7	直接的特典 ＝ 間接的特典	× 直接 > 間接	−	× 直接 > 間接	× 直接 > 間接
仮説8	キャッシュバック > キャッシュバック無し	○	−	−	−
仮説9	購買量（頻度，単価，財布シェア）（+）	○ 頻度，財布シェア	○ 頻度，財布シェア	○ 頻度	×
仮説10	ポイント使用経験有り > 経験無し	○	○	○	○
仮説11	ポイント使用決定が入店前 > レジ精算時	○	○	○	○
仮説12	所得水準（+）	×	×	×	○
仮説13	男性 ＝ 女性	× 男性 < 女性	× 男性 < 女性	× 男性 < 女性	× 男性 < 女性
仮説14	年代による知覚価値に差が無い	× 70歳代が低い	年代による 有意差なし	× 20歳代が高い	× 20歳代および50 〜70歳代が低い
仮説15	顧客満足（+）	○	○	○	○

　ドラッグストアやコンビニエンスストアにおいて，非連続型よりも連続型の方がポイントカードの知覚価値が高い傾向だった。また，スーパーマーケットやドラッグストア，コンビニエンスストアにおいて，直接的特典の方が間接的特典よりもポイントカードの知覚価値が高かった。コンビニエンスストアを除く業態で，購買量（特に利用頻度）が高いほどポイントカードの知覚価値が高かった。すべての業態において，ポイント使用経験がある方が無いよりもポイントカードの知覚価値が高く，ポイント使用においてもレジ精算時に意思決定するよりも入店前に意思決定する方がポイントカードの知覚価値が高かった。さらにすべての業態において，男性よりも女性の方がポイントカードの知覚価値が高かった。加えて，顧客満足が高い顧客ほどポイントカードの知覚価値が高かった。

7. まとめと課題

7-1 分析結果の解釈

　分析結果の解釈を，特典の提供方法と特典の内容，消費者要因，コントロール変数ごとにおこなう。まずは特典の提供方法と特典の内容について述べる。**仮説1**について，家電量販店およびドラッグストアでは，顧客階層とフリークエンシー・リワードの有意差がなかったことについては，購買金額の高い顧客が優遇されることによって知覚価値を高める効果に対して，下位ランクの顧客にとっては優遇されていないと感じることや，上位ランクにいくための購買金額のハードルが高くてなかなか達成できないことに対する不満などが，ポイントカードの知覚価値を低くして相殺している可能性がある。さらにはリアクタンス理論によると，人間は強制されているとか自分の自由が脅かされていると感じると非常に反抗的で頑固になる（Lessne and Notarantonio 1988）。シルバー，ゴールド，プラチナと階層分けされて上の階層に上がることを急かされる購入強制感を感じて反発心が起きている可能性もある。

　仮説2の線形型・非線形型がスーパーマーケットおよびドラッグストアでは有意でなかったことについての解釈は，スーパーマーケットやドラッグストアのような業態ではポイント付与率が低く，1回当たりの購買金額も低めであるためポイントが貯まりにくく，非線性のメリットを享受できる顧客が少ない可能性がある。さらには，スーパーマーケットやドラッグストアでの買物は（航空旅行とは異なり）低関与であるため，非線形のポイント付与構造を会員が理解していない，もしくはそもそも理解する必要性を感じていない可能性がある。

　仮説3において，連続・非連続がスーパーマーケットで有意ではなかったことについては，先行研究では連続型のスーパーマーケットのポイントカード会員の88.2%が，1ポイント単位で使用できるにもかかわらず，ある程度のポイント数まで貯めてからポイントを使用する傾向が確認されている（中川 2015）。ある程度のポイント数になるまでポイントを貯めようとする大半の顧客にとって，ポイントが使用可能となる閾値の有無は関係が無いと考えているのかもしれない。しかしドラッグストアおよびコンビニエンスストアでは連続型の方が非連続型よりも知覚価値が高いのは，貯まったポイントをすぐに使える連続型の方が利便性が高く，さらにはポイント使用経験を通じてポイントカードの知覚価値を高くして

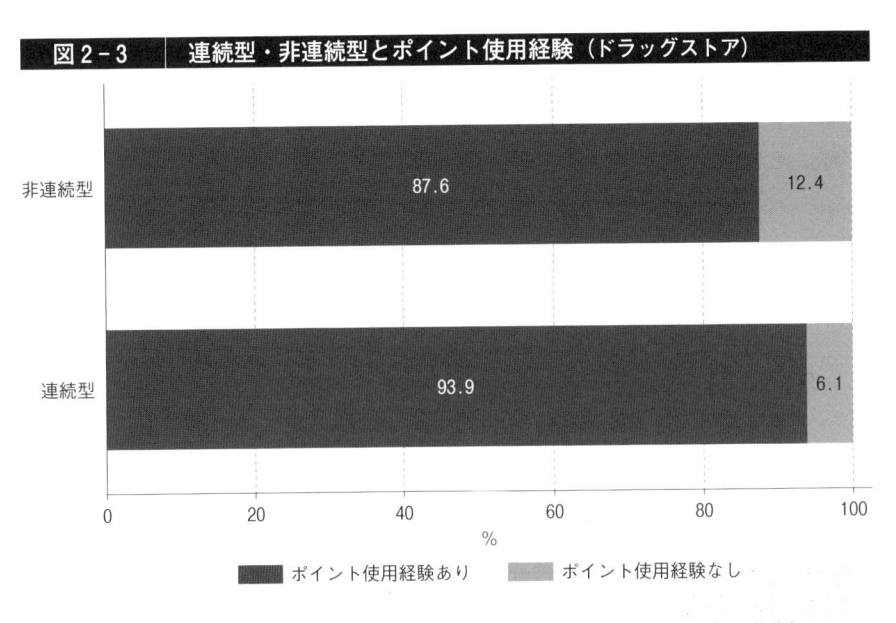

図2-3　連続型・非連続型とポイント使用経験（ドラッグストア）

非連続型　87.6　12.4

連続型　93.9　6.1

（横軸）0　20　40　60　80　100

%

■ ポイント使用経験あり　　■ ポイント使用経験なし

いると考えられる。非連続型はある閾値までポイントを貯めなければポイントを使用できない仕組みであるため，非連続型の方が連続型よりもポイント使用経験が低くなることが考えられる。それについてクロス表で確認したところ（図2-3），連続型におけるポイント使用経験なしの割合は12.4%であるのに対して，非連続型におけるポイント使用経験なしの割合は6.1%であり，有意な関連が見られた（$\chi^2 = 36.36, p = .000$）。したがって，非連続型はポイント使用経験を低くすることによってポイントカードの知覚価値を低くしている可能性がある。

　仮説4において，ポイント付与率がスーパーマーケットやコンビニエンスストアで有意ではなかったことについて，そもそもこれらの業態では，どのチェーンでもポイント付与率が0.5%～1%と低い水準であり，高くても1.5%が最高のポイント付与率である。したがって，0.5%～1.5%ではポイントカード会員は差を感じていない可能性がある。さらには，ポイント●倍デーなどのポイント販促の機会にポイントを貯めようとしている可能性もあり，通常の付与率よりもポイント販促の頻度の方が知覚価値に影響を与えている可能性がある。しかしながら家電量販店やドラッグストアでは正に有意となっており，商品単価が比較的高いこれらの業態では，ポイントが貯まっているのが実感しやすい可能性がある。

　仮説5の複雑型がスーパーマーケットおよびドラッグストアで有意ではないことについて，スーパーマーケットにおける複雑型ダミーは，1,000ポイント貯まると500円の買物券と交換されるそうてつローゼン1社のダミーである。第1章

第2節で述べた MUJI の永久不滅ポイント（1,000円の買物ごとに3ポイント貯まり，200ポイントで1,200円の値引きが受けられる）の特典付与に比べれば，そうてつローゼンの特典付与はまだ分かりやすいと会員が考えている可能性がある。ドラッグストアでも同様に，複雑型はセイムス1社であり，400ポイント貯まると200円値引きが受けられるという比較的分かりやすい複雑型であったために有意差が無かったと考えられる。

仮説6の提携型について，スーパーマーケットおよびドラッグストアにおいてTポイントが有意であったことについて，ポイントを貯めることでも使用することでも，提携型は顧客にとっての利便性を高めるために，知覚価値が高いと考えられる。ただし，Tポイントが他の提携型に比べて効果が高いのは，流動性の高さを反映していると考えられる。

仮説7と仮説8について，スーパーマーケット，ドラッグストア，コンビニエンスストアの顧客にとっては，店舗で扱っている商品とは異なるモノのプレゼントよりは値引きが選好され，値引きよりも現金のキャッシュバックが好まれると解釈できる。生活必需品を取り扱うこれらの業態の顧客にとって，支払金額を下げる特典の方が余分なモノを貰うよりも好まれると考えられる。

次に消費者要因に関する仮説の解釈をおこなう。仮説9の購買量が高い消費者ほどポイントカードの知覚価値が高いことについて，1回当たりの購買金額は有意ではなく，店舗利用頻度が有意であった。これは，ある期間で同じ購買金額としても，1回当たりの購買金額が低く購買頻度が高い方が，1回当たりの購買金額が高く購買頻度が低いよりも知覚価値が高いことを意味している。すなわち，買物の際にポイントが貯まることを認識する回数が多い方が，ポイントカードの知覚価値が高いと考えられる。

仮説10について，ポイントの使用経験有りはポイント使用経験無しよりも知覚価値が有意に高いことについて，ポイントを使用することにより得られる取引効用が知覚価値にプラスの影響を与えると考えられる[18]。また，仮説11ついては，購買より前にポイントを意識させておく方が，すなわちポイントについて意識にある時間が長い方がポイントカードの知覚価値が高くなっている。ポイント使用の意思決定と実際のポイント使用時点との間が長い方ほど，ポイントへの意識が高くなるため，ポイントカードの知覚価値が高くなると考えられる。

仮説12について，今回の研究対象であるスーパーマーケット，家電量販店，ドラッグストアでは生活必需品を取り扱う業態であるために，所得水準と購買金額（すなわち得られるポイント数）との関係性が低いためと考えられる。

仮説13について，女性の方が男性よりも精緻で包括的な情報処理をおこなう傾

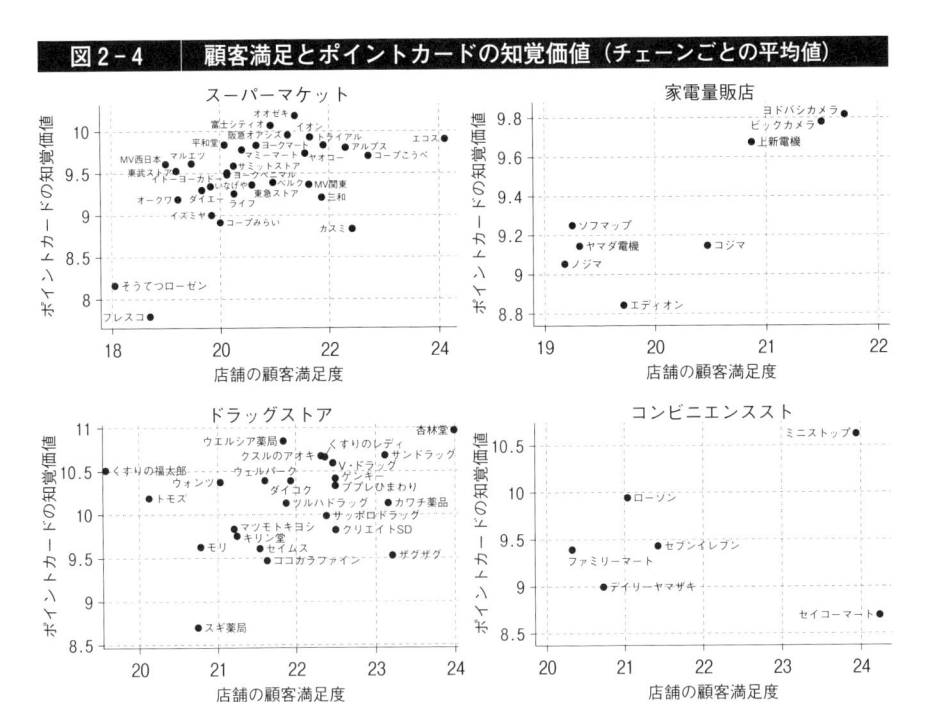

図2-4　顧客満足とポイントカードの知覚価値（チェーンごとの平均値）

スーパーマーケット

家電量販店

ドラッグストア

コンビニエンスストア

(注)　サンプルサイズが10以上のチェーンに限定している

向があることが先行研究で確認されており（中川 2010），得られるポイントについても男性より女性の方が敏感に反応しやすい可能性がある。**仮説14**については，ポイントカードの知覚価値は，将来にどの程度の購買をするか（その結果どの程度のポイント数が貯められるか）に依存する。したがって高齢者ほど将来に対する見通しが立たないために，ポイントカードの知覚価値が全般的に低くなっている可能性がある。

　仮説15について，ポイントカードの知覚価値に最も大きな影響を与えるのは，顧客満足であることの解釈である。ポイントカードの知覚価値に最も影響を与える変数は顧客満足であり，影響の度合いも他の変数よりも非常に大きかった（チェーンごとの平均値の散布図は図2-4）。先述の Ashley et al. (2011) が示したとおり，顧客満足は関係性プログラム受容度に正の影響を与えるのと同様に，店舗（チェーン）に満足している顧客ほど，ポイントカードを受容しやすいためと解釈できる。

7-2 インプリケーション

　インプリケーションとしては，以下の3点があげられる。まず第1に，ポイントを使用したことのない消費者に，ポイント使用を促すべきである。ポイント使用経験が無い人は有意に知覚価値が低かった。ポイントの使用がその後の購買行動に正の影響を与えることが先行研究では確認されている（Lal and Bell 2003; Taylor and Neslin 2005; Dorotic et al. 2014）。ポイントを提供する小売業やメーカーにとって，ポイントの使用経験が無い顧客にポイント使用を促すことは長期的にも有効である。したがって，ポイント使用のための閾値がある非連続型よりも連続型の方が望ましいと考えられる。

　第2に，入店前にポイント使用を計画させるべきである。レジでの精算時にポイント使用の意思決定する会員に比べて，入店前に意思決定をする会員の方が有意に高かった。したがって，レシートやメール，入店時のウエルカムポイントなどの様々な消費者とのタッチポイントを通じて，会員にポイント残高を知らせるべきである。あるいは，ポイント数よりも高い金額の購買ができるようなプロモーションも有効であろう。例えばドラッグストアのウエルシア薬局では，毎月20日にはポイント残高の1.5倍の買物ができるポイント使用デーを設けている。

　第3に，ポイント販促を個別にかける場合には，男性よりも女性を，購買頻度の高い顧客を優先すべきである。女性は（購買頻度などをコントロールしてもなお）男性よりも有意に知覚価値が高いため，男性よりも女性を優先した方が有効である。同様に購買頻度の高い顧客は知覚価値が高いため，これらの顧客を優先した方が有効である。

7-3 本研究の限界と今後の研究課題

　研究を発展させるには，以下の5点に取り組む必要が考えられる。まず第1に，本研究における知覚価値の尺度は金銭的価値と熱望的価値に限定し，経済的な知覚価値で捉えている。したがって，間接的特典が負に有意となっているのは，ある意味で当然ともいえる。今後の研究では，ポイントカードの付加されるサービス的側面に関する心理的な知覚価値を尺度に含めて，多角的に捉える必要がある。

　第2に，ポイント付与率が有意でなかった理由として，知覚価値がポイント販

促（例えばポイント●倍デーなど）に依存している可能性がある。したがって，会員が知覚しているポイント販促の頻度がポイントカードの知覚価値に与える影響について，検証される必要がある。

　第3に，本研究ではポイントカードの知覚価値に与える要因に焦点を当てているが，ポイントカードの知覚価値が他の変数（例えばロイヤルティなど）に与える影響については，今後の課題である。ポイントカードの知覚価値が顧客満足，ロイヤルティ，スイッチング・コストに与える影響に関する研究は少ない[19]。例えば Yi and Jeon（2003）は，ポイントカードの知覚価値がロイヤルティに与える影響について検証し，高関与の状況では正の効果が確認されている。しかしながら，顧客満足やスイッチング・コストなども含めて包括的なモデルにおいて，ポイントカードの知覚価値の効果が検証されている研究は，現時点ではない。

　第4に，第1章第2節で取り上げたポイントの有効期限などは，データの制約上，取り扱うことができなかった。また，複雑型ダミーや間接特典ダミーのチェーンは各業態に1社しか無いため，実質的にそのチェーンのダミーとなってしまっており，現時点ではその点を留意する必要がある。今後は調査対象チェーンを増やすことにより，これらの効果検証や効果の一般化が行われる必要がある。

　第5に，本研究ではポイントカードの使い分けについては考慮していないが，実際には複数のポイントカードを使い分けているケースも存在すると考えられる。ポイントカードの使い分け方が与えるポイントカードの知覚価値への影響については，今後の課題である。

(1)　本研究では，食品スーパーと総合スーパーとを合わせて「スーパーマーケット」としている。
(2)　サンプル抽出方法としては，株式会社クレオのインターネット調査パネル「なるほど MC.net」の調査パネルを対象とし，首都圏および関西圏のスーパーマーケットを使用しているポイントカード会員で，かつ過去1年間に当該店舗の利用経験がある消費者を対象とした。首都圏および関西圏のポイントカードを採用しているチェーンのなかで，過去1年間に最も利用回数が多いチェーンを1つ選択させ，そのチェーンについて回答いただいた。年代および性別についての割付はおこなわず，ランダムサンプリングでおこなった。
(3)　イオングループでは2016年6月に「WAON POINT」が導入され，それ以降は連続型となっているが，調査時点（2016年4月14〜18日）では非連続型であった。なお，それ以前に導入されている電子マネーのポイント「WAON ポイント」（「WAON POINT」とは異なる）は連続型である。したがって，同じイオンでも電子マネーの会員は連続型となる。

(4) そうてつローゼンでは，購買金額100円につき1ポイントが付与され，1,000ポイント貯まると500円の買物券がプレゼントされる。このように得られるポイント数と使用できる購買金額が異なっている（2ポイント＝1円）ため，複雑型としている。

(5) nanaco と WAON は電子マネーのポイントである。なお，イオングループの共通ポイントサービスである WAON POINT は調査時点（2016年4月）ではまだ開始されていない。

(6) 株式会社クレオのインターネット調査パネル「なるほど MC.net」を利用した。

(7) サンプル抽出方法としては，株式会社クレオのインターネット調査パネル「なるほど MC.net」の調査パネルを対象とし，全国のドラッグストアを使用しているポイントカード会員で，かつ過去1年間に当該店舗の利用経験がある消費者を対象とした。ポイントカードを採用しているチェーンのなかで，過去1年間に最も利用回数が多いチェーンを1つ選択させ，そのチェーンについて回答いただいた。年代および性別についての割付はおこなわず，ランダムサンプリングでおこなった。

(8) 化粧品とそれ以外の商品でポイント付与率が異なる場合は，化粧品以外のポイント付与率を採用している。

(9) サンプル抽出方法としては，株式会社クレオの調査パネル「なるほど MC.net」の調査パネルを対象とし，全国のドラッグストアを使用しているポイントカード会員で，かつ過去1年間に当該店舗の利用経験がある消費者を対象とした。ポイントカードを採用しているチェーンのなかで，過去1年間に最も利用回数が多いチェーンを1つ選択させ，そのチェーンについて回答を得た。年代および性別についての割付はおこなわず，ランダムサンプリングでおこなった。

(10) ローソンのように時間によって付与率が異なる場合には，時間割合によって付与率を按分した。具体的には，ポイントの還元率が0：00〜15：59は0.5％，16：00〜23：59は1％となるため，$0.5 \times 16 / 24 + 1 \times 8 / 24 = 0.67\%$としている。

(11) 関連性（relevance）については，本調査の対象の多くを占める連続型のポイントカードとの親和性が無いために捨象した。

(12) スーパーマーケットでは WAON と nanaco のダミー変数を提携型の説明変数としているため，多重共線性を避けるために，ここでは（WAON・nanaco 以外の）電子マネーダミーとしている。

(13) 多重共線性を確認するために分散拡大係数（VIF）を求めたところ，最大で2.88であった。危険とされる VIF の値として5や10が挙げられているが（石黒 2014, p.67），今回の場合には該当しない。

(14) スーパーマーケットと同様に多重共線性を確認するために VIF を求めたところ，最大で2.86であった。危険とされる VIF の値である5や10よりも大きく下回っているため，多重共線性の問題はないといえる。

(15) 有意差が無いことをもって「差が無い」とは言えないため，仮説14が支持された訳ではない。したがって，ここでは「有意差が無い」という表現に留めている。

(16) 多重共線性を確認するために VIF を求めたところ，最大で4.13であった。危険とされる VIF の値として5や10が挙げられているが（石黒 2014, p.67），今回の場合

には該当しない。

(17) 多重共線性を確認するために VIF を求めたところ，（1）で最大で3.79，（2）で
　　最大で4.27であった。危険とされる VIF の値として 5 や10が挙げられているが
　　（石黒 2014, p.67），今回の場合には該当しない。

(18) Thaler（1985）は，消費者の効用には獲得効用と取引効用という 2 つの種類があ
　　り，取引効用は消費者の参照価格と購買価格との差によって規定されるとしてい
　　る。

(19) ポイントカード会員と非会員，あるいはポイントカード使用経験の有無によって，
　　顧客満足，ロイヤルティ，スイッチング・コストにどのように影響を与えている
　　かは，第 8 章で検証する。

第 3 章

ポイント付与と値引きのプロモーションの知覚価値（サーベイ実験）
——バスケットレベルのポイント付与と値引きではどちらを得と感じるのか？——

1. はじめに

　ポイントカードを導入している小売店では，会員顧客がレジで精算する際にカードを提示することによって，購買実績に応じてポイントが積算される。ポイントの提供方法は大きく分けて2種類あり，買物金額の総額に応じて一定の割合のポイントを提供する**バスケットポイント方式**と，特定商品の購買に対してポイントを提供する**商品ポイント方式**がある。前者が最も一般的な方式であり，ポイントカードといえば，通常はバスケットポイント方式のことを指す。一方では，会員に対してポイントを付与せず，精算時にカードを提示した消費者に対して買物金額の数%分の値引きを実施している小売業も存在する[1]。

　それでは，ポイント付与と値引きではどちらが消費者の知覚価値が高いのであろうか。以下第2節において，関連する研究を含めた先行研究のレビューをおこない，研究の位置付けを確認する。第3節において，研究の目的を確認し，仮説を提示する。第4節および第5節において，それぞれスーパーマーケットおよび家電量販店を対象とした実験結果について述べる。最後に第6節において，考察および今後の研究課題について述べていく。

2．先行研究のレビュー

2-1　ポイント付与と値引きの効果検証

　買物時に値引きが実施されるのと，値引きと同額相当のポイントが提供されるのでは，どちらが消費者にとっての知覚価値は高いのであろうか。経済合理性の観点から考えれば，消費者にとっては値引きの方がポイントよりも有利であることは明らかである。値引きによって節約された金銭は，消費者の財布の中に残り，すぐに使うことができる。さらに，その金銭の使用対象は限定されず，どこでも，何に対しても使うことができる。一方でポイントの場合には，すぐに，どこでも，何にでも使用できるわけではない（守口 2011）。

　ところが，先行研究では予想とは反対の結果が示されている。ポイント付与と値引きの効果を比較した数少ない研究である流通経済研究所（2007）では，商品レベルのポイント付与と値引きの効果検証がおこなわれた[2]。この研究では，あるチェーン1店舗において対象期間中に値引きと商品ポイント付与の両方のプロモーションがおこなわれた88商品を対象としている。対象となった小売業者では貯めたポイントで買物をすることが可能であり，1ポイントが1円に換算される。したがって，10ポイントを提供するプロモーションの利得は，10円の値引きに相当することになり，値引きの場合とまったく同様にポイント販促の弾力性を測定することができる[3]。値引きとポイント販促の弾力性の測定をおこなった結果，価格弾力性とポイント販促の弾力性の絶対値は，それぞれ3.3%，12.0%と推定された。このことは，商品の通常価格から1%の値引きが3.3%の販売量増加をもたらすのに対して，通常価格の1%相当のポイント付与は12.0%の販売量増加につながることを意味している。言い換えると，ポイントの方が値引きよりも約3.6倍の販売促進効果があるということである。

　それでは，なぜ流通経済研究所（2007）では，ポイントの方が値引きよりも販売促進効果が高いという，消費者の経済合理性から予想される結果とは反対の結果が生じたのであろうか。次項以降では，Thaler（1985）のメンタル・アカウンティング理論を援用した統合型 SP，分離型 SP という概念によって考察し，ポイントと値引きの知覚価値に関する仮説を提示する。

図 3-1　　　メンタル・アカウンティング理論と統合型 SP および分離型 SP の価値

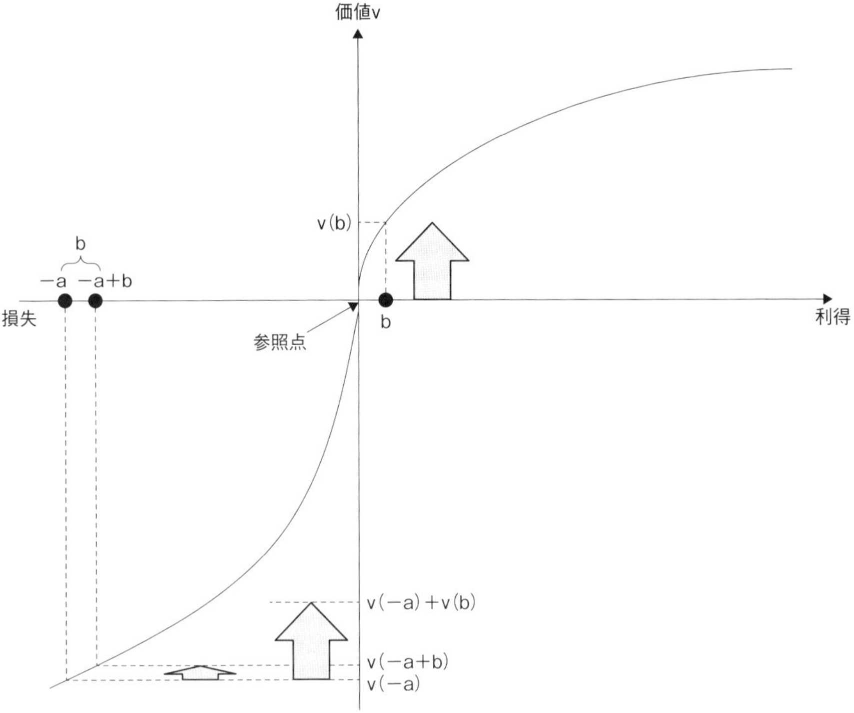

2-2　統合型 SP と分離型 SP

　Thaler（1985）のメンタル・アカウンティング理論は，プロスペクト理論の価値関数をもとにして，損失と利得という 2 つの現象があるときに，利得は損失と統合されて評価される場合と，損失と分離されて評価される場合では最終的な知覚価値が異なることを示している。図 3-1 は，プロスペクト理論の価値関数 v を表現している。この価値関数の特徴は，①消費者の刺激に対する価値評価がニュートラルな参照点を基準として利得と損失の領域に分かれること，②関数形は利得の領域では凹関数に，損失の領域では凸関数になっていること，③曲線の傾きは利得よりも損失の方が急であること，の 3 点である。

　Thaler（1985）によると，利得の金銭的価値（b）が損失の金銭的価値（−a）よりもかなり小さい場合（a，b ともに正の数），それらが統合して評価されるよりも分離して評価される方が，最終的な知覚価値は高くなる。というのは，利得

が損失と分離して評価される場合には，利得は利得の領域で評価されるので，利得自体の価値v(b)が意識され，損失の知覚価値v(−a)を大きく減少させることができるからである。この場合の最終的な知覚価値は，v(−a)+v(b) である。反対に，利得と損失が統合される場合には，損失は利得の分だけ減少するけれども減少分が小さいために最終的な知覚価値v(−a+b)はそれほど改善しない。図3−1は，v(−a)+v(b) > v(−a+b) であることを示している。この結果は，上記②の「関数形は利得の領域では凹関数に，損失の領域では凸関数となる」ことから導かれ，b が a に比してかなり小さい場合（通常の販売ではそうなる）には成立する。まとめると，最終的な知覚価値は，利得が利得の領域で評価されるのか，もしくは損失の領域で評価されるのかによって異なる。利得が損失よりもかなり小さい場合には，利得は利得の領域で評価される方が知覚価値は高くなる。

　出費という経済的負担を減少させる SP，言い換えれば利得が損失領域で評価される SP は統合型 SP と呼ばれ，出費とは無関係の SP，言い換えれば利得が利得領域で評価される SP は分離型 SP と呼ばれている（白井 2005）。統合型 SP と分離型 SP の分類について，消費者に直接尋ねるという方法が考えられるが，現時点では妥当な測定方法が開発されていない[4]。代替的な方法として，内的参照価格への影響から SP のタイプを分類する方法がある（Diamond and Campbell 1989）。もし SP によって内的参照価格が低下したならば，その SP は統合型 SP として評価される。内的参照価格の低下は SP によって販売価格が安くなったと解釈されるためである。逆に，内的参照価格に変化が生じなかったならば，その SP は分離型 SP として販売価格とは別に評価されたことを意味する。このような方法でなされた研究として，Diamond and Campbell（1989），Folkes and Wheat（1995），Sinha and Smith（2000）らの研究がある。これらの研究の結果，一般的な大きさの値引きとクーポンは統合型 SP として，大きな値引き，リベート，増量，おまけ，1 つ購入するともう 1 つをプレゼント，および，2 つ購入すると半額という SP は，分離型 SP として判断されるという結果を得ている（白井 2005）。

　消費者にとって値引きは利得，購入価格は出費という損失になり，値引きは一般的には出費である損失よりもかなり小さい[5]。したがって，一般的な大きさの値引きは出費という経済的負担を減少させる統合型 SP と考えられ，上述の先行研究の結果からも支持されている。ただし，ポイントが内的参照価格に与える影響に関する先行研究は現時点では存在せず，ポイントが統合型 SP と分離型 SP のどちらに分類されるのかは明らかになっていない。

　それでは，ポイントは統合型 SP と分離型 SP のどちらで分類されるのであろ

うか。もし消費者にとってポイントが与えられることが出費とは無関係の SP と認識されるのであれば，ポイントは分離型 SP になると考えられる。実際，現金による出費とは別の「ポイント」という形で便益が付与されるので，分離型 SPと判断される蓋然性は高いと考えられる。

2-3　統合型 SP と分離型 SP の知覚価値に関する実証研究結果

　白井（2005）は統合型 SP（値引きなど）と分離型 SP（クーポンや増量など）の知覚価値に関する実証研究に関する先行研究のサーベイをおこなっている。サーベイ対象となった研究は，Diamond and Sanyal（1990），Chen et al.（1998），Hardesty and Bearden（2003），Sinha and Smith（2000）である。以下，研究結果について概観する。
　Diamond and Sanyal（1990）は実際の店舗において，買物客に対して一対のストア・クーポンを提示して選択させるフィールド実験をおこなった。対象商品を購入すると49セントの缶スープがもらえるクーポン（クーポン1）と25セントの値引きを受けられるクーポン（クーポン2）とでは，クーポン1を選択した被験者は55.6%であるのに対して，クーポン2を選択した被験者は44.4%であった。ところが，対象商品と49セントの缶スープを購入すると49セントの値引きが得られるクーポン（クーポン3）とクーポン2との選択では，クーポン3を選択した被験者は27%に対してクーポン2を選択した被験者は73%であった。クーポン1とクーポン3は結果的にはまったく同じ SP であるが，なぜ選好が逆転したのであろうか。Diamond らは，クーポン1はおまけが強調されているので分離型SP，クーポン3は値引きが強調されているので統合型 SP であるとし，分離型SP の方が統合型 SP よりも知覚価値が高いとしている[6]。
　次に Chen et al.（1998）は実験室実験をおこない，値引きとクーポンの知覚価値および購入意向を比較した。実験室実験のデザインは 2 × 2 × 2 被験者間要因配置で，製品カテゴリー（高価な PC と安価なフロッピー・ディスク），SP タイプ（値引きと郵送型クーポン，どちらも10%引き），SP の表示方法（金額表示と比率表示）がコントロールされている。この結果，購入意向について SP タイプの主効果が有意となり，値引きよりもクーポンの方が購入意向は高かった。Chen らはこの結果について，値引きは消費者全員が対象となるのに対し，郵送型クーポンはクーポンの受取人のみが対象となるため，消費者は値引きよりも郵送型クーポンに特権を感じて購入価値を高めたと説明している。このことから，値引きは統

表3-1

表3-1	SP の知覚価値（ベネフィットが一般的な水準の場合）		

	相対的知覚価値		
	高	中	低
統合型SP	努力不要SP ・ストア・クーポン ・値引き	要努力SP ・媒体クーポン	購入強制感のあるSP ・他製品の同時購入で対象商品を同額分値引き
分離型SP	努力不要SP ・増量 ・おまけ ・対象者限定の郵送型クーポン	要努力SP ・キャッシュバック	購入強制感のあるSP ・複数個購入による値引き・おまけ ・スタンプ○個でおまけ

（出所）白井（2005）

合型 SP だが郵送型クーポンは分離型 SP であること，および分離 SP の方が統合型 SP よりも知覚価値が高いことが示唆される。

　続いて Hardesty and Bearden（2003）は，増量と値引きが知覚価値に与える影響を比較している。実験室実験のデザインは 3×2 の被験者間要因配置であり，ベネフィットの大きさ（10％，25％，50％）と SP タイプ（値引きと増量）がコントロールされている。実験結果から，10％と25％のベネフィットでは値引きと増量の間には知覚価値に有意差は無いものの，50％のベネフィットでは，増量よりも値引きの方が知覚価値が高かった。また，Sinha and Smith（2000）は50％の値引き，通常価格で1個買うともう1個が無料でおまけ，通常価格で2個買うと半額になるという SP の知覚価値を測定し，値引きが最も知覚価値が高く，次いでおまけが高く，2個購入による値引きが最も低かった。Hardesty and Bearden（2003）と Sinha and Smith（2000）の結果から，ベネフィットが非常に大きい場合（具体的には50％程度）では値引きは分離型 SP になり，なおかつ他の SP よりも知覚価値が高くなることを示している。

　以上をまとめた白井（2005）によると，提供されるベネフィットが一般的な水準の場合（商品価格の25％程度まで）では，各 SP のベネフィットが同一水準であるとしたときの SP の知覚価値は表3-1のようになる[7]。2個買うと半額になるというような強制購入感のある SP ほど知覚価値は低く，努力が不要な SP ほど知覚価値が高い。また分離型 SP と統合型 SP の比較では，ベネフィットが一般的な水準（商品価格の25％程度）では分離型 SP の方が選好される傾向がある[8]。

　ところが，ベネフィットがかなり魅力的である場合（商品価格の50％以上）では表3-2のようになり，ベネフィットが一般的な水準では統合型 SP であった

表3-2	SP の知覚価値（ベネフィットが非常に大きい水準の場合）	
	相対的知覚価値	
	高	低
分離型SP	価格SP ・値引き ・キャッシュバック ・対象者限定の郵送型クーポン ・ストア・クーポン ・媒体クーポン	購入強制感のあるSP ・複数個購入による値引き・おまけ ・スタンプ○個でおまけ ・他製品の同時購入で対象商品を同額分値引き

（出所）白井（2005）

値引きなどのプロモーションが，ベネフィットが非常に大きい場合には分離型SPとして知覚されるようになる。ただし，ベネフィットが非常に大きいと消費者が感じる水準は，ある閾値があると考えられるが，先行研究からは少なくとも商品価格の50％以上だと考えられている（白井 2005）。

ただし，白井（2005）がサーベイの対象としているセールス・プロモーション研究にはポイントカードは含まれていない。もし前項2-2で述べたようにポイントが分離型SPであるならば，Thaler（1985）のメンタル・アカウンティング理論を援用すると，分離型SPであるポイント付与の方が，統合型SPである値引きよりも消費者の知覚価値は高いということが想定される。

ポイント付与と値引きの知覚価値の検証をおこなった数少ない研究として，秋山（2011）がある。秋山（2011）は大学近隣にあるレストランでのランチを想定した実験をおこない，750円のランチが平日は600円に割り引いて（割引率20％）提供されるか，ポイントを付与されるか（ポイント付与率20％）という被験者内要因配置において，割引のうれしさ（7件法），お得感（7件法）の調査をおこない，値引きの方がポイントよりも高いことを示している。ただし，秋山（2011）の実験は，値引率・ポイント付与率が20％の場合の比較であり，それ以外のベネフィット水準については検証されていない。さらには，ポイント付与は，ポイント会員になって購買時にカードを提示するという要努力のSPであり，このような努力水準についてはコントロールされていない（単純な値引きは，一般的には追加的な努力は求められない，努力不要のSPである）。

以上のことから，先行研究において残されている課題として以下の3点があげられる。まず第1に，努力水準をコントロールしたうえでの，ベネフィット水準が一般的な場合のポイント販促と値引きの知覚価値に関する比較はまだなされていない。白井（2005）のサーベイ結果から，ベネフィットが一般的な水準の場

合，値引きは統合型 SP かつ努力不要な SP であり，ポイント付与は経済的支出には直接影響しないために分離型 SP かつ要努力 SP となることが推測される。したがって値引きとポイント付与の知覚価値の大小関係は，統合型 SP より分離型 SP の方が知覚価値は高くなるという効果の大きさと，努力不要 SP の方が要努力 SP よりも知覚価値が高くなるという効果の大きさに依存すると考えられる。ただし，購買時にポイントカードを提示することの努力[9]が値引きと同等であれば，ポイント付与の方が値引きよりも知覚価値が高いと考えられる。

　第 2 に，ポイント販促の知覚価値について，ベネフィット水準が高い場合の研究はまだなされていない。ベネフィット水準が高いときには値引きは分離型 SP になるとすれば，ベネフィット水準が高い場合の値引きとポイント付与ではどちらが消費者にとって知覚価値が高いのであろうか。

　第 3 に，バスケットレベルにおける「ベネフィットが一般的な水準」と「ベネフィットが非常に大きな水準」の間の閾値の水準に関する研究はまだなされていない。白井（2005）が要約した，ベネフィットが非常に大きいと消費者が感じる水準が商品価格の50％以上だというのは，あくまで商品レベルのプロモーションについてであり，本章で対象としているバスケットレベルにおけるものではない。前項2-2で述べた流通経済研究所（2007）の結果についても商品ポイント方式におけるポイント付与と値引きとを比較した研究であり，バスケットポイント方式を対象とした研究ではない。通常スーパーマーケットでは0.5％もしくは1％のポイント付与率であり，月に数回ポイントデー（3 倍〜5 倍程度）をおこなっていることや，一部の小売業では会員カード提示で 3 ％の値引き実施していることなどを考慮すると，バスケットレベルではせいぜい 5 ％の値引率・ポイント付与率あたりまでが，ベネフィットが一般的な水準と考えられる。どの程度の値引率・ポイント付与率が「大きい水準」といえるのかが課題として残されている。

　以上で述べた先行研究の 3 つの課題は，ベネフィット水準の大きさによって値引きおよびポイントの知覚価値が変わるという，マグニチュード効果の大きさに関連している。次項2-4では知覚価値に関するマグニチュード効果について考察をおこなう。

2-4　知覚価値に関するマグニチュード効果

　メンタル・アカウンティング理論によると，我々がお金を使ったり蓄えたりす

る場合，金額や源泉によって処理する心理的な勘定科目が異なっており，その勘定科目に応じた行動を取ることが示唆される（Shefrin and Thaler 1988）。マグニチュード効果との関連でいえば，小銭などの少額の現金は心理的な当座勘定に計上され，多額の現金は貯蓄勘定に計上されると考えられる（池田 2012）。この現金のマグニチュード効果は，白井（2005）のサーベイ結果と整合的である。少額の値引きは当座勘定のために統合型 SP となり，多額の値引きは貯蓄勘定のために分離型 SP になると考えられるためである。

一方でポイントに関する消費者行動を観察すると，買物時にはある一定のポイント数まで貯める傾向が観察されている。中川・守口（2013）は，1ポイント単位（すなわち1円単位）で使用可能なスーパーマーケットおよび家電量販店のポイントカード利用者を対象として，ポイントの使用方法に関する調査をおこなった。スーパーマーケットのポイントカード利用者の88.2%，家電量販店のポイントカード利用者の82.1%は，ある程度のポイント数まで貯めてからポイントを使用する傾向がある（図3-2）。

それでは，具体的にどのくらいのポイント数が貯まった時点で，消費者はポイントを使うのであろうか。中川・守口（2013）では通常使用するポイント数についても尋ねており，その結果が図3-3である[10]。スーパーマーケット，家電量販店ともに1,000〜1,499ポイントが最も多く，500〜999ポイントが続いている。スーパーマーケットの場合には，次いで3,000〜3,499ポイント，2,000〜2,499ポイント，5,000〜5,499ポイント，10,000〜10,499ポイントが続いている。家電量販店の場合には，次いで1ポイント，5,000〜5,499ポイント，3,000〜3,499ポイント，10,000〜10,499ポイントが続いている。

以上の調査結果から，スーパーマーケットにせよ家電量販店にせよ，ポイントカードの利用者は，1ポイント単位で使用できるにもかかわらず，ある一定のポイント数になるまでポイントを貯め続ける傾向が確認された。このことは，ポイントカード利用者にとってポイントが少額の場合にはポイントを貯めようとすることを意味する。すなわち，ポイントが少額のときには，消費者の貯蓄勘定に計上されることが示唆される。

一方で，ある一定のポイント数まで貯まった時点でポイントを使用する傾向があることが調査結果から明らかになった。このことは，ある一定のポイント数まで貯めるとポイントを使う傾向があることを意味する。このことから，ある一定程度以上の多額のポイントが消費者に与えられた場合には，ポイントを使おうとすることが推測される。すなわち，ポイントが多額のときには，消費者の当座勘定に計上されることが示唆される。

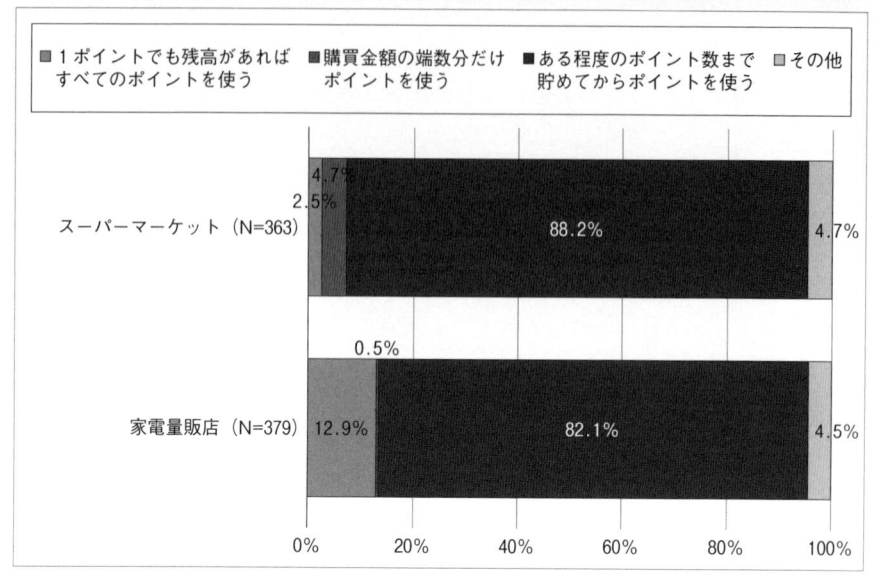

図3-2　ポイントカード保有者のポイントの使用方法

■1ポイントでも残高があれば　■購買金額の端数分だけ　■ある程度のポイント数まで　□その他
　すべてのポイントを使う　　　　ポイントを使う　　　　　貯めてからポイントを使う

スーパーマーケット（N=363）
4.7%
2.5%
88.2%
4.7%

家電量販店（N=379）
0.5%
12.9%
82.1%
4.5%

(出所) 中川・守口 (2013)

　さらに，現金による支払いとポイント（マイル）による支払いの知覚コストを比較した研究として Drèze and Nunes（2004）があげられる。Drèze and Nunes（2004）は，航空券の購入において現金による支払いとマイルによる支払いの意向について実験室実験をおこなったところ，低価格条件（300ドルもしくは30,000マイル）では現金による支払い（75%）の方がマイルによる支払い（25%）よりも選好されたのに対して，高価格条件（1,050ドルもしくは105,000マイル）ではマイルによる支払い（82%）の方が現金による支払い（18%）よりも選好された。また，現金による支払い，マイルによる支払い，現金とマイルの併用による支払いの3つのタイプを選択できるとして実験をおこない，航空券の価格別にこれら3タイプの支払いに関する選択確率を算出したところ，約300ドルまでは現金による支払いが最も選択され，約300ドルから約1,200ドルまでは現金とマイルの併用による支払いが最も選択され，約1,200ドル以上ではマイルによる支払いが最も選択されることが明らかになった。

　Drèze and Nunes（2004）の結果は，中川・守口（2013）の調査結果と整合的である。すなわち，低価格のときには現金のみの支払いが選好され，ポイント（マイル）を貯めようとする傾向にある。一方で，高価格のときにはポイント（マイル）による支払いが選好され，逆に現金は使わないで貯めておこうとする傾向

図3-3　ポイントカード保有者の使用ポイント数（構成比）

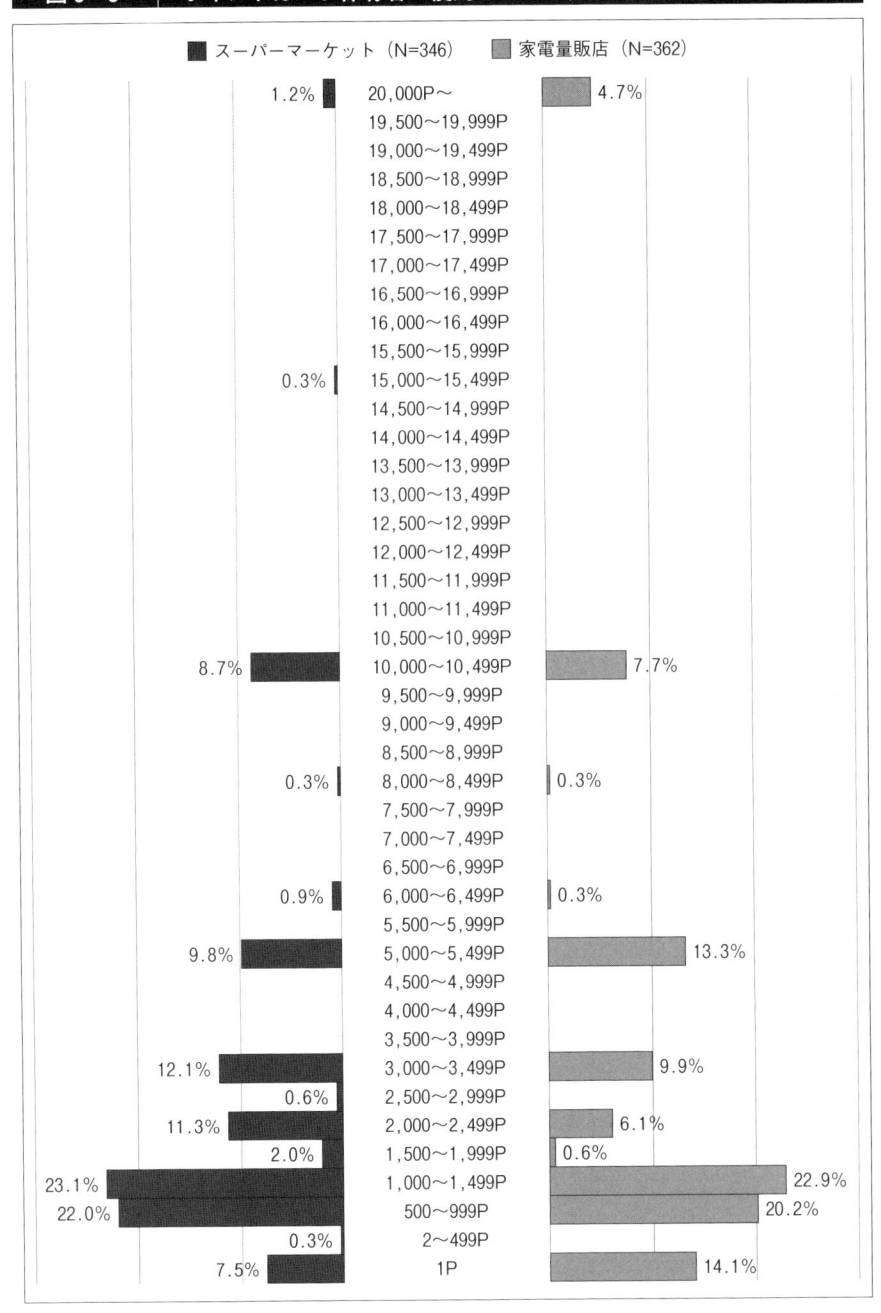

スーパーマーケット（N=346）　　家電量販店（N=362）

ポイント数	スーパーマーケット	家電量販店
20,000P〜	1.2%	4.7%
19,500〜19,999P		
19,000〜19,499P		
18,500〜18,999P		
18,000〜18,499P		
17,500〜17,999P		
17,000〜17,499P		
16,500〜16,999P		
16,000〜16,499P		
15,500〜15,999P		
15,000〜15,499P	0.3%	
14,500〜14,999P		
14,000〜14,499P		
13,500〜13,999P		
13,000〜13,499P		
12,500〜12,999P		
12,000〜12,499P		
11,500〜11,999P		
11,000〜11,499P		
10,500〜10,999P		
10,000〜10,499P	8.7%	7.7%
9,500〜9,999P		
9,000〜9,499P		
8,500〜8,999P		
8,000〜8,499P	0.3%	0.3%
7,500〜7,999P		
7,000〜7,499P		
6,500〜6,999P		
6,000〜6,499P	0.9%	0.3%
5,500〜5,999P		
5,000〜5,499P	9.8%	13.3%
4,500〜4,999P		
4,000〜4,499P		
3,500〜3,999P		
3,000〜3,499P	12.1%	9.9%
2,500〜2,999P	0.6%	
2,000〜2,499P	11.3%	6.1%
1,500〜1,999P	2.0%	0.6%
1,000〜1,499P	23.1%	22.9%
500〜999P	22.0%	20.2%
2〜499P	0.3%	
1P	7.5%	14.1%

（出所）中川・守口（2013）

がみられる。Drèze and Nunes（2004）はこの現象について，低価格のときには
マイルの限界価値が高くなり（知覚コスト関数が凸関数），高価格のときには逆に
限界価値が低くなる（知覚コスト関数が凹関数），すなわちマイルの知覚コスト関
数はＳ字型の形状をしているのに対して，現金の知覚コスト関数は凹関数の形
状をしているという想定と整合的であるとしている。このように Drèze and
Nunes（2004）の研究結果は，マイル（ポイント）を低価格の場合と高価格の場
合では異なるとらえ方をする傾向にあることを示唆するものである。
　以上の中川・守口（2013）および Drèze and Nunes（2004）の調査結果から，
現金の場合とは逆の，ポイントに関するメンタル・アカウンティング理論の仮説
が提起される。すなわち，少額のポイントは消費者の貯蓄勘定に計上されるため
に貯めようとし，多額のポイントは消費者の当座勘定に計上されるために貯まっ
たポイントを使おうとすることが示唆される。言い換えれば，少額のポイントは
分離型 SP となり，多額のポイントは統合型 SP となると考えられる。

3．仮説導出および研究目的

3-1　仮説の導出

　2-4項で述べたとおり，少額の現金は当座勘定に計上され，多額の現金は貯蓄
勘定に計上されると考えられるが，ポイントの場合には現金とは逆に，少額のポ
イントは貯蓄勘定に計上され，多額のポイントは当座勘定に計上されると考えら
れる。少額のポイントを使用せずにある一定程度のポイント数になるまで貯め続
ける傾向が消費者に見られるためである。この現金とポイントのメンタル・アカ
ウンティング理論の仮説をまとめると，表3-3のようになる。
　この仮説に従って，バスケットレベルの値引きとポイント付与の知覚価値に関
して一般化をおこなえば，バスケットレベルの比較であるため，値引きにせよポ
イント付与にせよ，精算時に会員カードを提示するという努力の水準は等しいと
いう想定のもと，以下のとおりとなる。ベネフィット水準が低い場合には，値引
きは当座勘定となるため統合型 SP となり，ポイントは貯蓄勘定となるため分離
型 SP となると考えられる。また，ベネフィット水準が高い場合には，値引きは
貯蓄勘定となるため分離型 SP となり，ポイントは当座勘定になるため統合型
SP となると考えられる。したがって，ベネフィット水準が低い場合にはポイン

表3-3　現金とポイントのメンタル・アカウンティング理論の仮説

	少額	多額
現金	当座勘定	貯蓄勘定
ポイント	貯蓄勘定	当座勘定

表3-4　本研究の仮説の構造

条件	値引き	知覚価値の大小関係	ポイント付与
低いベネフィット水準	当座勘定 →統合型SP	<	貯蓄勘定 →分離型SP
高いベネフィット水準	貯蓄勘定 →分離型SP	>	当座勘定 →統合型SP

トの方が値引きよりも知覚価値が高く，ベネフィット水準が高い場合には値引きの方がポイントよりも知覚価値が高くなることが予想される（表3-4）。

　上述のベネフィット水準の高低については，値引率・ポイント付与率の水準の高低と，値引額・付与ポイント数の水準の高低の2つが考えられる。まず第1に，値引率・ポイント付与率の水準について仮説を考える。同一の購買金額であれば，値引率・ポイント付与率が低い場合には，少額の現金は当座勘定になるために統合型SPとなる一方，少額のポイントは貯蓄勘定になるために分離型SPとなるため，ポイント付与の方が値引きよりも知覚価値が高くなることが予想される。値引率・ポイント付与率が高い場合には，高額の現金は貯蓄勘定になるために分離型SPとなる一方，高額のポイントは当座勘定になるために統合型SPとなるため，値引きの方がポイント付与よりも知覚価値が高くなることが予想される。したがって，値引率・ポイント付与率について，消費者のバスケットレベルの値引きおよびポイント付与の知覚価値に関する仮説は，値引き・ポイント付与ともに会員カードを提示するという追加的な努力の水準が等しい場合には，以下のとおりとなる。

　仮説1a　値引率・ポイント付与率が低い場合には，ポイント付与の方が値引きよりも知覚価値が高い。
　仮説1b　値引率・ポイント付与率が高い場合には，値引きの方がポイント付与よりも知覚価値が高い。

　第2に，値引額・付与ポイント数の水準について仮説を考える。同一の値引

率・ポイント付与率であれば，購買金額が低い場合には，少額の値引額は当座勘定になるために統合型SPとなる一方，少額のポイントは貯蓄勘定になるために分離型SPとなるため，ポイント付与の方が値引きよりも知覚価値が高くなることが予想される。購買金額が高い場合には，高額の値引額は貯蓄勘定になるために分離型SPとなる一方，高額のポイント数は当座勘定になるために統合型SPとなるため，値引きの方がポイントよりも知覚価値が高くなることが予想される。したがって購買金額について，消費者のバスケットレベルの値引きおよびポイント付与の知覚価値に関する仮説は，値引き・ポイント付与ともに会員カードを提示するという追加的な努力の水準が等しい場合には，以下のとおりとなる。

仮説2a　購買金額が低い場合には，ポイント付与の方が値引きよりも知覚価値が高い。

仮説2b　購買金額が高い場合には，値引きの方がポイント付与よりも知覚価値が高い。

3-2　研究の目的

研究の目的は，ポイントと値引きの知覚価値について，ベネフィット水準による比較をおこなうことを通じて，ポイントのメンタル・アカウンティング理論の仮説を検証することである。操作するベネフィット水準は，値引率・ポイント付与率と購買金額である。研究対象としては，スーパーマーケットと家電量販店を取り扱う。スーパーマーケットと家電量販店を選択した理由としては，スーパーマーケットおよび家電量販店の利用者の約8割の消費者がポイント保有認識（消費者がポイントを貯めていると認識）を示しており，ポイント利用について最も馴染みがある業界の1つと考えられるからである[11]。

実験対象者については，ポイント付与率の参照点を合わせるために，同一のポイント付与率（スーパーマーケットの場合は1％，家電量販店の場合は10％）の店舗利用者で，かつポイントカード利用者を調査対象者とする。ポイント付与の方法としては，買物時にポイントカードを提示することによって買物総額にポイント付与率を乗じたポイント数が付与されるバスケットポイント方式のポイント付与を対象とする。同様に値引きの方法としても，買物時に会員カードを提示することによって買物総額に値引率を乗じた値引きがなされるバスケットレベルの値引きを対象とする。

その際，値引きとポイント付与の両方において，追加的に支払うコストのコントロールをおこなう。というのは，ポイントの利益を得るためには，ポイント会員になって購買時にカードを提示するという追加的コストを支払う必要があり，値引きの場合にもこの効果をコントロールする必要があるためである。したがって，値引きを受ける際にもポイントカードの利用・提示が必要であることを明記する。

4．実験1（スーパーマーケット）

4-1　実験の手続き

　通常のポイント付与率が1％のスーパーマーケット[12]のポイントカード会員で，かつ過去1年間に当該チェーンの利用経験がある消費者を対象として，webによるサーベイ実験をおこなった[13]。ポイント付与率1％のチェーンを対象としたのは，提示するセールス・プロモーションの参照点を1％に合わせるためである。調査は2014年2月21日から3月2日にかけておこなわれた。調査の結果，945名（全員女性）のサンプルが得られた。

4-2　提示刺激

　通常のポイント付与率が1％のスーパーマーケットにおいて，（1,000円，5,000円，10,000円）の買物の計画で来店したという想定のもと，バスケット価格において（1％，5％，10％，25％水準）の（値引き，ポイント付与）のセールス・プロモーションを提示した。図3-4は，1,000円の買物の計画で来店したときに，バスケット価格において25％の値引きを実施する際の刺激提示の例である。表示の仕方によるバイアスを除去するため，値引額と値引率の水準の両方が提示されている。ポイントに関しても同様に，実際の付与ポイント数およびポイント付与率の両方が提示されている。

図 3 - 4 ┃ 提示刺激の例（1,000円の購買時において25%の値引き）

■ポイントカード利用で25%値引き
（1,000円のお買い物で250円をお値引きします）
※ただしポイントは貯まりません

表 3 - 5 ┃ 知覚価値の平均と標準偏差（スーパーマーケット）

値引率 ポイント付与率	購買金額	値引き			ポイント付与		
		サンプル サイズ	平均	標準偏差	サンプル サイズ	平均	標準偏差
1 %	1,000円	40	3.87	1.45	41	4.34	1.13
	5,000円	40	3.35	1.49	38	4.13	1.28
	10,000円	43	3.33	1.61	41	4.15	1.28
5 %	1,000円	38	4.74	1.16	39	5.41	0.88
	5,000円	43	4.44	1.64	37	4.92	1.19
	10,000円	41	4.73	1.25	42	4.64	1.25
10%	1,000円	38	5.50	1.35	37	5.70	1.05
	5,000円	30	5.23	1.19	38	5.47	1.18
	10,000円	41	5.44	1.27	42	5.43	1.27
25%	1,000円	44	5.86	1.17	38	6.18	0.98
	5,000円	35	5.80	1.30	37	5.89	1.17
	10,000円	42	6.33	0.69	40	5.65	1.08

4-3　サンプルの割り付け

　提示刺激による2×3×4被験者間要因配置である。すなわち，2水準のプロモーション条件（値引き／ポイント付与），3水準の購入金額（1,000円，5,000円，10,000円）および4水準の値引率・ポイント付与率（1％，5％，10％，25％水準）が割り付けられている。1つのセルにつき，30から44サンプルが割り付けられている（表3-5）。

4-4　質問項目

　質問項目としては，Chen et al.（1998），Hardesty and Bearden（2003），Sinha and Smith（2000）などと同様に知覚価値を用いた。Chen et al.（1998）と

Hardesty and Bearden（2003）では 7 件法，Sinha and Smith（2000）では 5 件法が用いられており，本研究では 7 件法を用いる。

4-5　実験結果

　実験によって得られた各条件における知覚価値の平均値と標準偏差を算出し，サンプル・サイズと合わせて表 3 − 5 にまとめた。

　3 要因 2 （プロモーション条件：値引き，ポイント付与）× 3 （購入金額：1,000 円，5,000 円，10,000 円）× 4 （値引率・ポイント付与率：1 ％，5 ％，10％，25％水準）の分散分析をおこなったところ，プロモーション条件の主効果（F(1,921) = 11.46，p < .01，η^2 = .008），購 入 金 額 の 主 効 果（F(2,921) = 4.981，p < .01，η^2 = .007），および値引率・ポイント付与率の主効果（F(3,921) = 126.23，p < .01，η^2 = .279）は，すべて有意であった。ただし，プロモーション条件の主効果と購入金額の主効果に関する効果量は，Cohen（1969）による「小さな」効果量の基準である η^2 = .010 を下回っている。また，値引率・ポイント付与率の効果量は，Cohen（1969）による「大きな」効果量の基準である η^2 = .137 を上回っている。

　1 次の交互作用は，プロモーション条件×値引率・ポイント付与率（F(3,921) = 4.23，p < .01，η^2 = .009）のみが有意となっている。ただし，効果量は Cohen（1969）による「小さな」効果量の基準である η^2 = .010 を若干下回っている。プロモーション条件 × 購入金額（F(2,921) = 2.76，p = .064，η^2 = .009），および値引率・ポイント付与率×購入金額（F(6,921) = 0.39，p = .887，η^2 = .002）は有意ではなかった。また，2 次の交互作用は有意ではなかった（F(6,921) = 1.23，p = .287，η^2 = .005）。

　そこで，値引率・ポイント付与率の水準ごとにプロモーション条件の単純主効果を検定した結果，値引率・ポイント付与率が 1 ％水準（F(1,921) = 18.71，p < .01）および 5 ％水準（F(1,921) = 4.86，p = .028）のときに有意な差があった。これに対して，値引率・ポイント付与率が10％水準（F(1,921) = 0.75，p = .386）および25％水準（F(1,921) = 0.31，p = .578）のときには有意差は無かった（図 3 − 5 ）。

　これらの結果から，仮説 1 a 「値引率・ポイント付与率が低い場合には，ポイント付与の方が値引きよりも知覚価値が高い。」は支持されたといえる。しかしながら，仮説 1 b 「値引率・ポイント付与率が高い場合には，値引きの方がポイ

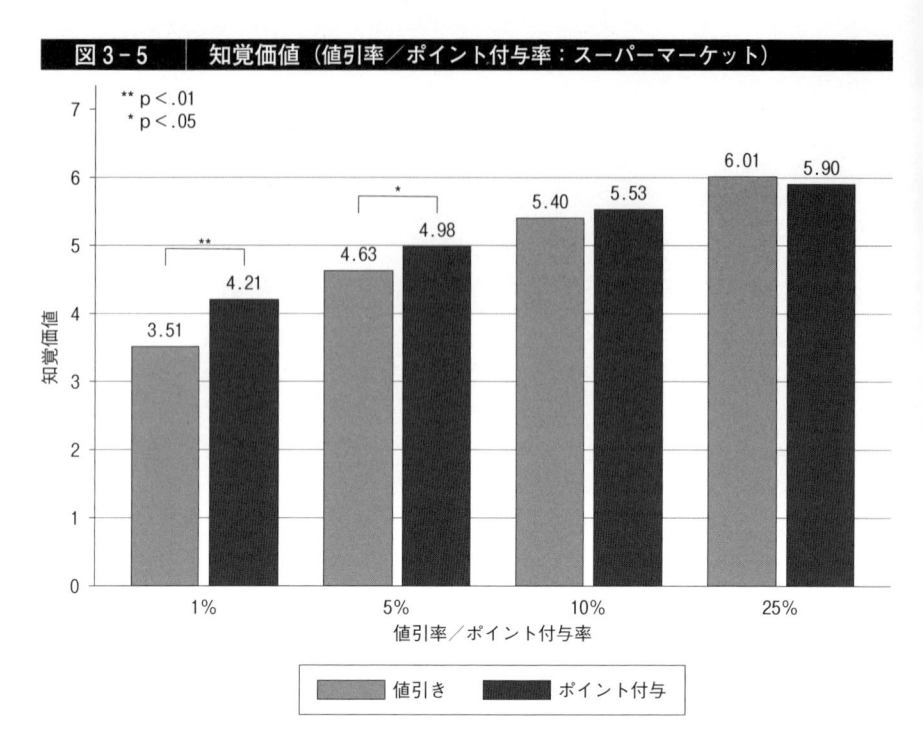

図3-5 　知覚価値（値引率／ポイント付与率：スーパーマーケット）

ント付与よりも知覚価値が高い。」については，値引きの方がポイント付与よりも知覚価値が高いとまではいえず，支持されたとはいえない。

また，購買金額に関しては，**仮説2a**「購買金額が低い場合には，ポイントの方が値引きよりも知覚価値が高い。」および**仮説2b**「購買金額が高い場合には，値引きの方がポイントよりも知覚価値が高い。」については，上記のとおりプロモーション条件×購買金額に関する1次の交互作用が有意ではなく，支持されなかった。

ただし，購買金額の主効果は有意であり，購買金額が1,000円の時に最も知覚価値が高かった。すなわち，購買金額が最も低い金額時に知覚価値が最も高いという結果が得られた。Bonferroni法を用いた多重比較によると，購買金額が1,000円のときと5,000円のときの知覚価値を比較したところ，有意な差が認められた（p = .010）。また同様に，購買金額が1,000円のときと10,000円のときの知覚価値を比較したところ，有意な差が認められた（p = .043）。ただし購買金額が5,000円のときと10,000円のときの知覚価値の差は有意ではなかった（p = 1.000）（図3-6）。ただし先述のとおり，購買金額の主効果に関する効果量は，Cohen（1969）による基準では非常に小さい。

図3-6　知覚価値（購買金額：スーパーマーケット）

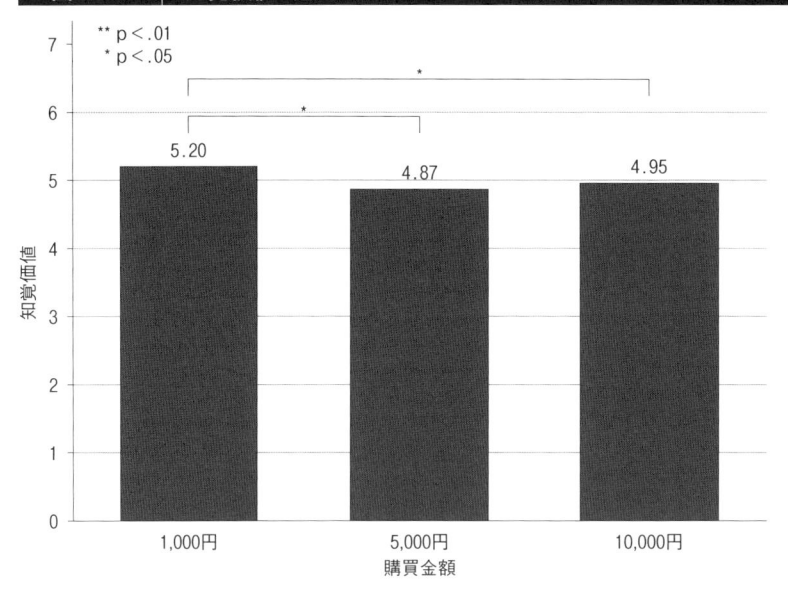

　まとめると，値引率・ポイント付与率が低い場合には，ポイントの方が値引きよりも消費者の知覚価値が高いことが示された。一方で，ベネフィット水準が高いときに，値引きの知覚価値はポイントの知覚価値よりも高くなることは確認されなかったものの，値引率・ポイント付与率が高くなるにつれ，値引きとポイントの知覚価値の差がなくなる傾向にあることも明らかになった。

5．実験2（家電量販店）

5-1　実験の手続き

　ポイントカードの仕組みとして通常のポイント付与率が10％水準の家電量販店[14]のポイントカード会員で，かつ過去1年間に利用経験がある消費者を対象として，webによるサーベイ実験をおこなった[15]。ポイント付与率10％水準のチェーンとしたのは，提示するセールス・プロモーションの参照点を10％水準に合わせるためである。調査は2014年4月4日から4月13日にかけておこなわれ

た。調査の結果，974サンプル（男性595名，女性379名）が得られた。

5-2 提示刺激

　通常のポイント付与率が10%の家電量販店において（1,000円，10,000円，100,000円）の買物の計画で来店したという想定のもと，バスケット価格において（10%，20%，50%水準）の（値引き／ポイント付与）のセールス・プロモーションを提示した。図3-7は，1,000円の買物の計画で来店したときに，バスケット価格において25%水準の値引きを実施する際の刺激提示の例である。表示の仕方によるバイアスを除去するため，値引額と値引率の両方が提示されている。ポイントに関しても同様に，実際の付与ポイント数およびポイント付与率の両方が提示されている。

5-3 サンプルの割り付け

　提示刺激による2×3×3被験者間要因配置である。すなわち，2水準のプロモーション条件（値引き／ポイント付与），3水準の購入金額（1,000円，10,000円，100,000円）および3水準の値引率・ポイント付与率（10%，20%，50%水準）が割り付けられている。1つのセルにつき，49から61サンプルが割り付けられている（表3-6）。

5-4 質問項目

　質問項目としては，実験1と同様に知覚価値（7件法）を取っている。

5-5 実験結果

　実験によって得られた各条件における知覚価値の平均値と標準偏差を算出し，表3-6にまとめた。
　3要因2（プロモーション条件：値引き，ポイント付与）×3（購入金額：1,000円，

| 図3-7 | 提示刺激の例（1,000円の購買時において50%の値引き） |

> ■ポイントカード利用で50%値引き
> （1,000円のお買い物で500円をお値引きします）
> ※ただしポイントは貯まりません

| 表3-6 | 知覚価値の平均と標準偏差（家電量販店） |

値引率 ポイント付与率	購買金額	値引き			ポイント付与		
		サンプル サイズ	平均	標準偏差	サンプル サイズ	平均	標準偏差
10%	1,000円	55	4.95	1.15	58	5.34	1.18
	10,000円	54	4.96	1.24	52	5.02	1.09
	100,000円	50	4.74	1.29	50	5.12	1.14
20%	1,000円	55	5.40	1.30	56	5.41	1.06
	10,000円	56	5.25	1.34	56	5.59	1.16
	100,000円	51	5.24	1.42	49	5.45	1.24
50%	1,000円	60	5.82	0.95	61	6.03	1.06
	10,000円	57	5.68	1.20	54	6.00	1.08
	100,000円	50	6.02	1.30	50	5.72	1.09

10,000円, 100,000円) × 3（値引率・ポイント付与率：10%, 20%, 50%水準）の分散分析をおこなったところ, プロモーション条件の主効果（$F(1,974) = 5.67$, $p = .017$, $\eta^2 = .005$）, および値引率・ポイント付与率の主効果（$F(2,974) = 42.72$, $p < .01$, $\eta^2 = .081$）は有意であった。ただし, プロモーション条件の主効果の効果量は, Cohen (1969) による「小さな」効果量の基準である $\eta^2 = .010$ を下回っているものの, 値引率・ポイント付与率の主効果の効果量は, Cohen (1969) による「中くらいの」効果量の基準である $\eta^2 = .058$ を上回っている。購入金額の主効果は有意ではなかった（$F(1,974) = 0.74$, $p = .476$, $\eta^2 = .001$）。

1次の交互作用は, プロモーション条件×値引率・ポイント付与率（$F(2,974) = 0.59$, $p = .556$, $\eta^2 = .001$）, プロモーション条件×購入金額（$F(2,974) = 0.30$, $p = .741$, $\eta^2 = .001$）, 値引率・ポイント付与率×購入金額（$F(4,974) = 0.238$, $p = .917$, $\eta^2 = .001$）ともに有意ではなかった。また, 2次の交互作用は有意ではなかった（$F(6,921) = 1.23$, $p = .287$, $\eta^2 = .006$）。

これらの結果から, **仮説1a**「値引率・ポイント付与率が低い場合には, ポイント付与の方が値引きよりも知覚価値が高い。」および**仮説1b**「値引率・ポイント付与率が高い場合には, 値引きの方がポイント付与よりも知覚価値が高い。」

については，プロモーション条件×値引率・ポイント付与率に関する1次の交互作用が有意ではなく，両仮説ともに支持されなかった。

また，購買金額に関しては，仮説2a「購買金額が低い場合には，ポイント付与の方が値引きよりも知覚価値が高い。」および**仮説2b**「購買金額が高い場合には，値引きの方がポイント付与よりも知覚価値が高い。」については，プロモーション条件×購買金額に関する1次の交互作用が有意ではなく，支持されなかった。

ただし，プロモーション条件の主効果は有意であり，値引きよりもポイントの知覚価値が高かった。つまり，金額水準や値引率・ポイント付与率の水準にかかわらず，全般的にポイント付与の方が値引きよりも知覚価値は高かった（図3-8）。ただし，この場合の効果量は，Cohen（1969）による基準では非常に小さいといえる。

6. 考察

6-1　研究結果の解釈

本研究結果の解釈として，以下の3点があげられる。まず第1に，本章のスーパーマーケットにおける実験結果は，ポイントのメンタル・アカウンティング理論仮説と整合的であるという点である[16]。低い値引率の水準では，値引きが当座勘定に計上されて統合型SPと認知されるのに対し，低いポイント付与率は，ポイント付与率の水準が低いために貯蓄勘定に計上されて出費とはまったく別の分離型SPと認知され，その結果，ポイントの知覚価値が値引きの知覚価値よりも高くなると考えられる。一方で，高い値引率の水準では，値引きが貯蓄勘定に計上されて分離型SPと認知されるのに対し，高いポイント付与率は，ポイント付与率の水準が高いために当座勘定に計上されて出費を減らす統合型SPと認知され，その結果，値引きの知覚価値がポイントの知覚価値よりも高くなると考えられる。

第2に，スーパーマーケットでは値引きとポイントのマグニチュード効果が見られたが，家電量販店においてマグニチュード効果が見られなかったことの解釈である。この解釈としては，家電量販店の実験においては，低いベネフィット水準を設定できていなかった可能性があげられる。家電量販店では，もともとの参

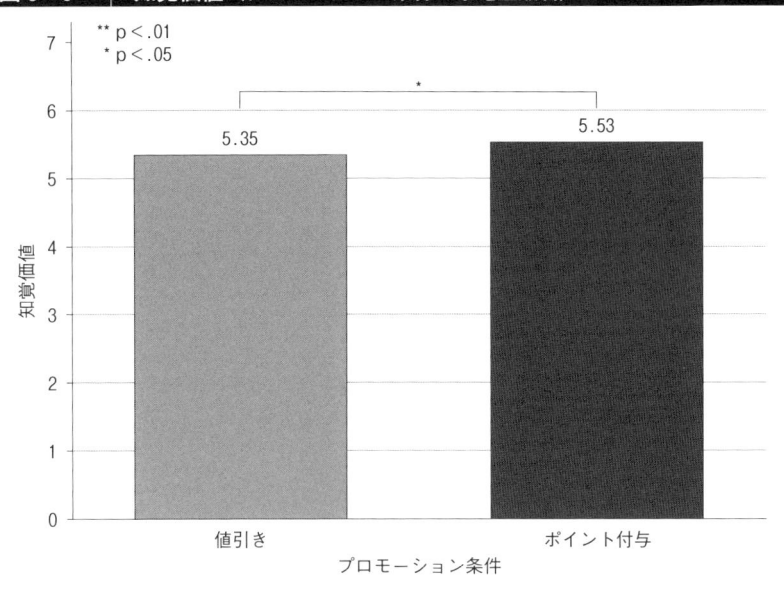

図3-8　知覚価値（プロモーション条件：家電量販店）

照点となるポイント付与率が10％と高い水準である。スーパーマーケットの実験結果から値引きとポイント付与との有意差があると確認されたのが1％と5％水準であり，家電量販店の最低のポイント付与率である10％水準よりも低くなっている。さらには，家電量販店の実験で設定している金額も1,000円以外は，10,000円，100,000円としており，スーパーマーケットの実験に比べて高額である。したがって，実験の設定のほとんどが高額となってしまい，低いベネフィット水準の設定ができていなかった可能性がある。ただし，家電量販店において10％未満の付与率を設定することは非現実的であり，実験上の限界といえる。家電量販店においてベネフィット水準を低くするための操作については，今後の課題である。

　第3に，バスケットレベルのプロモーションにおけるマグニチュード効果の境界が，商品レベルのプロモーションのマグニチュード効果の境界とは大きく異なることが明らかになった。白井（2005）は先行研究から，通常の提供されるベネフィットが一般的な水準の場合（商品価格の25％程度まで）とベネフィットがかなり魅力的である場合（商品価格の50％以上）で値引きの知覚価値が大きくことなることを示している。しかしながら，バスケットレベルのプロモーションを扱った本研究においては，マグニチュード効果の境目が，5％から10％水準の間あたりであることが明らかになった。このように従来の商品レベルのプロモーション

とは異なる，バスケットレベルのプロモーションの特徴が明らかになった。

6-2　インプリケーション

　本研究は多くの研究で見られるような大学生対象の仮想実験とは異なり，参照点を揃えるために，スーパーマーケットではポイント付与率１％のチェーンおよび家電量販店では10％のチェーンだけを実際に利用している消費者のみを対象としているため，本研究の実験はリアリティが高く，現実への適用可能性の高い結果が得られたといえる。

　これまでの実験結果から得られたインプリケーションとしては，以下の２点があげられる。まず第１に，低いベネフィット水準においては，ポイントは小売業にとって魅力的なプロモーション手法であると考えられる。スーパーマーケットでは，バスケットレベルで１〜５％水準程度の値引きを実施するよりも，同率相当のポイントを提供することで消費者の知覚価値を改善することができる。しかも，ポイントが使用されるのは次回以降の買物時以降であり，なおかつ貯められたポイントはその小売業でしか使用されない。したがって，小売業にとってポイント付与は，低コストで効果の高いセールス・プロモーション手段として有効であると考えられる。ただし，ベネフィット水準が高い場合には，ポイント付与は値引きに比べて消費者にとって知覚価値が高いとは言えない。

　第２に，値引率・ポイント付与率の水準の高低と，値引額・付与ポイント数の水準の高低の２つのベネフィット水準のうち，消費者にとって重要なベネフィット水準は値引率・ポイント付与率の大小の方であるということである。同じ購買金額において値引率・ポイント付与率が高くなるほど知覚価値は高くなっていく一方，同じ値引率・ポイント付与率において購買金額が大きいほど知覚価値はむしろ低くなっていく。値引額・付与ポイント数は大きいということは，すなわち出費も大きいということを意味しており，値引額・付与ポイント数が増えることによる知覚価値の増大が，出費の大きさによる知覚価値の減少によって相殺されている可能性がある。

6-3　今後の研究課題

　研究をさらに発展させるためには，以下の４点の課題に取り組む必要があると

考えられる。まず第1に，値引きとポイント付与について，マグニチュード効果が現れる境目，言い換えれば現金とポイントの「少額」と「多額」の境目がどこか，という点である。これは，分離型 SP と統合型 SP との境目はどこか，という論点でもある。今回の実験で値引率・ポイント付与率が高いときに，値引きの知覚価値とポイントの知覚価値との間に有意差が無かった。この理由としては，現金のマグニチュード効果が生じる境目の金額と，ポイントのマグニチュード効果が生じる境目のポイント数とが一致していない可能性がある。すなわち，現金とポイントで「多額」と感じる額（ポイント数）が異なる可能性がある。例えば，現金の場合には，500円や1,000円を「多額」と捉える人はそれほど多数派ではないと考えられる。一方ポイントの場合，ポイント会員の使用ポイント数（図3-3）の調査からも明らかなように，半数以上が500ポイントおよび1,000ポイントあたりまでに使用しており，ポイントの場合には多くの消費者にとって，500ポイントや1,000ポイントは「多額」と感じている可能性がある。

　第2に，支払いの痛み（知覚コスト）に関する現金とポイントとの違いについての研究である。本章では，買物に伴うポイント付与もしくは値引きの知覚価値を研究対象としたが，Drèze and Nunes（2004）が現金とマイルで比較したように，現金で支払う場合とポイントで支払う場合とでは，知覚コストが異なる可能性が考えられる。秋山（2011）は，750円のランチが平日は600円に割り引いて提供されるか（割引率20％），150ポイントを付与されるか（ポイント付与率20％）に関する現金での支払いのつらさについて比較をおこなっているが，現金での支払いとポイントでの支払いのつらさを比較している訳ではない。スーパーマーケットや家電量販店における現金による支払いとポイントによる支払いの知覚コストに関する研究は今後の課題として残されている。

　第3に，出費を伴わない，単独にポイントや現金をもらう場合の効用についても今後の課題である。スーパーマーケットの実験においては購買金額の主効果が有意であり，なおかつ最も購買金額が低い1,000円の購買時に知覚価値が最も高かった。この理由としては，購買金額が大きくなるほど出費の痛みが増し，値引きやポイント付与による知覚価値を上回っていたためと考えられる。ポイント付与や値引きの効用だけを単独で消費者は受け取ることはできず，出費の不効用とポイント付与や値引きの効用とが必ず同時に生じる。したがって購買金額が大きくなると，値引きもポイント付与数も大きくなる反面，出費という痛みも大きくなる。しかし出費の痛みをコントロールして，単独でポイント付与および現金贈与の場合の知覚価値については今後の課題として残されている。

　最後に，スーパーマーケットや家電量販店以外における適用可能性についても

今後の課題である。今回の実験で家電量販店は，そもそものベネフィット水準の高さゆえに，低いベネフィット水準を設定できなかった可能性がある。ドラッグストアやコンビニエンスストア，航空会社，さらには T ポイントや Ponta などのような提携型ポイントについても今後研究対象として広げ，一般化が進められる必要があるだろう。

(1) オーケーや西友などの小売業では，会員は買物時に会員カードを提示すれば 3 ％相当の値引きを受けられる（2015 年 7 月 1 日現在）。

(2) 流通経済研究所（2007）は非公開の論文であるが，その内容については守口（2011）によって紹介されている。ここでの概要は，守口（2011）からの引用である。

(3) 価格弾力性とは，定番価格の 1 ％の値引きが売上数量を何％増加させるかの指標であり，ポイント販促弾力性は定番価格の 1 ％相当のポイント付与が売上数量を何％増加させるかの指標である。

(4) Diamond and Johnson（1990）は 16 種類の SP を対象とし，それぞれの印象を「普段よりも損失が小さくなっている」から「何か余分に手に入れたと感じる」まで 7 件法で測定し，前者に近ければ統合型 SP，後者に近ければ分離型 SP と解釈されるとしているが，結果は総じて明確に解釈できないものとなっている。このことは，この方法が SP のタイプを十分捉えることができていない，もしくは被験者が質問内容を理解できていない可能性が示唆される（白井 2005）。

(5) 例えばスーパーマーケットにおける加工食品の平均的な値引率（一般財団法人流通システム開発センターが管理している JAN コード商品情報データベース指数手無の JICFS 小分類レベルでの値引率の単純平均）は，12.1% である（流通経済研究所「Category Facts Book2010」より算出）。

(6) クーポン 3 は購入への強制が感じられる SP でもあり，あまり選好されないという結果は，自分の自由が脅かされるという信念を持つと反発するという，リアクタンス理論（Lessne and Notarantonio 1988）とも合致する（白井 2005）。

(7) 表 3-1 における要努力 SP とは，便益を受けるために努力を要する SP のことである。例えばクーポンは，財布などにクーポンを保管し，会計時に提出するという努力を要する SP である。一方で努力不要 SP とは，便益を受けるときに特別な努力を要しない SP のことである。例えば通常の値引きは，会計時に自動的に値引かれた金額が精算され，消費者にとっては特別な努力は要求されない。

(8) ただし一貫した結果が得られていないので更なる調査が必要としている（白井 2005）。

(9) 具体的には，購買時に財布からカードを取り出す努力を指す。値引きの場合もカード提示が必要であれば，ポイント付与と値引きでは必要な努力の水準は等しいと考えられる。

(10) ポイントカード保有者の使用ポイント数については，ポイントの使用方法について「その他」と回答したサンプルを除くスーパーマーケット 363 名，家電量販店

379名を対象としている。ただし，図3-2においてポイントの使用方法で「購買金額の端数分だけポイントを使う」，「1ポイントでも残高があればすべてのポイントを使う」の回答者を，図3-3の使用ポイント数では「1ポイント」に振り替えている。本来であればヒストグラムで最も低いカテゴリーを「1～499P」とすべきであるが，使用ポイントが1ポイントと2～499ポイントとの間に意味が大きく異なることから，1ポイントだけを独立させている。

(11) 野村総合研究所の2012年の調査によれば，消費者のポイント保有認識率が最も高い業界が家電量販店（80.7%）であり，2位がドラッグストア（77.0%），3位がスーパーマーケット（75.8%）となっている（安岡2014）。

(12) 分析対象のスーパーマーケットとしては，イトーヨーカ堂，遠鉄ストア，オークワ，オオゼキ，しずてつストア，マミーマート，ヨークベニマル，ライフの各社である。

(13) 株式会社クレオの調査サービス「なるほどMC.net」を利用した。

(14) 家電量販店の場合にはヨドバシカメラの利用者のみをサンプルとして使用している。

(15) 第4節のスーパーマーケットと同様，株式会社クレオのウェブ調査サービス「なるほどMC.net」を利用した。

(16) 現金のメンタル・アカウンティング理論を例えると，あたかも我々が日常で使う財布そのものである。普段は財布から少額ずつ出して使い，まとまった金額が財布に入ったときには銀行口座へ一旦預金しようとするからである。一方で，ポイントのメンタル・アカウンティング理論を例えると，あたかも貯金箱のようである。少額のポイントをコツコツ貯めていき，貯金箱が満杯になった時点で貯金箱を割って買物をするのによく似ている。

第 4 章

ポイント付与と値引きの商品プロモーション効果（実店舗の効果測定）
——商品レベルのポイント付与と値引きではどちらが有効か？——

1. はじめに

　現在，多くの小売業者やサービス業者がポイントカード（ポイント制度）を導入している。ポイントカードのもとでは，顧客は購買金額に応じてポイントが付与され，ポイント数に応じた特典（値引きなど）を受けることができる。我が国の多くの小売業においては，1ポイントは1円と同等の金銭的価値を持ち，精算（決済）時に使用することができる。ポイント付与の方法としては，商品に紐付いてポイントが付与される**商品ポイント方式**と，買物金額の総額に応じて一定の割合のポイントが提供される**バスケットポイント方式**がある。

　一方で値引き，すなわち通常の販売価格からいくらかの金額を差し引いて販売されることは，最も汎用的なプロモーション手段であり，多くの小売業で実施されている。そして現実には，ある商品が値引きされ，同じ商品が別の期間に商品ポイント方式でポイントが付与される例は数多く見られる。マーケティング研究においては，値引きとポイントカードはともにセールス・プロモーション（以下SP）の手段と位置付けられる（守口 2002）。

　それでは小売業者にとって，ある商品の販促をおこなう場合には，値引きを実施するのと，値引きと同額相当のポイントを提供するのとでは，どちらが売上効果が高いのであろうか。小売業者を対象とした質問表調査を実施した青木・佐々木（2011）によると，ポイント付与も値引きもどちらも高い販売促進効果があると小売業者は認識している。しかしながら，青木・佐々木（2011）では，ポイント付与と値引きのどちらがより有効であるかは明らかになっていない。

　本章の目的は，ポイント付与と値引きの売上効果の測定を商品レベルでおこな

うことである。先行研究では，ポイント付与に主な焦点を当てたポイントカード
の売上効果を値引きと比較した研究は少ない[1]。したがって，ポイントカード
の売上効果に関する先行研究を全般的にレビューし，研究の課題を明確にする。
あわせて，本章の仮説導出をおこなう。

　次章以降，第2節では，値引きおよびポイント付与に関する研究のレビューを
おこない，研究の位置付けを確認する。第3節において，仮説を提示し，研究目
的を確認する。第4節では，実際に使用するデータの説明，およびプロモーショ
ン弾力性の推定に関するモデルの定式化をおこなう。第5節において分析結果を
報告し，第6節では得られた推定結果に関する議論をおこなう。

2. 先行研究のレビュー

2-1　ポイント付与と値引きの売上効果に関する研究（売上データ による実証研究）

　ポイントカードの売上効果については，これまで多くの研究がおこなわれてき
た。先行研究をまとめたものが**表4-1**である。セールス・プロモーションの売
上効果は，商品（ブランド）レベル，カテゴリーレベル，店舗レベルの3つの効
果に大別される（Neslin 2002, p.7）。これらの先行研究では，ポイントカードそれ
自体の効果をポイントカードの導入前後や会員・非会員の比較において検証され
てきている。ポイントカードによって，購買率，購買頻度，財布シェアといった
指標を店舗レベルの平均値で見たときには，おおむね正の変化が確認されてい
る。店舗レベルのポイント付与と値引きの効果を直接比較した研究として，
Zhang and Breugelmans（2012）があげられる。Zhang and Breugelmans（2012）
は，従来実施されていた値引き販促を商品レベルのポイント付与に変更した小売
業を対象として，仕組みの変更前後，すなわち変更前の値引き実施時と変更後の
商品ポイント販促時の売上効果を店舗レベルで検証した。この結果，値引き実施
時よりも金額換算で同等の商品ポイント販促時の方が売上効果は高いという結果
が得られている。

　上記のように，先行研究では店舗レベル（チェーンレベルを含む）の分析に焦
点が当てられたものが多くなっている。というのは，ポイントカードの最も一般
的なポイント付与方法であるバスケットポイント方式は店舗レベルの施策である

表 4-1　　ポイントカードの効果測定に関する先行研究

研究	被説明変数	使用データ	効果測定の分析レベル
Sharp and Sharp (1997)	リピート購買率	消費者パネルデータ	店舗レベル
Dreze and Hoch (1998)	売上，利益	売上データ	店舗レベル
Bolton et al. (2000)	購買頻度	購買履歴データ	店舗レベル
Lal and Bell (2003)	購買金額，購買頻度，1回の購買金額	購買履歴データ	店舗レベル
Magi (2003)	財布シェア，訪問シェア	消費者パネルデータ	店舗レベル
Verhoef (2003)	財布シェア	売上データ	店舗レベル
Lewis (2004)	購買確率，収益，注文率，注文量	購買履歴データ	店舗レベル
Van Heerde and Bijmolt (2005)	店舗売上，利益	売上データ	店舗レベル
Meyer-Waarden and Benavent (2006)	浸透率，購買頻度，財布シェア	消費者パネルデータ	店舗レベル
Leenheer et al. (2007)	顧客維持率，財布シェア	消費者パネルデータ	店舗レベル
Liu (2007)	購買頻度，取引量，特典請求率	購買履歴データ	店舗レベル
Mayer-Waarden (2007)	財布シェア	消費者パネルデータ	店舗レベル
v. Wangenheim and Bayon (2007)	購買確率	購買履歴データ	店舗レベル
Lemon and v. Wangenheim (2008)	提携プログラム間の関連購買	購買履歴データ	店舗レベル
Meyer-Waarden (2008)	1回の購買金額，購買間隔，購買頻度，財布シェア，店舗スイッチ，来店回数	消費者パネルデータ	店舗レベル
Kopalle et al. (2012)	購買確率	購買履歴データ	店舗レベル
Zhang and Breugelmans (2012)	1回の購買金額，店舗訪問確率	消費者パネルデータ	店舗レベル
Wei and Xiao (2015)	購買確率，ROI	購買履歴データ	カテゴリーレベル

ため，効果測定の分析レベルも施策レベルに合わせて店舗レベルとなるためである[2]。ただし，近年では商品レベルのポイント付与が日本を中心に実施されるようになってきているものの，バスケットポイント方式と比べればまだ一般的ではない。このような事情を反映して，商品ポイント方式に関する効果検証に関する研究は数少ない。カテゴリーレベルの値引きとポイント付与の弾性値の測定をおこなった研究として，Wei and Xiao (2015) がある。ポイント付与の弾性値とは，ポイント付与数の変化に対する売上数量の変化の比と定義される。すなわち，1ポイント（1円相当）のポイント付与によって何％の売上数量がもたらさ

れるか，ということである。Wei and Xiao (2015) は，カテゴリーレベルで商品ポイントが付与される小売業の購買履歴データを用いて，関数形としては多変量プロビットモデルによって，ポイント付与の売上効果（弾性値）と値引きの売上効果（弾性値）をカテゴリーレベルで推定し，分析対象のすべてのカテゴリー（顔の化粧水，顔のパック，シャンプー，ボディウォッシュ）において値引きの方がポイント付与よりも売上効果が高いという結果であった。

　このように，商品レベルのポイント付与と値引きの売上効果との比較については，店舗レベルとカテゴリーレベルという分析レベルの違いもあり，先行研究では明確な結論が得られていない。店舗レベルの分析では，店舗スイッチの効果や店舗内のカテゴリー横断的な効果を把握することができるが，カテゴリースイッチの効果やカテゴリー内のブランドスイッチの効果を把握することはできない。カテゴリーレベルの分析では，カテゴリースイッチの効果を把握することができるが，ブランドスイッチによる商品レベルの売上の変化を捉えることができない。そして値引きやポイント付与の原資を提供するメーカーにとって，最も関心があるのは商品レベルの売上の変化である。商品レベルにおけるポイント付与のプロモーションの売上効果の推定が今後の研究課題として残されている。

2-2　値引きの弾力性の測定に関する先行研究

　ここで，商品レベルの値引きの売上効果に関する研究，なかでも特に価格弾力性の測定に関する先行研究に焦点を当てる。小売業の売上データを用いた価格弾力性の測定に関して，膨大な研究が蓄積されている。従来どのような方法で価格弾力性が算出されているのかを，価格弾力性に関する81の研究（1,851個の弾性値）を対象としてメタ分析をおこなった Bijmolt et al. (2005) の対象研究を用いて概観する。本章との関連で特に確認する項目としては，①被説明変数，②弾性値の測定に用いられた関数形，③（値引き以外の）セールス・プロモーションの効果の考慮，である。

　①の被説明変数については，被説明変数として売上の絶対値が用いられたのが555個，相対的売上（市場シェア，商品選択確率など）が1,296個であった。相対的売上の例として Bolton (1989) では，商品 i・第 t 週における売上数量を，分析対象期間の平均売上数量で除した指標を被説明変数として用いている。

　②の弾性値の推定に用いられた関数形は，線形モデルが382個，指数モデルおよび積乗モデルが810個，魅力モデルが659個であった。以下で，それぞれのモデ

ルについて説明をおこなう[3]。線形モデルとは，販売価格 P と売上数量 Q との関係を，

$$Q = \alpha + \beta P + \varepsilon \tag{1}$$

のような線形関数で表すモデルである。ただし，α は切片，β は価格の影響を表す直線の傾き，ε は誤差項を表している。指数モデルとは，販売価格 P と売上数量 Q との関係を，

$$Q = \exp(\alpha + \beta P + \varepsilon) \tag{2}$$

のような指数関数で表すモデルである。積乗モデルとは，販売価格 P と売上数量 Q との関係を，

$$Q = \exp(\alpha + \varepsilon)P^{\beta} \tag{3}$$

のような積乗型関数で表すモデルである。$|\beta| < 1$ のときに逓増型となり，$|\beta| > 1$ のときに逓減型となる。指数モデルと積乗モデルは，両辺の自然対数をとると，両モデルともにパラメータに関して線形となる。したがって，線形モデルと指数モデルおよび積乗モデルとの間には本質的な違いはない。

　魅力モデルとは，商品 i の市場シェア MS_i と魅力度 A_i との関係を，

$$MS_i = \frac{A_i}{\sum_{j=1}^{n} A_j} \tag{4}$$

の関係で表すモデルである。ただし，n は同一の市場に存在すると考える商品の数である。例えば A_i を上記の指数モデル $A_i = \exp(\alpha + \beta P_i + \varepsilon)$ で表した場合には，多項ロジット・モデルと呼ばれる。

　③の他のセールス・プロモーションの効果については，弾性値の推定時に考慮されたのが820個，考慮されていないのが1,031個であった。ここでの他のセールス・プロモーションとは，特別陳列（定番と呼ばれる通常の陳列棚とは切り離された場所に商品を陳列すること）もしくはチラシ掲載のことを指している。

　値引きの弾性値とクーポン販促の弾性値の両方を比較計測した研究の例とし

て，Bijmolt et al.（2005）の研究対象には含まれていない研究ではあるが，本章の問題意識に類似している研究として Kumar and Swaminathan（2005）があげられる。Kumar and Swaminathan（2005）は指数モデルを用いて，販売価格およびクーポンの額面価格をモデルに組み込み，値引きとクーポンの弾性値の算出をおこなうことによって，売上効果に関する比較をおこなった。この結果，クーポンよりも値引きの方が高い効果（弾性値が高い）であることが確認されている。ただし，ここでのクーポンは，日曜日の新聞における FSI[4]のクーポンであり，35セントから1ドルまでの値引幅であった。先行研究では，媒体クーポンは統合型 SP と認識され，値引きよりも低い知覚価値として認識される傾向が確認されている（白井 2005, p.189）。Kumar and Swaminathan（2005）の研究結果は，低額の媒体クーポンゆえに低い知覚価値として認識されている可能性がある。

2-3　ポイント付与の効果に関する研究の今後の課題

　ポイント付与の効果に関する先行研究のレビューから，5つの研究上の課題があげられる。まず第1に，ポイントカードの売上効果について，商品ポイント方式の商品レベルの効果測定をおこなった研究は，現在のところ確認されていない。特に値引きとポイント付与の弾性値を比較することが研究の課題として残されている。

　第2に，先行研究において価格弾力性の推計の多くが，線形回帰式によって行なわれており，0を含むカウントデータである売上数量の分布に合った適切な関数形が使用される必要がある。既存研究のモデルでは，弾力性の推計をおこなうためには，誤差項 ε が正規分布にしたがうという仮定が置かれている（正規性）。ところが，被説明変数である売上数量 Q はカウントデータであり，0以上の離散値である。現実の売上データで日別商品別の売上数量の分布を観察すると，ゼロ周辺にデータが集中し，右に裾を引いたような形状をしていることが多い[5]。したがって，このようなカウントデータを線形回帰でおこなうということは，非現実的な仮定を置いているということになる[6]。

　また，カウントデータという売上数量の分布の問題を解決するために，Bolton（1989）のように売上数量を年間の平均売上数量を除して指数化するということも考えられる。しかしながら，この場合の分子の売上数量はそもそも0を多く含む離散値であることは変わらないうえに，割算をおこなった値が，いかなる確率分布にしたがうかを想定することはそもそも難しい[7]。

このように，売上数量というカウントデータを被説明変数とするためには，カウントデータに適した関数形が用いられる必要がある。本章と同様の問題意識から，関・亀倉（2012）は小売業の売上データを用いて，線形回帰ではなく一般化線形モデルのポアソン回帰によって価格弾力性を推定している。

　第3に，時間軸における集計単位を週次ではなく，日次にする必要がある。欧米における先行研究の多くは週次以上が用いられている。Bijmolt et al.（2005）の対象研究においては，週次データが1,328個，月次もしくは年次データが523個となっており，先行研究のほとんどが週次以上の集計単位が用いられている。これは，欧米のスーパーマーケットでは特売が週別に変わるのが一般的であることを反映していると考えられる。しかしながら，日本では特売が日別に変わるのが普通であり，商品の価格も日次で変化するために，日次と週次では推定される弾性値が大きく変わる（阿部 2013）。日本においては，実態に即して日次の集計データを用いて弾性値を推定する方が，情報のロスという観点から正確であると考えられる。

　第4に，弾性値を推定するモデルについて，弾性値が一定という仮定を外す必要がある。すなわち，ベネフィット水準によって値引きおよびポイント付与の知覚価値が異なるマグニチュード効果を前提とすれば，値引率やポイント付与率の高さによって弾性値が異なることになり，弾力性が逓増および逓減のどちらも許容するモデルである必要がある。しかしながら，(1)式の線形関数および(2)式の指数関数は，それぞれ弾性値を一定および逓増と固定することになり，アプリオリに線形もしくは逓増と決めることはできないため，本研究の問題意識に合わない。弾性値が逓増もしくは逓減することを許容するモデルによって弾性値を推定する必要がある。(3)式の積乗型関数は逓増もしくは逓減を許容するものの，パラメータに関しては線形となるために，0を含むカウントデータを被説明変数とするには不適切であるという問題が残る。弾性値が逓増もしくは逓減することを許容するモデルを使用して弾性値を推定する必要がある。

　第5に，弾性値の推定において，商品の要因，店舗の商圏要因や競争要因，季節の要因，消費者の要因など様々な変数を考慮する必要がある。例えば，先述のBolton（1989）のモデルでは，季節性による売上効果が除去されていないため，売れている季節では販促効果を過大に評価することになり，逆に売れていない季節では，販促効果を過小評価することになってしまう。このような季節性を考慮するためには，説明変数に季節の要因をコントロールする必要がある。売上数量の変動に影響を与える他の要因も同様である。

　以上の研究上の課題を考慮すると，（ⅰ）商品レベルの分析によって値引きと

ポイント付与の両方の弾性値を同時に推定すること，（ⅱ）0を含むカウントデータである売上数量のデータを被説明変数とする適切な関数形を用いること，（ⅲ）日次のデータを用いること，（ⅳ）値引きとポイント付与それぞれの弾性値が逓増もしくは逓減であることを許容するモデルを用いること，（ⅴ）商品や店舗などの弾性値に影響を与える他の要因を考慮すること，が求められている。

3．研究仮説と研究目的

3-1　研究仮説

　本章第2節で述べたように，低いベネフィット水準であれば，値引きは統合型SP，ポイント付与は分離型SPとなると考えられる一方，高いベネフィット水準であれば，値引きが分離型SP，ポイント付与は統合型SPとなると考えられる。このベネフィット水準とは，（商品単価を一定とした場合の）値引率・ポイント付与率の水準と，（値引率・ポイント付与率を一定とした場合の）商品単価の水準の2つが考えられる。
　まず第1に，値引率・ポイント付与率の水準と弾性値に関する仮説を提示する。商品単価が一定であれば，値引率が低い場合には，値引きは当座勘定になるために統合型SPとなる一方，値引率が高い場合には，値引きは貯蓄勘定になるために分離型SPになると考えられる。したがって，値引率が高くなるにつれて，値引きの弾性値は高くなると考えられる。これに対して，ポイント付与率が低い場合には，ポイント付与は貯蓄勘定になるために分離型SPとなる一方，ポイント付与率が高い場合には，ポイント付与は当座勘定になるために統合型SPになると考えられる。したがって，ポイント付与率が高くなるにつれて，ポイント付与の弾性値は低くなると考えられる。まとめると，値引率・ポイント付与率の水準と弾性値に関して，以下の仮説1が導出される。

　仮説1　【値引率・ポイント付与率に関するマグニチュード効果】
　　　　　　値引率が高くなるにつれて，値引きの弾性値は高くなる一方，ポイント付与率が高くなるにつれて，ポイント付与の弾性値は低くなる。

　次に，商品単価と弾性値に関して仮説を導出する。値引率・ポイント付与率が

一定であれば，低い商品単価では，値引きは当座勘定になるために統合型 SP と
なる一方，高い商品単価では値引きは貯蓄勘定になるために分離型 SP になると
考えられる。したがって，商品単価が高くなるにつれて，値引きの弾性値は高く
なると考えられる。これに対して，商品単価が低い場合には，ポイント付与は貯
蓄勘定となるために分離型 SP になる一方，商品単価が高い場合には，ポイント
付与は当座勘定となるために統合型 SP になると考えられる。したがって，商品
単価が高くなるにつれて，ポイント付与の弾性値は低くなると考えられる。まと
めると，商品単価と弾性値について，以下の**仮説 2** が導出される。

仮説2　【商品単価に関するマグニチュード効果】
　　　　商品単価が高くなるにつれて，値引きの弾性値は高くなる一方，ポイ
　　　　ント付与の弾性値は低くなる。

3-2　研究目的

　本章の目的は，ポイント付与と値引きの効果について，実際の多店舗の小売チ
ェーンの購買履歴データを用いて値引きとポイント付与の弾性値の計測をおこな
うことである。商品別店舗別日別の売上数量を被説明変数として弾力性の測定を
おこなう際，線形回帰をモデルとして用いることに問題があることは本章2-2項
において述べたとおりである。そこで，カウントデータである売上数量の分布に
適合した関数形である一般化線形モデルを選択する。さらに，先行研究では考慮
されていないが，商品ポイント付与を考慮する際に重要であると考えられる商品
属性，店舗属性，日の効果を除去するために，本研究ではこれらの固定効果を導
入する[8]。
　さらには，プロモーションのベネフィット水準に関するマグニチュード効果を
モデルに加える。ベネフィット水準に関するマグニチュード効果としては，値引
率・ポイント付与率の高さと商品単価（期間最大売価）の高さの2つの水準を取
り上げる。前者としては，値引率およびポイント付与率のそれぞれの2乗項をモ
デルに加える[9]。後者としては，値引率およびポイント付与率と商品単価（期間
最大売価）とのそれぞれの交互作用項を加える[10]。
　本章における仮説を含んだモデルの概念図を示したのが図4-1である。

| 図4-1 | プロモーション弾力性の推定モデルの概要 |

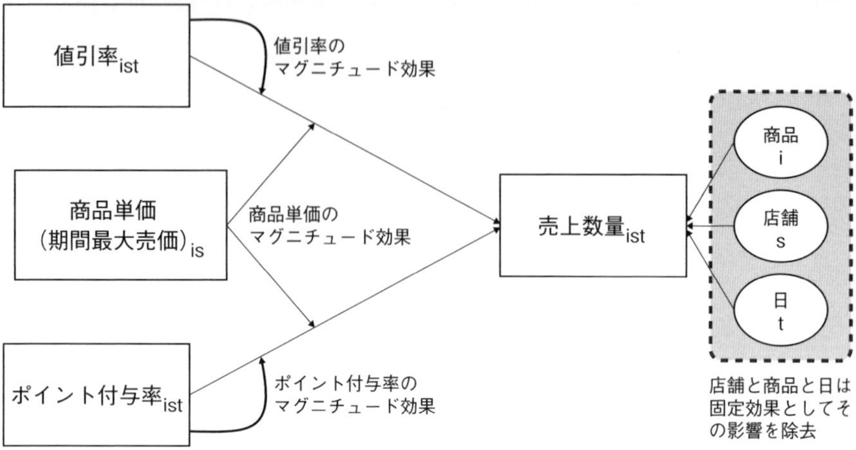

値引率$_{ist}$ → 値引率の
マグニチュード効果

商品単価
（期間最大売価）$_{is}$ → 商品単価の
マグニチュード効果

ポイント付与率$_{ist}$ → ポイント付与率の
マグニチュード効果

→ 売上数量$_{ist}$ →

商品
i

店舗
s

日
t

店舗と商品と日は
固定効果としてそ
の影響を除去

4．分析データとモデル

4-1　分析データの概要

　使用するデータは，食品スーパー A チェーン101店舗のカード会員の集計され
た購買履歴データである。分析期間は，2012年 4 月から2013年 6 月の14カ月であ
る。分析対象商品としては，上記の分析期間中に値引き販促とポイント販促の両
方の実績があった加工食品53商品である。分析対象のデータは，スーパーマーケ
ットチェーンの101店舗におけるポイントカード会員の POS データ（ID 付き
POS データ）である。

　チェーン A におけるプロモーションの掲示方法として，値引きについては，
POP による商品名と価格の掲示であり，POP に二重価格表示や値引率表示は無
い。値引きに伴って大量陳列やチラシ掲載がなされる場合があるが，データとし
ては得られない。商品ポイント対象商品については，実際に付与されるポイント
数が書かれた「ボーナスポイントセール　通常のポイントに加えてさらにポイン
トプレゼント！　＋（プラス）●●ポイント」という POP が貼付されている。
ポイント付与の POP に倍数表示やポイント付与率の表示は無い。また，商品ポ
イント対象商品のチラシ掲載はない。

チェーン A の概要について述べる。2012年 4 月時点で101店舗を出店しており，ポイント会員は購買金額の 1 ％のポイントが買物時に付与される。対象とするチェーンを 1 つに限定しているため，購買者（対象チェーンのポイントカード会員）にとってのポイント付与率の参照点は 1 ％と想定される。貯まったポイントは 1 ポイント 1 円単位で使うことができる。チェーン A のポイントカードは T ポイントや Ponta などのような提携型ではなく，当該小売業でのみポイントを貯め，ポイントを使用することができる。

4-2　使用するデータと変数の定義

　本章で使用するデータセットとしては，商品×店舗×日で53商品×101店舗×456日のパネルデータである。ただし，店舗レベルで 1 日の来店客数が100人未満の日は，異常値の日として除去しているため，最終的に得られたデータセットのレコード数は，2,300,619である。
　被説明変数は商品別店舗別日別の売上数量である。説明変数として，商品単価は当該商品の当該店舗における期間最大売価である。値引率は，商品別店舗別日別の販売価格と当該商品の当該店舗における期間最大売価との差額を，当該商品の当該店舗における期間最大売価で除したものである。ポイント付与率は付与ポイント数を当該商品の当該店舗における期間最大売価で除したものである。

4-3　分析モデル

　カウントデータを被説明変数とする代表的な関数形として，一般化線型モデルのポアソン回帰モデルがあげられる（関・亀倉 2012）。そこで，ポアソン回帰モデルによる値引きおよびポイント付与の弾性値の推定方法について説明する[11]。商品 i 店舗 s 第 t 日の売上数量 y_{ist} がポアソン分布にしたがうと仮定する。ポアソン回帰は，y_{ist} がポアソン分布に従い，y_{ist} の期待値 μ_{ist} の対数リンク関数と線形予測子 η_{ist} との関係が，

$$log\,(\mu_{ist}) = \eta_{ist} \tag{5}$$

と表せる一般化線形モデルである。ポアソン分布の特徴は，

$$E(y_{ist}) = V(y_{ist}) = \mu_{ist} \tag{6}$$

と表せる。つまり，平均と分散が等しい。さらに，(5)式右辺の線形予測子 η_{ist} が，以下の(7)式で説明できるものとする。

$$\begin{aligned}\eta_{ist} = {} & \beta_0 + \beta_1\left(PR_{ist} - \overline{PR}\right) + \beta_2\left(PR_{ist} - \overline{PR}\right)^2 + \beta_3\left(PO_{ist} - \overline{PO}\right) + \beta_4\left(PO_{ist} - \overline{PO}\right)^2 \\ & + \beta_5\left(UP_{is} - \overline{UP}\right) + \beta_6\left(UP_{is} - \overline{UP}\right)\left(PR_{ist} - \overline{PR}\right) + \beta_7\left(UP_{is} - \overline{UP}\right)\left(PO_{ist} - \overline{PO}\right) \\ & + \beta_8 S_{ist} + \textstyle\sum_i \beta_{9i}D_i + \sum_s \beta_{10s}D_s + \sum_t \beta_{11t}D_t + \log A_{ist}\end{aligned} \tag{7}$$

ただし，PR_{ist} は商品 i 店舗 s 第 t 日の値引率，$\overline{PR}$ は値引率の単純平均，PO_{ist} は商品 i 店舗 s 第 t 日のポイント付与率，$\overline{PO}$ はポイント付与率の単純平均，UP_{is} は商品 i 店舗 s における商品単価（期間最大売価），$\overline{UP}$ は商品単価（期間最大売価）の単純平均，S_{ist} は値引きとポイント付与の同時実施ダミー，D_i は商品 i の固定効果，D_s は店舗 s の固定効果，D_t は第 t 日の固定効果，$\log A_{ist}$ はオフセット項である。値引率，ポイント付与率，および商品単価の説明変数から単純平均を引いているのは，交互作用項および2乗項を入れた場合に発生する多重共線性を避けるためである。β_0 は定数項，β_1 は値引率の係数，β_2 は値引率の2乗項の係数である。β_3 はポイント付与率の係数，β_4 はポイント付与率の2乗項の係数である。β_5 は商品単価の係数，β_6 は商品単価×値引率の交互作用項の係数であり，β_7 は商品単価×ポイント付与率の交互作用項の係数である。β_8 はポイント付与と値引きの同時実施に関する係数である。β_{9i} は商品 i の固定効果の係数，β_{10s} は店舗 s の固定効果の係数，β_{11t} は第 t 日の固定効果の係数である。

また，$A_{ist} = y_{is}$ であり y_{is} は商品 i 店舗 s における期間内の売上数量（すなわち，$\sum_t y_{ist}$）である[12]。y_{is} は店舗および商品の販売力の違いをコントロールしている。

ポアソン回帰モデルでは，y_{ist} の期待値 μ_{ist} が，以下のように指数関数の形でパラメータ化される。これは(5)式に(6)式を代入し，μ_{ist} について(8)式が得られる。

$$\mu_{ist} = \exp\left(\eta_{ist}\right) \tag{8}$$

そして，対数尤度を最大化するように，β_0 から β_{11t} までのパラメータが推定される。なお，マグニチュード効果を導入しているため，弾性値を推定するため

には，限界効果を算出する必要がある。値引きの限界効果は，(13)式によって推定される。

$$\frac{\partial E(y_{ist})}{\partial PR_{ist}} = \frac{\partial \mu_{ist}}{\partial PR_{ist}} = \left[\beta_1 + 2\beta_2\left(PR_{ist} - \overline{PR}\right) + \beta_6\left(UP_{is} - \overline{UP}\right)\right] \times \exp\left(\eta_{ist}\right) \quad (9)$$

したがって，例えば価格が100円のときの弾性値は，(14)式によって推定される[13]。

$$\frac{PR_{ist}}{\mu_{ist}} \times \left[\beta_1 + 2\beta_2\left(PR_{ist} - \overline{PR}\right)\right] \times \exp\left(\eta_{ist}\right)\Big|_{PR_{ist} = 100} \quad (10)$$

同じく，ポイント付与が100ポイントのときの弾性値は，(15)式によって推定される。

$$\frac{PO_{ist}}{\mu_{ist}} \times \left[\beta_3 + 2\beta_4\left(PO_{ist} - \overline{PO}\right)\right] \times \exp\left(\eta_{ist}\right)\Big|_{PO_{ist} = 100} \quad (11)$$

ただし実際には，小売店の売上データでは分散が平均よりも大きい過分散となり，ポアソン回帰モデルが適切であるとは考えられないケースも多い。負の二項回帰モデルはそのようなデータに対して用いられるモデルで，商品 i 店舗 s 第 t 日の売上数量 y_{ist} が負の二項分布に従い，y_{ist} の期待値 μ_{ist} の対数リンク関数と線形予測子 η_{ist} との関係が，(5)式で表される一般化線形モデルである。負の二項回帰モデルの線形予測子 η_{ist} は，(7)式と同じである。このときの商品 i 店舗 s 第 t 日の売上数量の期待値は，(12)式のようになる。

$$E(y_{ist}) = \mu_{ist} \quad (12)$$

売上数量の分散は (13) 式のような 2 次関数で表される。この分散を使用するモデルは，NB 2 と呼ばれる。α がゼロであれば，負の二項分布はポアソン分布に帰着する。

$$V(y_{ist}) = \mu_{ist} + \alpha\mu_{ist}^2 \quad (13)$$

また，α を $\dfrac{\delta}{\mu}$ に置き換えると，売上数量の分散は(14)式で表される。

$$V(y_{ist}) = \mu_{ist} + \delta\mu_{ist} \tag{14}$$

　(14)式のように，分散を線形関係で捉える負の二項回帰モデルは，NB 1 モデルと呼ばれる。いずれも α, δ がゼロであれば，平均と分散は等しくなり，ポアソン回帰が適切ということになる。そして，対数尤度を最大化するように，β_0 から β_{11t} までのパラメータ，および α または δ が推定される。なお，負の二項回帰モデルにおける限界効果と弾性値はポアソン回帰モデルと同様，(9)式から(11)式で算出される。

　ただし，カウントデータを被説明変数とする場合には，分散が大きいだけでなく，0 というデータの個数が非常に大きい場合がある。このようなデータはゼロ過剰と呼ばれる（粕谷2012）。ゼロ過剰ポアソンモデルでは，確率 ω で 0，確率 $(1-\omega)$ でポアソン分布をとる確率密度関数 $P_{ZIP}(y_{ist})$ を考える（$0 < \omega < 1$）。

$$p_{ZIP}(y_{ist}) = \begin{cases} \omega + (1-\omega)p_{Poisson}(0), & (y = 0) \\ (1-\omega)p_{Poisson}(y_{ist}), & (y \geq 1) \end{cases} \tag{15}$$

　ただし，$p_{Poisson}(y_{ist})$ は，ポアソン分布の確率密度関数である。この(15)式の分布のもとで，対数尤度を最大化するように，パラメータが推定されることになる。なお，ゼロ過剰ポアソン回帰モデルの限界効果は，(16)式によって推定される。

$$\frac{\partial E(y_{ist})}{\partial PR_{ist}} = \frac{\partial \mu_{ist}}{\partial PR_{ist}} = \left[\beta_1 + 2\beta_2\left(PR_{ist} - \overline{PR}\right) + \beta_6\left(UP_{is} - \overline{UP}\right)\right] \times (1-\omega) \times \exp(\eta_{ist}) \tag{16}$$

　したがって，例えば価格が100円のときの弾性値は，(17)式によって推定される。

$$\frac{PR_{ist}}{\mu_{ist}} \times \left[\beta_1 + 2\beta_2\left(PR_{ist} - \overline{PR}\right)\right] \times (1-\omega) \times \exp(\eta_{ist})\Big|_{PR_{ist}=100} \tag{17}$$

　同じく，ポイント付与が100ポイントのときの弾性値は，(18)式によって推定

される。

$$\frac{PO_{ist}}{\mu_{ist}} \times \left[\beta_3 + 2\beta_4\left(PO_{ist} - \overline{PO}\right)\right] \times (1-\omega) \times \exp(\eta_{ist})\Big|_{PO_{ist}=100} \tag{18}$$

　負の二項回帰モデルではポアソン回帰モデルと同様に，確率 ω で 0，確率 $(1-\omega)$ で負の二項分布をとる確率密度関数 $P_{ZINP}(y_{ist})$ を考える（$0 < \omega < 1$）。

$$p_{ZINB}(y_{ist}) = \begin{cases} \omega + (1-\omega)\,p_{NB}(0), & (y=0) \\ (1-\omega)\,p_{NB}(y_{ist}), & (y \geq 1) \end{cases} \tag{19}$$

　ただし，$P_{ZINP}(y_{ist})$ は負の二項分布の確率密度関数である。この（19）式の分布のもとで，対数尤度を最大化するように，パラメータが推定されることになる。なお，ゼロ過剰負の二項回帰モデルにおける限界効果と弾性値は，ゼロ過剰ポアソン回帰モデルと同様，（16）式から（18）式で算出される。

　本研究においては，ポアソン回帰モデル，負の二項回帰モデル（NB 2），負の二項回帰モデル（NB 1），ゼロ過剰ポアソン回帰モデル，ゼロ過剰負の二項回帰モデルの 5 つのモデルに基づいて分析をおこなったうえで，最適なモデルを選択することとする[14]。

5．分析結果

5-1　記述統計量

　分析を開始するにあたって，被説明変数および説明変数の記述統計量をまとめたものが表 4 - 2 である。被説明変数である売上数量について見ると，分散は平均の約17倍であり，平均と分散が大きく乖離している。したがって，過分散の問題が発生している可能性がある。図 4 - 2 は加工食品カテゴリーの日別店舗別商品別の売上数量のヒストグラムである。全データによるヒストグラムが上段であり，最大878まで右裾が広がっている。グラフを見やすくするために売上数量を50以下に限定したヒストグラムが下段である。0 が 1 割以上を占めており，1 〜 3 の周辺に集中しているものの，右裾が広い分布をしていることが確認できる。

表4-2	被説明変数および説明変数の記述統計量				
	観測数	平均	標準偏差	最小	最大
売上数量	2,300,619	6.04	10.14	0	878
値引率	2,300,619	7.90	10.08	0	88.8
ポイント付与率	2,300,619	0.92	2.48	0	25.3
商品単価	2,300,619	232.96	148.89	88	980
＜プロモーション実施時＞					
値引率	1,336,666	13.60	9.87	0.01	88.8
ポイント付与率	399,689	5.30	3.50	0.63	25.3
値引きとポイント付与の同時実施	245,700	－	－	－	－

　値引率の方がポイント付与率よりも平均および標準偏差が大きいのは，値引率がポイント付与率よりも高く，かつ価格販促がポイント販促よりも頻繁に行なわれていることを反映している。商品単価は，最大980円で最小88円となっている。

5-2　分析モデルにおける推定結果

　このデータに基づいて，一般化線形モデルによる回帰分析をおこなった結果が**表4-3**にまとめている。推定のために使用するモデルは，前節で説明したポアソン回帰モデルおよび負の二項回帰モデル（NB 2），負の二項回帰モデル（NB 1），ゼロ過剰ポアソン回帰モデル，ゼロ過剰負の二項回帰モデルの5種類である。

　まず，ポアソン回帰モデルに関しては，尤度比検定の結果，$\alpha = 0$ および $\delta = 0$ は棄却され，対数尤度や AIC（赤池情報量規準：統計モデルの良さを評価するための指標）についても，ポアソン回帰モデルは負の二項回帰モデルよりも大きい。したがって，ポアソン回帰モデルは採択されない。また，AIC によれば負の二項回帰モデルよりもゼロ過剰負の二項回帰モデルの方がよりよいモデルと判断される。また，Vuong test（競合するモデルが存在する際のモデル間の優劣を統計的に検定するモデル選択検定）の結果から，通常の負の二項回帰モデルよりもゼロ過剰負の二項回帰モデルの方が支持される。これらのことから，5つのモデルの中でゼロ過剰負の二項回帰モデルが最もよい，予測力の高いモデルであることが確認される。したがって以降では，ゼロ過剰負の二項回帰モデルの推定結果にしたがい，プロモーション弾力性の推定をおこなっていく。

　ゼロ過剰負の二項回帰モデルの係数は，有意水準0.1％ですべて有意である。

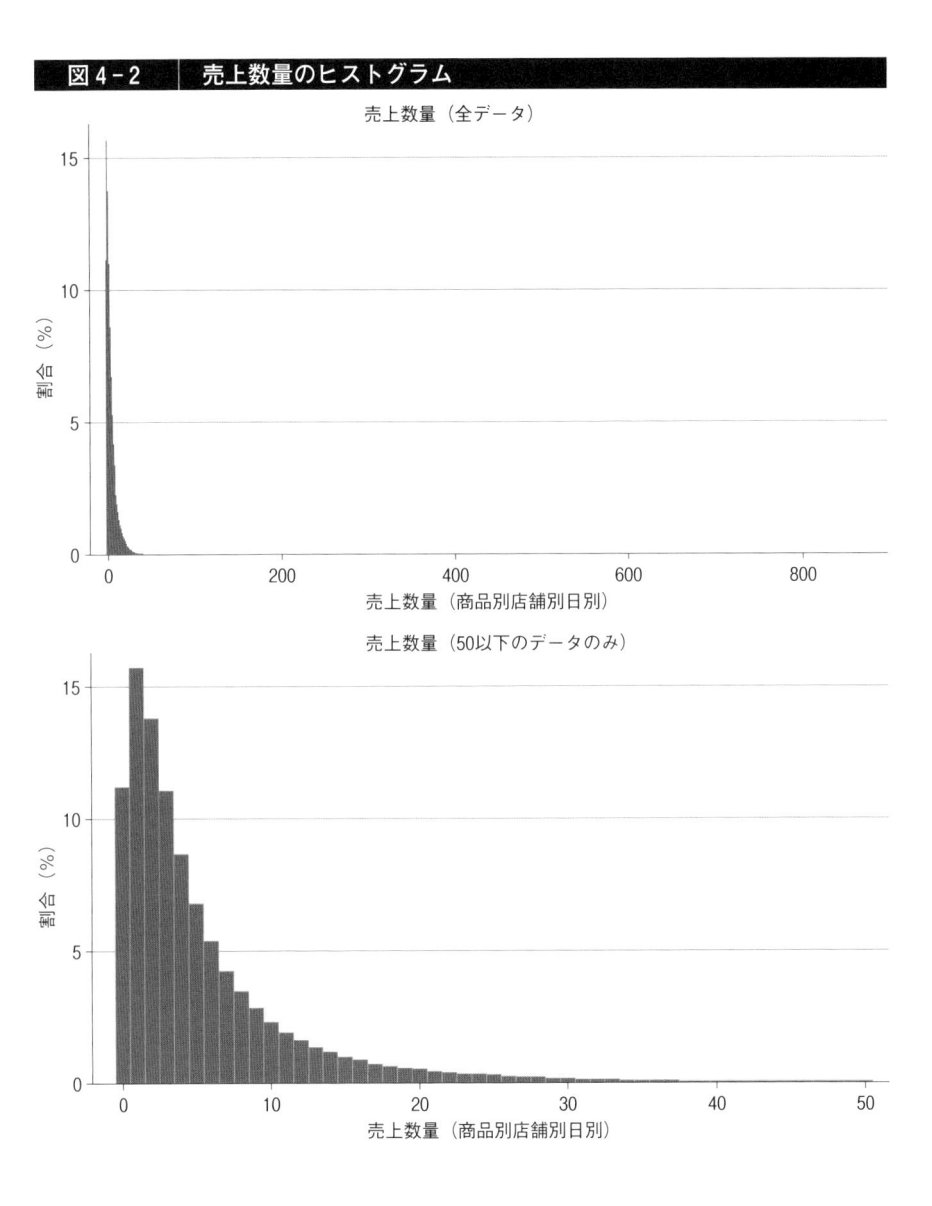

図4-2　売上数量のヒストグラム

売上数量（全データ）

売上数量（50以下のデータのみ）

値引率×値引率の2乗項が正で有意であるのに対し，ポイント付与×ポイント付与の2乗項は負で有意になっている。これは，値引率が高くなるほど値引きの弾性値が高くなる一方，ポイント付与率が高くなるほどポイント付与の弾性値は低くなることを意味している。したがって，値引率・ポイント付与率に関するマグニチュード効果（行動経済学の用語で，金額の大小によって人の心理や選択が変わる

表 4-3　　　パラメータ推定値

被説明変数	ポアソン回帰	負の二項回帰 (NB2)	負の二項回帰 (NB1)	ゼロ過剰 ポアソン回帰	ゼロ過剰 負の二項回帰
売上数量	係数 (z 値)	係数 (z 値)	係数 (z 値)	係数 (z 値)	係数 (z 値)
説明変数					
値引率	0.05706	0.04734	0.04224	0.05641	0.04719
	(1093.01)***	(465.54)***	(461.91)***	(1061.64)***	(465.01)***
値引率×値引率	0.00025	0.00072	0.00012	0.0003	0.00076
	(130.77)***	(125.26)***	(34.54)***	(154.96)***	(132.10)***
ポイント付与率	0.05056	0.03435	0.04085	0.04854	0.0339
	(160.42)***	(61.78)***	(76.55)***	(152.92)***	(61.22)***
ポイント付与率× ポイント付与率	−0.00153	−0.00072	−0.00133	−0.00145	−0.0007
	(−72.69)***	(−20.29)***	(−36.41)***	(−68.37)***	(−19.72)***
商品単価	−0.01161	−0.01477	−0.00848	−0.01183	−0.01504
	(−531.71)***	(−320.33)***	(−221.91)***	(−533.06)***	(−325.29)***
値引率×商品単価	0.00000	0.00004	0.00001	0.00000	0.00004
	(9.22)***	(53.99)***	(11.78)***	(5.18)***	(52.89)***
ポイント付与率× 商品単価	−0.00005	−0.00004	−0.00003	−0.00005	−0.00004
	(−36.64)***	(−17.64)***	(−13.48)***	(−39.30)***	(−17.81)***
値引き・ポイント付与 の同時実施ダミー (固定効果は省略)	−0.12849	−0.02225	−0.06828	−0.12526	−0.01913
	(−97.61)***	(−8.90)***	(−30.43)***	(−94.46)***	(−7.68)***
定数項	−6.8003	−7.3974	−6.7019	−6.8012	−7.4277
	(−1167.17)***	(−575.24)***	(−626.97)***	(−1156.10)***	(−579.92)***
レコード数	2,300,619	2,300,619	2,300,619	2,300,619	2,300,619
LR chi2 (627)	962464.25	700450.25	700450.25		
Log Likelihood	−7,191,551	−5,622,059	−5,847,191	−7,081,969	−5,620,617
AIC	14,384,359	11,245,375	11,695,641	14,165,195	11,242,494
BIC	14,392,302	11,253,331	11,703,597	14,173,151	11,250,462
α		0.3408232			0.3342031
δ			2.411245		
LR test of $\alpha = 0$:	chi2 (1) = 3.1e+06 p < .001				
LR test of $\delta = 0$:			chi2(1) = 2.7e+06 p < .001		
ω				0.0324	0.0020
Vuong test of zinb vs. standard negative binomial					z = 13.02 p < .001

*$p < .05$, **$p < .01$, ***$p < .001$

こと）が確認され，仮説 1 は支持された。

　さらには，値引率×商品単価の交互作用項の係数が正で有意になっている一方で，ポイント付与率×商品単価の交互作用項の係数が負で有意になっている。これは，商品単価が高いほど値引きの弾性値が高くなる一方で，商品単価が高いほどポイント付与の弾性値は低くなることを示している。したがって，値引きとポイント付与については商品単価に関するマグニチュード効果が確認され，仮説 2 は支持された。

また，値引き・ポイント付与の同時ダミーは負で有意であった。値引きとポイント付与を同時に実施することによって，効果が相殺されていることが明らかになった。

　次に商品単価ごとに，および値引率・ポイント付与率ごとに，値引きおよびポイント付与の弾性値を算出し，デルタ法によって推定値の標準誤差の計算をおこなう[15]。商品単価としては，商品単価の平均が232.96であり，その±1SD（±148.89）をカバーする範囲として，100円，150円，200円，250円，300円，350円を設定した。値引率・ポイント付与率としては，1％から5％まで1％刻みで，5％以降は5％刻みとする。ただし，値引率とポイント付与率のとる範囲が商品単価によって大きく異なるため，各商品単価の前後25円におけるポイント付与率が最も高い値までを分析範囲とする[16]。

　商品単価（の中央値）が100円，150円，200円，250円，300円，350円の場合の値引き，およびポイント付与の弾性値の推定結果が，図4-3に表されている。それぞれのエラーバーは，95％信頼区間を表している。

　商品単価が100円の場合，1％から3％水準までの範囲において，ポイント付与の弾性値の方が値引きの弾性値を上回っている（1％，2％，3％水準でそれぞれ，$z = 11.06$，$z = -7.34$，$z = 2.76$）。しかし4％以降は，値引きの弾性値の方がポイント付与の弾性値を上回り，値引率・ポイント付与率が高くなるにつれて，値引きの弾性値とポイント付与の弾性値の差が開いている（4％，5％，10％水準でそれぞれ，$z = -2.76$，$z = -9.15$，$z = -36.38$）。

　商品単価が150円の場合，1％水準ではポイント付与の弾性値の方が値引きの弾性値を上回っているが，2％水準では有意差が無くなっている（1％，2％水準でそれぞれ$z = 5.31$，$z = 0.96$）。3％水準以降は，値引きの弾性値の方がポイント付与の弾性値を上回り，値引率・ポイント付与率が高くなるにつれて，値引きの弾性値とポイント付与の弾性値の差が開いている（3％，4％，5％，10％水準でそれぞれ$z = -4.48$，$z = -11.21$，$z = -51.89$）。

　商品単価が200円の場合，1％水準では，ポイント付与の弾性値と値引きの弾性値の間に有意差が無くなっている（$z = -0.58$）。2％水準以降は，値引きの弾性値の方がポイント付与の弾性値を上回り，値引率・ポイント付与率が高くなるにつれて，値引きの弾性値とポイント付与の弾性値の差が開いている（2％，3％，4％，5％，10％，15％，20％水準でそれぞれ，$z = -5.43$，$z = -11.47$，$z = -18.98$，$z = -28.51$，$z = -66.36$，$z = -60.75$，$z = -53.48$）。

　商品単価が250円，300円，350円の場合，すべての値引率・ポイント付与率において，値引きの弾性値の方がポイント付与の弾性値を上回っており，かつ値引

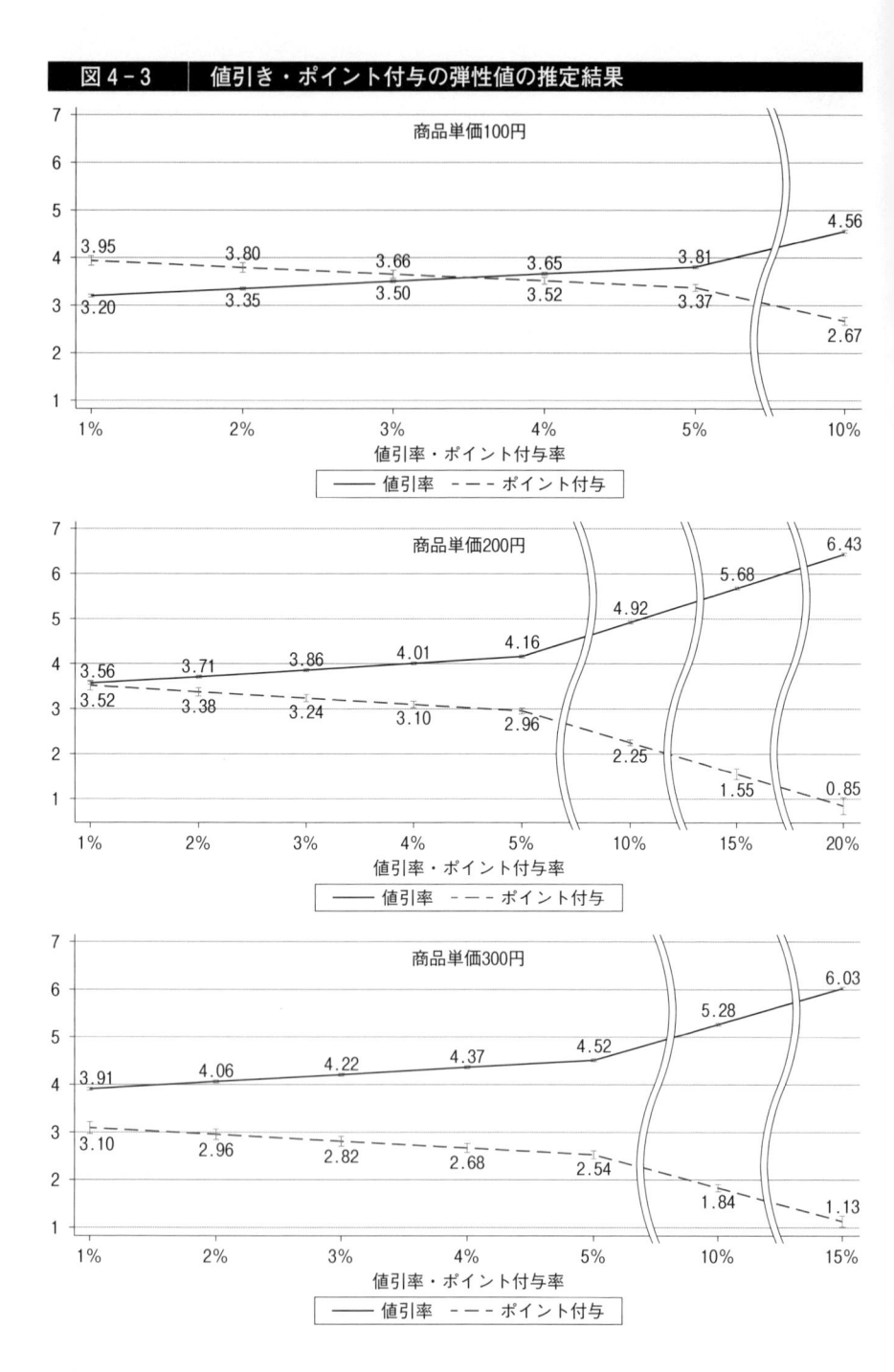

図 4 - 3　値引き・ポイント付与の弾性値の推定結果

商品単価100円

| | 3.95 | 3.80 | 3.66 | 3.65 | 3.81 | 4.56 |
| 3.20 | 3.35 | 3.50 | 3.52 | 3.37 | 2.67 |

1%　2%　3%　4%　5%　10%
値引率・ポイント付与率
―― 値引率　－－－ ポイント付与

商品単価200円

6.43 / 5.68 / 4.92 / 4.16 / 4.01 / 3.86 / 3.71 / 3.56 / 3.52 / 3.38 / 3.24 / 3.10 / 2.96 / 2.25 / 1.55 / 0.85

1%　2%　3%　4%　5%　10%　15%　20%
値引率・ポイント付与率
―― 値引率　－－－ ポイント付与

商品単価300円

6.03 / 5.28 / 4.52 / 4.37 / 4.22 / 4.06 / 3.91 / 3.10 / 2.96 / 2.82 / 2.68 / 2.54 / 1.84 / 1.13

1%　2%　3%　4%　5%　10%　15%
値引率・ポイント付与率
―― 値引率　－－－ ポイント付与

率・ポイント付与率が高くなるにつれて，値引きの弾性値とポイント付与の弾性値の差が開いている。250円の場合の1％，2％，3％，4％，5％，10％，15％，20％水準におけるz値はそれぞれ，$z = -5.80$，$z = -10.79$，$z = -16.85$，$z = -24.20$，$z = -32.96$，$z = -72.86$，$z = -67.94$，$z = -58.86$であった。300円の場合の1％，2％，3％，4％，5％，10％，15％水準におけるz値はそれぞれ，$z = -9.98$，$z = -14.77$，$z = -20.39$，$z = -26.96$，$z = -34.48$，$z = -70.91$，$z = -71.42$であった。350円の場合の1％，2％，3％，4％，5％水準におけるz値はそれぞれ，$z = -13.14$，$z = -17.55$，$z = -22.56$，$z = -28.21$，$z = -34.47$であった。

　以上，見てきたように値引率が高くなるにつれて値引きの弾性値が高くなる一方，ポイント付与率が高くなるにつれてポイント付与の弾性値は低くなっており，**仮説1**が支持されていることは，ここでも確認されている。また，商品単価が高くなるにつれて値引きの弾性値が高くなる一方，ポイント付与の弾性値は低くなっており，**仮説2**が支持されていることは，ここでも確認されている。これらの効果の結果，100円や150円といった低い商品単価において，低い値引率・ポイント付与率のときに，ポイント付与の方が値引きよりも売上効果が高くなることが確認された。

6．考察

6-1　研究結果の解釈

　本研究では，小売業の集計された購買履歴データを用いて，0以上のカウントデータである売上数量を被説明変数とする一般化線形モデルのゼロ過剰負の二項回帰モデルによって，値引きおよびポイント付与の弾性値にマグニチュード効果を導入し，値引きおよびポイント付与の弾性値の推定をおこなった。研究結果の解釈として，以下の3点があげられる。

　まず第1に，本研究の推定結果は，ベネフィット水準によって値引きとポイント付与の弾性値が異なるという，仮説を支持するものである。ベネフィット水準（商品単価および値引率・ポイント付与率）によってマグニチュード効果が確認された。このことは，第3章で提示された現金およびポイントに関するメンタル・アカウンティング理論の仮説，すなわち少額の現金は当座勘定になるが多額の現金

は貯蓄勘定になり，少額のポイントは貯蓄勘定になるが多額のポイントは当座勘定になるがゆえに，低いベネフィット水準ではポイント付与が値引きよりも高い知覚価値になり，高いベネフィット水準ではポイント付与よりも値引きの方が高い知覚価値になるという仮説と整合的である。

第2に，本章の対象とする加工食品において，低いベネフィット水準というのは，商品単価が低く，なおかつ値引率・ポイント付与率が低い場合だけであるということである。値引率・ポイント付与率が低くとも，商品単価が高ければ消費者はベネフィットが大きいと認知される。また，商品単価が低くとも，値引率・ポイント付与率が高ければベネフィットは高いと認知される。すなわち商品単価もしくは値引率・ポイント付与率のどちらか一方が高い場合には，高いベネフィット水準と解釈される。

第3に，値引きとポイント付与の同時ダミーが，負で有意となっていたことについての解釈である。値引きとポイント付与を同時に実施した場合には消費者にとっての認知的過負荷の状態になっている可能性があり，このためにポイント付与と値引きを同時に実施した場合，マイナスの影響をもたらしたと解釈できる。

6-2　インプリケーション

本研究におけるインプリケーションとしては，以下の2点が考えられる。第1に，低いベネフィット水準のプロモーションを実施する場合には，値引きよりも商品ポイント付与の方が効果的である。対照的に，高いベネフィット水準のプロモーションを実施する場合には，商品ポイント付与よりも値引きの方が効果的である。具体的には，商品単価100円前後では3%水準，商品単価150円前後では1%水準を基準とすればよいであろう。第2に，効果が相殺されるため，ポイント付与と値引きを同時に実施することを避けるべきである。

6-3　研究の限界と今後の研究課題

研究をさらに発展させるためには，以下の7点の課題に取り組む必要があると考えられる。まず第1に，店舗の違いを考慮に入れたモデルである。店舗ごとに弾力性の測定をおこなった場合には，値引きやポイント付与の弾性値が店舗間で異なることが確認されている（第3章）。店舗特性，例えば商圏の立地特性（例え

ば高齢世帯比率，家族規模，高所得世帯比率，昼夜間人口比，駅までの距離など）や商圏の競合店舗特性（例えば競合する食品スーパーの数や距離など），あるいは店舗特性（店舗面積，駐車場台数など）を考慮に入れて分析をおこなうことは，今後の課題として残されている。

第2に，商品ポイント方式の長期的な効果に関する研究である。本章が対象としている値引きおよびポイント付与の売上効果とは，プロモーションを実施したその日に，その商品がどれだけ売れるかという短期的効果である。値引きの頻度が高くなると，また値引き額が大きくなると，長期的には消費者の参照価格が低下することが先行研究では報告されている（Kalwani and Yim 1992）。果たしてポイント付与もまた，長期的には消費者の参照価格を低下させるのであろうか。あるいは，ポイント付与は参照価格に影響を与えないプロモーションなのであろうか。このような商品ポイント方式の長期的な効果に関する研究は，今後の課題として残されている。

第3に，マグニチュード効果の多項式の設定についてである。マグニチュード効果を見るために2乗項をモデルに組み込んで分析をおこなったが，3乗項以上を組み込む必要性も考えられる。例えば，竹村（2015）の心的モノサシの評価関数によると，値引率の知覚価値について逆S字の評価関数の結果が実証研究から得られている。すなわち，標準小売価格よりも少しの値引きでかなりインパクトをもって評価されるが，中程度の値引率の領域ではあまり敏感ではなく，高い値引率の領域でかなり敏感になるというものである。このような評価関数を想定した場合，分析モデルに3乗項以上の項を入れる必要がある。この点についても，今後の課題として残されている。

第4に，消費者の異質性を考慮した研究についてである。本研究では消費者の異質性を考慮していないが，実際には，ポイントに敏感な消費者や，逆にポイントを気にせず値引き（価格）に敏感な消費者など，様々な消費者が存在することが想定される。消費者の異質性を考慮にいれた研究については，今後の研究の課題である。

第5に，商品の異質性を考慮した研究についてである。本研究では，商品の異質性については，固定効果として除去して分析をおこなっている。しかしながら，商品のタイプによって売上効果が異なることが考えられる。例えばBijmolt et al.（2005）のメタ分析では，商品の品質や配架率の違いによる価格弾力性に有意差は見られなかったが，ポイント付与の場合はまだ明らかになっていない。値引きおよびポイント付与の効果に関する商品の異質性の影響は，今後の課題として残されている。

第6に，カテゴリーの違いを考慮した研究についてである。本章の対象商品カテゴリーは加工食品であるが，日配品や日用雑貨，医薬品などの他のカテゴリーを研究対象として加え，カテゴリーの特徴によるプロモーション効果の違いを検討する必要がある。例えば Bijmolt et al.（2005）のメタ分析では，家庭に備蓄できる商品カテゴリーの方が備蓄できない商品カテゴリーに比べて価格弾力性が有意に高かった。このような商品カテゴリーの特徴の違いによるポイント付与の弾性値の比較は，今後の課題として残されている。

　第7に，値引きやポイント付与の弾性値を推定する際の他のプロモーションの考慮についてである。本研究では，特別陳列やチラシ掲載についてのデータが得られなかったため，説明変数に加えることができなかった。したがって本研究における値引きの弾性値は，ポイント付与に比べて過大に評価されている可能性がある。特別陳列やチラシ掲載を考慮した値引きとポイント付与の弾性値の比較は，今後の課題として残されている。

(1)　商品ポイント方式におけるポイント付与と値引きの商品レベルにおける売上効果を比較した研究として，流通経済研究所（2007）があげられる。流通経済研究所（2007）では，ポイント販促と価格販促（値引き）の弾性値の推定がおこなわれ，ポイントの方が値引きよりも約3.6倍の効果があるという結果が得られているという（守口 2011）。しかしながら，流通経済研究所（2007）は非公開の研究であるため，本研究における先行研究のレビュー対象からは外すこととした。

(2)　これとは対照的に，通常の値引きの場合には商品レベルで実施されるため，効果検証の分析レベルのほとんどが商品レベルである。例えば後述の Bijmolt et al.（2005）による価格弾力性研究のメタ分析によると，対象研究1,851個のうち，SKU レベルが633個，ブランドレベルが1,218個であった。

(3)　ここでの説明は，守口（2002）を参照している。

(4)　FSI（Free Standing Insert）とは，新聞に折り込まれる複数枚数の印刷物のことであり，欧米におけるクーポンの主要な媒体である（恩蔵・守口1994, p.7）。

(5)　日別の売上数量の分布は正規分布とはほど遠い分布であることが，関・亀倉（2012）で確認されている。

(6)　そもそも積乗型関数においては，被説明変数は売上数量 Q に自然対数をととったものであるため，売上ゼロの場合は$\ln 0 = -\infty$となってしまう。その場合には，各観測値に小さな値を加える方法や売上 0 を含むデータを除去する方法などがあるが，データを歪めて推定結果にバイアスをかけるという意味で大きな問題があると考えられる。

(7)　観測データどうしの割算によって（1）情報が失われる，（2）変換された値の分布が不明，といった問題点が生じるため，割算値の統計モデリングには問題があると考えられる（久保 2012）。

(8)　商圏データや競合状況の要因については，データの制約から本研究からは捨象した。また，チェーン全体において，商品レベルの分析により値引きとポイント付与の効果の全般的な傾向を見ることが目的であるため，消費者要因を捨象した。

(9)　例えば，$Y = a+bX_1+cX_1^2+u$という2次の推定式では，X_1がYに与える影響$\partial Y/X_1$が$b+cX_1$となり，X_1の大きさによって弾力性が変わることになる。

(10)　例えば，$Y = a+bX_1+cX_2+dX_1X_2+u$という推定式では，$dX_1X_2$が交互作用項となる。右辺第2項と第4項を$X_1$で括れば，$(b+dX_2)X_1$となるため，$X_1$が$Y$に与える影響$\partial Y/X_1$が$b+dX_2$となり，$X_1$の影響度合いは$X_2$の大きさに依存することになる。

(11)　ここでの記述は，筒井・平井・秋吉・水落・坂本・福田（2011）を参考にしている。

(12)　オフセット項に商品 店舗 の期間内における売上数量 y_is を入れることによって，商品 の商品力および店舗 の販売力をコントロールすることができる。これは，Bolton（1989）が被説明変数として，売上数量を年間の平均売上数量で除して指数化したことに対応している。このようにオフセット項を使えば，（Bolton 1989）のように被説明変数を割算しなくとも，モデリングが可能となる。

(13)　(9)式の$\beta_6\left(UP_{is}-\overline{UP}\right)$は，(10)式では商品単価$UP_{is}$を平均値に固定して評価しているため，$UP_{is} = \overline{UP}$となり消える。(11)式においても同様である。

(14)　モデルの選択の手順としては，Cameron and Trivedi（2005），北村（2009）や筒井・平井・秋吉・水落・坂本・福田（2011）を参照されたい。

(15)　デルタ法については，Cameron and Trivedi（2005），pp.231-232を参照されたい。

(16)　例えば商品単価が75円以上125円未満（中央値100円）の場合，値引率の最大が50％であるのに対し，ポイント付与率の最大が11.36％であるため，共通の範囲として値引率・ポイント付与率10％までを分析範囲とする。

ポイントデーと値引きデーのプロモーション効果（実店舗の自然実験）
——バスケットレベルのポイントデーと値引きデーではどちらが有効か？——

1. はじめに

　現在，ポイントカードを導入している多くの小売業において，**ポイントデー**が導入されており，通常のポイント付与率の「ポイント3倍デー」や「ポイント5倍デー」などがおこなわれている[1]。一方で，ポイントカード会員を対象とした**値引きデー**をおこなっているチェーンも存在する[2]。イオンなどのように，ポイントデーと値引きデーを併用しているチェーンも存在する。

　それでは，ポイントデーと値引きデーでは，どちらの販売促進（販促）効果が大きいのであろうか。経済合理性の観点からは，消費者にとって値引きの方がポイントよりも有利であることは明らかである。値引きによって手元に余分に残る現金の方が，ポイントよりも流動性が高いためである。

　しかしながら，先行研究における様々な実験や購買データ分析から，必ずしもポイント付与よりも値引きが選好される訳ではなく，場合によっては値引きよりもポイント付与の方が選好されることが示されている。第3章では，買物金額の総額に応じて一定の割合のポイントが付与されるバスケットレベルのポイント付与と値引きのサーベイ実験がおこなわれ，値引き・ポイント付与水準が低い水準（1％および5％）のときには，値引きよりもポイント付与の方が知覚価値は高いことが示された。さらに第4章では，食品スーパーにおいて商品レベルのポイント付与と値引きの売上効果を実店舗のID付きPOSデータを用いて検証し，商品単価が低いとき，または値引率・ポイント付与率が低いときに，値引きよりもポイント付与の方が売上効果は高くなることが明らかになった。

　ただし，第3章はバスケットレベルのポイント付与と値引きに関するサーベイ

実験であり，第4章は商品レベルのポイント付与と商品値引きに関する消費者の行動データ（ID 付き POS データ）による分析結果である。バスケットレベルのポイント付与や値引きに関して，POS データなどの実データによる検証はまだ行われていない。

　本章の研究目的は，バスケットポイント方式に該当するポイントデーとバスケットレベルの値引きに該当する値引きデーの効果を，実際の購買データを用いて明らかにすることである。以降，第2節では，ポイント付与および値引きの販促効果に関する研究のレビューをおこない，先行研究の課題を明確にする。第3節において，分析データの概要を説明し，本章の研究仮説を提示する。第4節では，実際に使用したデータの詳細を説明し，効果測定に関するモデルの定式化をおこなう。第5節において分析結果を提示し，第6節では分析結果に関する考察をおこなう。

2．ポイント販促に関する先行研究のレビュー

2-1　先行研究

　実際の小売業の購買データを用いて値引きとポイント付与の効果を比較した研究として，中川・星野（2017），Zhang and Breugelmans（2012），Wei and Xiao（2015）がある。これらのうち，商品レベルのポイント付与と値引きの効果を比較しているのは，Zhang and Breugelmans（2012）と中川・星野（2017）である。Zhang and Breugelmans（2012）は，オンライン店舗において従来おこなわれてきた商品レベルの値引きを，すべて商品レベルのポイント付与に切り替えた小売業を自然実験[3]として分析した結果，変更前の値引き対象アイテム数よりも変更後のポイント付与対象アイテム数が少なくなり，変更前の値引率よりも変更後のポイント付与率の方が小さくなっているにもかかわらず，変更前の値引きよりも変更後のポイント付与の方が売上効果は高いことを確認している。ただし，変更前後での販促の対象商品がコントロールされていないため，集計バイアスの可能性は残されている[4]。中川・星野（2017）はスーパーマーケットの集計されたID 付き POS データ（商品別店舗別日別の売上データ）を用いて商品レベルの値引きとポイント付与の売上効果の比較した結果，値引率（ポイント付与率）が低い場合にはポイント付与の方が値引きよりも弾性値が高く，値引率（ポイント付与

率）が高い場合にはポイント付与の方が値引きよりも弾性値が低くなることが確認されている。

　商品レベルではなく，カテゴリーレベルでのポイント付与と価格弾力性を比較しているのは，Wei and Xiao（2015）である。Wei and Xiao（2015）は，ポイント付与がカテゴリー単位で実施される小売業の購買履歴データを用いて多変量プロビットモデルによる分析をおこない，カテゴリーレベルで価格弾力性とポイント付与の弾力性を算出した結果，ポイント付与の弾性値よりも価格弾力性の方が高いことを確認している。ただし，Wei and Xiao（2015）のモデルは商品レベルではなくカテゴリーレベルである。分析対象のチェーンでは，ポイント付与の販促はカテゴリーレベルで付与されるため，ポイント付与の弾性値については問題は無い。しかしながら価格弾力性については，商品レベルで実施される価格販促をカテゴリーレベルで集計して分析しているため，同一商品の値引きなのか，別のより低価格の商品に代替しているのかが区別できず，本来の意味での価格弾力性とはいえない。したがって，ポイント付与の弾性値よりも価格弾力性が高いとは単純に言い切れない。

　まとめれば，先行研究において，低いベネフィット水準ではポイント付与の方が値引きよりも知覚価値が高く，売上効果も高い一方，高いベネフィット水準ではポイント付与の方が値引きよりも知覚価値が低く，売上効果も低い傾向が確認されている。ただし，付与水準の高低の境がバスケットレベルと商品レベルで若干異なっている。例えばバスケットレベルでは5％は低い水準だが，商品レベルでは高い水準となる。また，上記の知見はバスケットレベルのサーベイ実験研究，および商品レベルの自然実験の結果によるものであり，バスケットレベルのポイント付与と値引きの効果の消費者の実際の行動データによる検証はまだ確認されていない。

2-2　先行研究の課題

　以上の先行研究の結果を踏まえると，以下の研究上の課題を指摘することができる。すなわち，バスケットレベルの値引きおよびポイント付与の効果について，消費者の実際の行動データ（フィールド実験および自然実験）による検証はまだ行われていない。実験室実験およびサーベイ実験とは，原因となる変数を研究者が操作し，結果となる変数がどのように変化するかを調べる方法であり，①被験者に対して何らかの働きかけ（介入・操作）をおこなうこと，②実験群と統制

群をもうけること，③被験者の無作為割り当てをおこなうこと，がなされている（野村 2017）。そのため，実験室実験およびサーベイ実験は内的妥当性の高い研究結果といえる反面，実験の状況が現実と異なるため，研究の生態学的妥当性が低く，外的妥当性がフィールド実験や自然実験よりも低いと考えられる（野村 2017；星野 2009）。対照的に，フィールド実験や自然実験は現実社会において実験を行うため，現実社会に存在する様々な影響を受けた結果であることから，一般化しやすい。その反面，フィールド実験や自然実験の内的妥当性は実験室実験およびサーベイ実験に劣り，外的要因のコントロールが難しく，交絡しやすい（野村 2017）。したがって，実験室実験およびサーベイ実験と，フィールド実験および自然実験の両面からプロモーションの効果測定をアプローチしていくことで，内的妥当性および外的妥当性の高い研究結果となることが求められる。

3．本章の研究概要

　一般的な学術論文の論理構成としては，先に仮説を提示して，次に分析対象データを説明するのが通常であるが（例えば近江 2016），本研究は分析対象チェーンの販促に関する自然実験であり，仮説設定もこのチェーンの販促の実施状況に大きく依存するため，先に分析対象データについて説明する。

3-1　分析データの概要

　使用するデータは，ドラッグストア A チェーン全店舗のポイントカード会員の，店舗別日別に集計された売上データである[5]。期間は，2007 年 3 月 1 日から2008 年 2 月29日の366日であるが，13日の（いずれかの店舗の）休店日があるため，353日間を対象としている。2007 年 3 月 1 日時点での店舗数150のうち，2008年 2 月29日までに閉店した 3 店舗を除き，分析対象店舗は147店舗となっている。店舗面積は36坪から362坪の店舗まで幅広いものの，平均は160.4坪である。
　分析対象チェーンのポイントカードの概要について説明する。100円の買物で 1 ポイントが付与され，100ポイント単位で100円の割引を受けることができる。T ポイントや Ponta のような提携型ではなく，当該チェーンでのみポイントを貯め，当該チェーンでのみポイントを使用することができる。
　分析対象チェーンの販促デーとしては，毎月 5 ・ 6 日はすべての顧客に対して

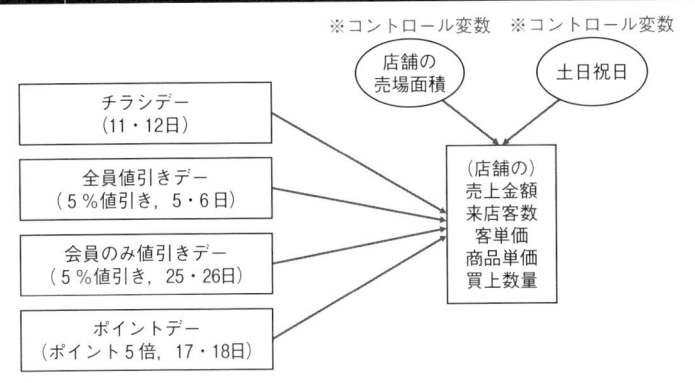

図5-1 | 研究のフレームワーク

※コントロール変数　※コントロール変数

店舗の
売場面積

土日祝日

チラシデー
（11・12日）

全員値引きデー
（5％値引き，5・6日）

会員のみ値引きデー
（5％値引き，25・26日）

ポイントデー
（ポイント5倍，17・18日）

（店舗の）
売上金額
来店客数
客単価
商品単価
買上数量

5％値引きの値引きデー（以下，全員値引きデー），毎月11・12日はチラシ特売（以下，チラシデー），毎月17・18日はポイント5倍のポイントデー（以下，ポイントデー），毎月25・26日はポイントカード会員のみ5％値引きの値引きデー（以下，会員のみ値引きデー）である。

3-2　研究目的

　本章の研究目的は，バスケットレベルの値引きとポイント付与の効果を比較することである。本章で使用するデータのチェーンは，3-1項で述べたように，ポイントデーではポイント付与率が5％，値引きデーにおける値引率は5％となっている。したがって，1カ月のうちに値引率5％の日とポイント付与率5％の日が必ず存在するという状態を自然実験として利用し，来店客数に与える影響を比較する。その際に，来店客数に影響を与えると考えられる店舗面積や，土日祝日の影響についてもコントロール変数として考慮する。

　本研究のフレームワークを示したのが図5-1である。チラシデー，全員値引きデー，会員のみ値引きデー，ポイントデーの売上金額，来店客数，客単価，顧客単価，買上数量への弾性値を測定し，会員のみ値引きデーとポイントデーの弾性値の比較をおこなう。

　なお，小売店舗における売上金額，来店客数，客単価，商品単価，買上数量の関係について補足しておく。店舗の売上金額は，来店客数と客単価の積に分解できる。さらに客単価は，商品単価と買上数量の積に分解できる（図5-2）。したがって，単に売上金額への影響をみるのみならず，ポイントデーおよび値引きデ

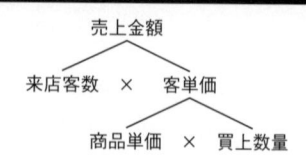

図 5-2　店舗における売上金額の分解

売上金額

来店客数　×　客単価

商品単価　×　買上数量

図 5-3　販促デーにおける価値

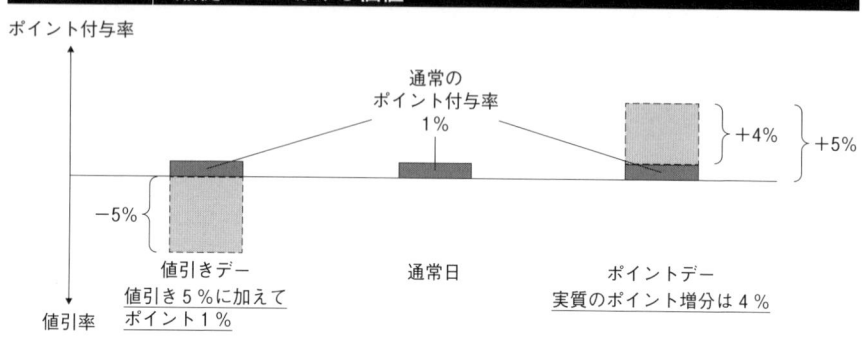

ポイント付与率

通常の
ポイント付与率
1 %

+4 %

+5 %

-5 %

値引きデー
値引き 5 %に加えて
ポイント 1 %

通常日

ポイントデー
実質のポイント増分は 4 %

値引率

ータが売上金額を分解したときのどの指標に有効なのかを検討する。

　さらにもう一点補足する。このチェーンでは通常のポイント付与率は 1 %であり，値引きデーにおいてもそれは変わらない。つまり顧客は，値引きデーには 5 %の値引きと 1 %のポイント付与の両方を享受することができる。これに対しポイントデーでは 5 %付与されることになるが，通常のポイント付与率は 1 %であるため，実質的には 4 %のポイント付与率が追加で付与されることになる（図 5-3）。したがって，そもそも販促デーにおける価値としては値引きデーとポイントデーは同等ではなく，値引きデーの方がポイント付与 1 %分だけ高い価値であることに留意する必要がある。

3-3　研究仮説

　それでは，研究仮説を導出する。ポイントカード会員が対象となるのは会員のみ値引きデーとポイントデーであるため，導出する仮説を会員のみ値引きデーとポイントデーの 2 つに絞ることとする。ただし，考察ではチラシデーや全員値引きデーについても対象とする。

本章第2節で確認したように，バスケットレベルの値引きとポイント付与の知覚価値に関するサーベイ実験では，5％水準では値引きよりもポイント付与の方が高い知覚価値であることが確認されている（中川 2015）。したがって実際の購買行動についても，5％水準では，ポイントデーの方が値引きデーよりも売上金額および来店客数の効果が高いと考えられる。したがって，以下の**仮説**が導出される。

仮説　【販促デーの売上金額効果】
　　　付与水準が5％では，ポイントデーの方が会員のみ値引きデーよりも効果は高い。

　図5-3で説明したとおりポイントデーよりも値引きデーの方が高い価値であるため，その分は相殺されることになる。しかし，それでもなおポイントデーの方が値引きデーよりも高い効果であるならば，この効果は頑健であることが示される。
　なお被説明変数として，売上金額以外の来店客数，客単価，商品単価については，仮説を設けずに分析をおこない，考察をおこなうものとする。

4．分析データとモデル

4-1　使用するデータの変数の定義

　本章で使用するデータセットとしては，147店舗×353日のパネルデータである。ただし，定休日（不定期）を除き，さらに1日の来店客数が10人未満の日を異常値として除去しているため，最終的に得られた観測数は51,300である。
　被説明変数はカード会員の売上金額，来店客数，客単価，商品単価，買上数量である。説明変数は，チラシデー・ダミー（11日と12日を1），全員値引きデー・ダミー（5日と6日を1），会員のみ値引きデー・ダミー（25日と26日を1），ポイントデー・ダミー（17日と18日を1）である。来店客数に影響を与えるコントロール変数として，店舗の売場面積を時点固定で店舗によって異なるコントロール変数とし，土日祝日ダミー（土曜日と日曜日と祝日を1）を店舗固定で時点によって異なるコントロール変数としている。

4-2　分析モデル

　本研究では(1)式のようなモデルを推計し，会員のみ値引きデーとポイントデーの弾性値を求める。ただし，y_{it} は店舗 i 時点 t の被説明変数（売上金額，来店客数，客単価，商品単価，買上数量），$\textbf{\textit{Flyer\_D}}_t$ はチラシデー・ダミー，$\textbf{\textit{AllDis\_D}}_t$ は全員値引きデー・ダミー，$\textbf{\textit{FSPDis\_D}}_t$ は会員のみ値引きデー・ダミー，$\textbf{\textit{POINT\_D}}_t$ はポイントデー・ダミー，$\textbf{\textit{x}}_t$ は店舗固定で時点によって異なるコントロール変数（土日祝日など），$\textbf{\textit{x}}_i$ は時点固定で店舗によって異なるコントロール変数（売場面積など），$\textbf{\textit{u}}_{it}$ は誤差項である。

$$\ln \textbf{\textit{y}}_{it} = \alpha + \beta_1 \textbf{\textit{Flyer\_D}}_t + \beta_2 \textbf{\textit{AllDis\_D}}_t + \beta_3 \textbf{\textit{FSPDis\_D}}_t + \beta_4 \textbf{\textit{POINT\_D}}_t$$
$$+ \sum_i \theta_i \textbf{\textit{x}}_t + \sum_i \rho_i \textbf{\textit{x}}_i + \textbf{\textit{u}}_{it} \tag{1}$$

　(1)式にもとづいて，日ごとのクロスセクション・データとしてすべてのデータをプールして OLS 推定するのが，プーリング（OLS）推定である。ただし今回扱うデータはパネルデータである。パネルデータとは，複数の経済主体の情報を時系列で追跡したデータを指す。そのため，誤差項は（2）式のような構造をしていると仮定する[6]。μ_i は観察不可能な店舗独自の固有効果を表し，λ_t は観察不可能な時間効果，ν_{it} は攪乱項を表している。

$$\textbf{\textit{u}}_{it} = \mu_i + \lambda_t + \nu_{it} \tag{2}$$

　固有効果 μ_i と説明変数に相関がある場合，説明変数と誤差項の間に相関関係が生まれ，一致性が得られず，パラメータは BLUE にはならない（山本2015）[7]。このため，固有効果 μ_i を明示的に考慮した推計を行う必要がある。すなわち，店舗ごとに期間平均値からの乖離をとった推定式を推定することで，時間を通じて変化しない固有効果 μ_i を除去する。これを固定効果モデルという。

　しかし，固有効果 μ_i と説明変数に相関がない場合，固有効果 μ_i があるために，同じ店舗 i の別の時点 t の誤差間で自己相関が生じる可能性が生じ，誤差項の共分散ゼロという仮定が満たされないため，効率性が得られず，パラメータはBLUE にはならない。そのため，誤差間の自己相関を考慮した一般化最小二乗法を用いて推定する変量効果モデルによって推定をおこなう。以上のプーリング推定，固定効果推定，変量効果推定をおこない，Breusch-Pagan 検定（プーリン

表5-1 | 記述統計量

	観測数	平均	標準偏差	最小	最大
●被説明変数					
売上金額	51,300	515,289	482782.30	15174	24800000
来店客数	51,300	244.47	211.67	10	4097
客単価	51,300	2110.96	393.98	1005.374	10405.98
商品単価	51,300	513.17	100.11	88.60483	1128.679
買上数量	51,300	4.23	1.00	1.921875	35.83607
●説明変数					
チラシデー・ダミー	51,300	0.07	0.25	0	1
全員値引きデー・ダミー	51,300	0.07	0.25	0	1
会員のみ値引きデー・ダミー	51,300	0.06	0.24	0	1
ポイントデー・ダミー	51,300	0.07	0.25	0	1
売場面積（坪）	51,300	160.50	56.26	36.39	361.87
土日祝日	51,300	0.31	0.46	0	1

グ推定とランダム効果推定を比較する）および Hausman 検定（個別効果と説明変数
に相関があるかどうかを検定する）によって最もふさわしい推定方法を判定する。

5. 分析結果

5-1 記述統計量

　分析にあたり，今回使用しているデータセット（日別店舗別）における被説明
変数および説明変数の記述統計量をまとめたものが**表5-1**である。被説明変数
である売上金額の平均は515,289円，来店客数の平均平均は244.47人，客単価の
平均は2,111円，商品単価の平均は513円，買上数量の平均は4.23個である。会員
のみ値引きデーの平均がチラシデー，全員値引きデー，ポイントデーに比べて若
干低くなっているのは，店休日の3営業日分だけ他の販促デーよりも少なくなっ
ているためである。
　変数同士の相関係数は，**表5-2**にまとめられている。説明変数同士で特に高
い相関係数（具体的には0.7以上）のものは存在しない。

表5-2 ┃ 相関係数マトリックス

	売上金額	来店客数	客単価	商品単価	買上数量	チラシデー・ダミー	全員値引きデー・ダミー	会員のみ値引きデー・ダミー	ポイントデー・ダミー	店舗面積（坪）	土日祝日ダミー
売上金額	1										
来店客数	0.9381	1									
客単価	0.2295	-0.0093	1								
商品単価	-0.1518	-0.2456	0.3387	1							
買上数量	0.3097	0.1942	0.5305	-0.5745	1						
チラシデー・ダミー	0.1678	0.1828	-0.0306	-0.191	0.1367	1					
全員値引きデー・ダミー	0.0862	0.0645	0.1232	0.0163	0.0791	-0.0736	1				
会員のみ値引きデー・ダミー	0.1715	0.1216	0.2134	0.0359	0.1297	-0.0685	-0.0685	1			
ポイントデー・ダミー	0.0763	0.0435	0.181	0.1031	0.0475	-0.0735	-0.0736	-0.0684	1		
店舗面積（坪）	0.1829	0.1549	0.1649	-0.2808	0.3622	0.0001	-0.0002	-0.0002	0.0001	1	
土日祝日ダミー	0.0283	0.0065	0.0721	0.0045	0.0552	-0.0132	-0.0378	-0.0413	0.0108	0.0012	1

5-2 分析モデルにおける推定結果

このデータに基づいて，被説明変数が売上金額のときのプーリング推定，変量効果推定，固定効果推定の3つのモデルによる推定結果が表5-3である。Breusch-Pagan 検定により，変量効果推定が採択される。さらには Hausman 検定により，変量効果推定が採択される。これらの検定結果から，変量効果推定が3つのモデルの中で最もふさわしい推定方法であることが判定された。

同様に，他の被説明変数（来店客数，客単価，商品単価，買上数量）についても Breusch-Pagan 検定および Hausman 検定により，変量効果推定が採択された[8]。したがって，すべての被説明変数について変量効果推定の結果をまとめたのが，表5-4である。なお，表5-3のモデル2を表5-4に再掲してまとめている。その係数について，販促デーの効果としてまとめたのが図5-4である。

被説明変数が売上金額であるモデル2から見ていく。係数は土日祝日ダミー以外はすべて有意である。会員のみ値引きデー・ダミーの係数が0.4035であるのに対し，ポイントデー・ダミーの係数が0.4766であった。係数の差について，帰無仮説を(1)式の $\beta_3 = \beta_4$ として線形制約の検定をおこなったところ，ポイントデー・ダミーの方が会員のみ値引きデー・ダミーよりも高かった（$\chi^2(1) = 13.30$, $p = .0003$）。したがって，仮説は支持された。先述のとおり，会員のみ値引きデーの方がポイントデーよりもポイント1％付与の分だけ高いにもかかわらず，この結果が得られたため，仮説は非常に頑健であると言える。

次に被説明変数が来店客数であるモデル4について見ていく。係数はすべて有

表 5-3 ‖ 推定結果（被説明変数は売上金額）

被説明変数 ln（売上金額）	モデル 1 プーリング（OLS）推定	モデル 2 変量効果推定	モデル 3 固定効果推定
説明変数			
チラシデー・ダミー	0.6642（0.0101）***	0.5019（0.0201）***	0.5019（0.0200）***
全員値引きデー・ダミー	0.4307（0.0101）***	0.2575（0.0201）***	0.2575（0.0200）***
会員のみ値引きデー・ダミー	0.6599（0.0108）***	0.4035（0.0201）***	0.4035（0.0200）***
ポイントデー・ダミー	0.4195（0.0101）***	0.4766（0.0201）***	0.4766（0.0200）***
店舗面積（坪）	0.0030（0.0000）***	0.0030（0.0007）***	
土日祝日ダミー	0.0813（0.0055）***	−0.0195（0.0201）	−0.0195（0.0200）
定数項	12.2639（0.0080）***	12.2418（0.1151）***	12.7313（0.0142）***
日ダミーの有無	無	有	有
観測数	51,300	51,300	51,300
店舗数	–	147	147
全体の決定係数	0.1885	0.2553	0.2146
Breusch-Pagan 検定 （プールド OLS vs 変量効果）		$\chi^2（1）=73\times10^7$ P=.0000	
Hausman 検定 （変量効果 vs 固定効果）		$\chi^2（352）=0.04$ P=1.0000	

*p＜.05, **p＜.01, ***p＜.001
（　）内はモデル 1 は t 値，モデル 2・3 は z 値

表 5-4 ‖ 推定結果（変量効果推定）

すべて変量効果推定 被説明変数	モデル 2（再掲） ln（売上金額）	モデル 4 ln（来店客数）	モデル 5 ln（客単価）	モデル 6 ln（商品単価）	モデル 7 ln（買上数量）
説明変数					
チラシデー・ダミー	0.5019（0.0201）***	0.4245（0.0169）***	0.0774（0.0112）***	−0.1108（0.0109）***	0.1883（0.0102）***
全員値引きデー・ダミー	0.2575（0.0201）***	0.2333（0.0169）***	0.0242（0.0112）*	−0.1061（0.0109）***	0.1304（0.0102）***
会員のみ値引きデー・ダミー	0.4035（0.0201）***	0.2559（0.0169）***	0.1476（0.0112）***	−0.0289（0.0109）**	0.1765（0.0102）***
ポイントデー・ダミー	0.4766（0.0201）***	0.2999（0.0169）***	0.1768（0.0112）***	0.0428（0.0109）***	0.1339（0.0102）***
店舗面積（坪）	0.0030（0.0007）***	0.0025（0.0007）***	0.0006（0.0002）***	−0.0010（0.0002）***	0.0016（0.0002）***
土日祝ダミー	−0.0195（0.0201）	−0.0711（0.0169）***	0.0516（0.0112）***	−0.0033（0.0109）	0.0548（0.0102）***
定数項	12.2418（0.1151）***	4.7643（0.1138）***	7.4775（0.0291）***	6.4129（0.0377）***	1.0646（0.0376）***
N	51,300	51,300	51,300	51,300	51,300

*p＜.05, **p＜.01, ***p＜.001
（　）内は z 値

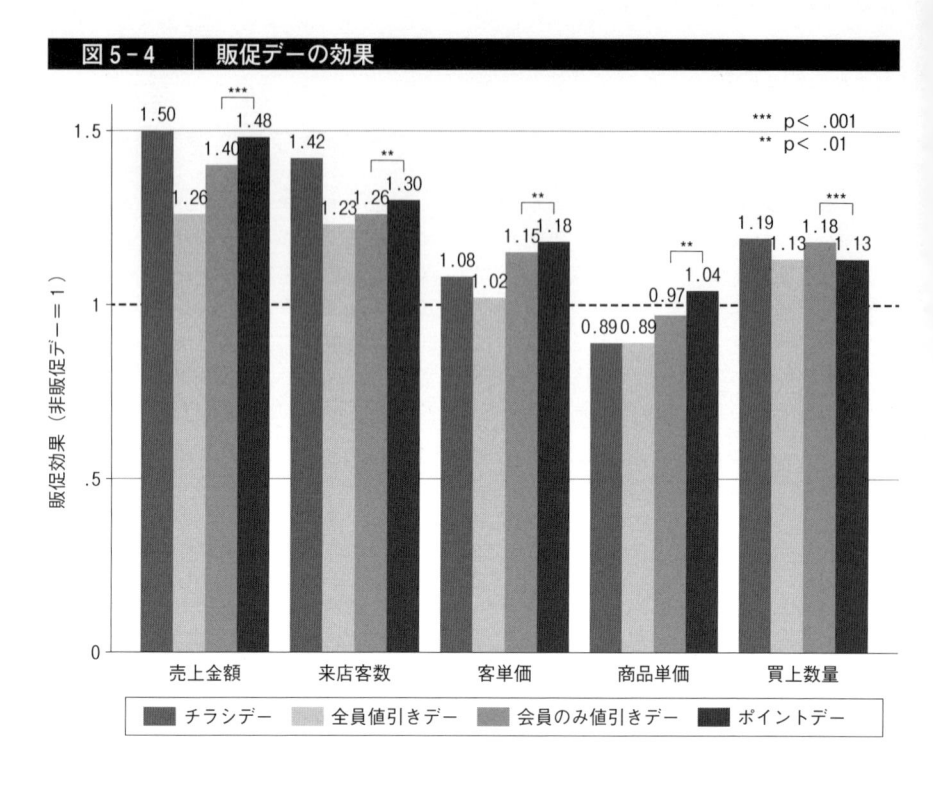

図5-4　販促デーの効果

意である。会員のみ値引きデー・ダミーの係数が0.2559であるのに対し，ポイントデー・ダミーの係数が0.2999であった。係数の差について，帰無仮説を(1)式の $\beta_3 = \beta_4$ として線形制約の検定をおこなったところ，ポイントデー・ダミーの方が会員のみ値引きデー・ダミーよりも高かった（$\chi^2(1) = 6.81, p = .0091$）。

　被説明変数が客単価であるモデル5について見ていく。係数はすべて有意である。会員のみ値引きデー・ダミーの係数が0.1476であるのに対し，ポイントデー・ダミーの係数が0.1766であった。係数の差について，帰無仮説を(1)式の $\beta_3 = \beta_4$ として線形制約の検定をおこなったところ，ポイントデー・ダミーの方が会員のみ値引きデー・ダミーよりも高かった（$\chi^2(1) = 6.84, p = .0089$）。

　被説明変数が商品単価であるモデル6について見ていく。係数は土日祝日ダミー以外すべて有意である。会員のみ値引きデー・ダミーの係数が -0.0289 と負で有意であるのに対し，ポイントデー・ダミーの係数が0.0428であった。係数の差について，帰無仮説を(1)式の $\beta_3 = \beta_4$ として線形制約の検定をおこなったところ，ポイントデー・ダミーの方が会員のみ値引きデー・ダミーよりも高かった（$\chi^2(1) = 6.84, p = .0089$）。

被説明変数が買上数量であるモデル7についてみていく。係数はすべて有意である。会員のみ値引きデー・ダミーの係数が0.1765であるのに対し，ポイントデー・ダミーの係数が0.1339であった。係数の差について，帰無仮説を(1)式の$\beta_3 = \beta_4$として線形制約の検定をおこなったところ，会員のみ値引きデー・ダミーの方がポイントデー・ダミーよりも高かった（$\chi^2(1) = 43.92, p = .0000$）。

　以上の効果について，グラフにまとめたのが図5-4である。非販促デーを1としたときに，被説明変数がどの程度変化するかをまとめている。まとめると，売上金額においては，ポイントデーが会員のみ値引きデーがよりも高くなる。来店客数においては，ポイントデーが会員のみ値引きデーよりも高くなる。客単価はポイントデーが会員のみ値引きデーよりも高くなる。商品単価については，ポイントデーだけが1を超えるが，会員のみ値引きデーは減少する。買上数量だけは，会員のみ値引きデーがポイントデーよりも高くなる。

6．考察

6-1　研究結果の解釈

　チラシデー，全員値引きデー，会員のみ値引きデー，ポイントデーが来店客数に与える効果を，パネルデータを用いた変量効果推定によって推定した。研究結果から解釈できることは，以下のとおりである。

　まず第1に，付与水準が5％という比較的低い水準では，ポイントデーの方が会員値引きデーよりも効果（特に売上金額，来店客数）が高いという結果は，Thaler（1985）のメンタル・アカウンティング理論を援用した第3章および第4章の現金とポイントに関するメンタル・アカウンティング理論の仮説と合致する。すなわち少額の現金は当座勘定になるが多額の現金は貯蓄勘定となり，少額のポイントは貯蓄勘定となるが多額のポイントは当座勘定になるがゆえに，5％という比較的低いベネフィット水準においては，商品レベルだけではなくバスケットレベルにおいてもポイント付与の方が値引きよりも有効であると解釈できる。しかも図5-3で示したとおり，値引きデーの方がポイントデーよりも実質的に高い価値があるにもかかわらず，ポイントデーの方が高い効果を示したのは，この仮説が頑健であることを示している。

　第2に，同じ値引きデーでも，会員のみ値引きデーの方が全員値引きデーより

表 5-5　　　　推定結果（購買金額三分位ごと）

被説明変数 ln（売上金額）	ライト層 変量効果推定	ミドル層 変量効果推定	ヘビー層 変量効果推定
説明変数			
チラシデー・ダミー	0.3410 (0.0502)***	0.4308 (0.0314)***	0.5097 (0.0244)***
全員値引きデー・ダミー	-0.1263 (0.0502)*	0.0965 (0.0314)**	0.3355 (0.0244)***
会員のみ値引きデー・ダミー	-0.1399 (0.0502)**	0.1871 (0.0314)***	0.4950 (0.0244)***
ポイントデー・ダミー	-0.0586 (0.0502)	0.2136 (0.0314)***	0.5850 (0.0244)***
店舗面積（坪）	0.0018 (0.0005)***	0.0023 (0.0006)***	0.0033 (0.0008)***
土日祝ダミー	-0.2380 (0.0502)***	-0.095 (0.0314)**	-0.0444 (0.0244)
定数項	9.5868 (0.0909)***	10.6599 (0.1054)***	11.6024 (0.1366)***
N	51,272	51,300	51,300

$^*p<.05, ^{**}p<.01, ^{***}p<.001$

（　　）内は z 値

も効果が高いという結果は，ポイントカード会員にとっては同じ価値にもかかわらず，ポイントカード会員限定の販促デーの方が全員対象の販促デーよりも価値が高いと知覚している可能性を示唆している。これは，「手に入りにくくなるとその機会がより貴重なものに思えてくる」という希少性の原理と合致する（Cialdini 2009）。その背景として，自由な選択が制限されたり脅かされたりすると，自由を回復しようとする欲求によって，その自由を以前よりも欲することによって妨害に反発するという心理的リアクタンス理論と整合的である（Brehm and Brehm 1981）。

　第3に，ポイントデーは販促デーの中でも唯一商品単価を引き上げる効果があるということである。これは，高額商品を購入するほどポイントが貯まるという知覚が働くためであることが考えられる。

　次に，顧客を購買金額によってヘビー・ミドル・ライトに分け，それぞれのセグメントごとに販促デーの効果を比較する[9]。その分析結果が表 5-5 および図 5-5 にまとめられている[10]。

　ライト層ではポイントデーは有意ではなく，会員のみ値引きデーも負で有意になっている。ライト層では唯一，チラシデーのみ正で有意である。ミドル層ではチラシデーが最も高い効果であることはライト層と同様であるが，ポイントデーも会員のみ値引きデーも正で有意である。係数の差について，帰無仮説を（1）式の $\beta_3 = \beta_4$ として線形制約の検定をおこなったところ，ポイントデー・ダミーと会員のみ値引きデー・ダミーとの間に有意差はなかった（$\chi^2(1) = 2.62$, $p = .1052$）。正で有意なのはチラシデーだけであり，販促効果はチラシデーだけ

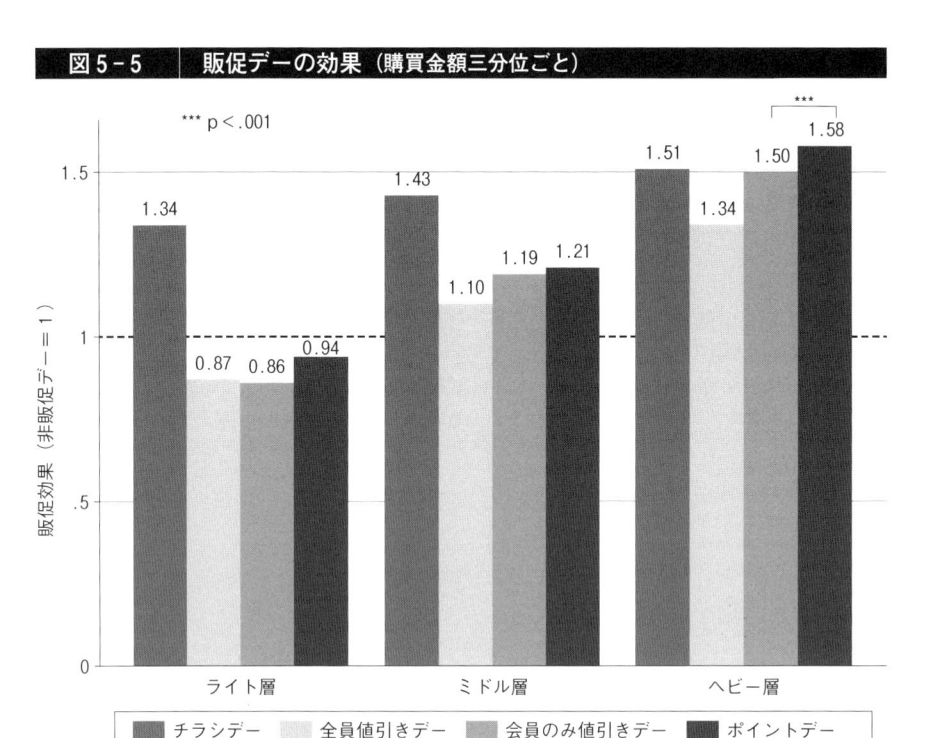

図 5-5　販促デーの効果（購買金額三分位ごと）

が 1 を超えている[11]。全員値引きデーおよびポイントデーは有意ではなく，会員のみ値引きデーは負で有意であった。

　ミドル層ではすべての販促デーが正で有意であるものの，チラシデーの効果が他の販促デーよりも高くなっている。係数の差について，帰無仮説を（1）式の $\beta_3 = \beta_4$ として線形制約の検定をおこなったところ，ポイントデー・ダミーと会員のみ値引きデー・ダミーとの間に有意差はなかった（$\chi^2(1) = 0.71,\ p = .3993$）。

　ところがヘビー層では，ポイントデーの販促効果はチラシデーや会員のみ値引きデーよりも高くなっている。係数の差について，帰無仮説を（1）式の $\beta_3 = \beta_4$ として線形制約の検定をおこなったところ，ポイントデー・ダミーの方が会員のみ値引きデー・ダミーよりも高かった（$\chi^2(1) = 13.59, p = .0002$）。したがって，ポイントデーはヘビー層にとって特に有効であるといえる。

　次に，顧客を性別に分け，それぞれのセグメントごとに販促デーの効果を比較する[12]。その分析結果を**表 5-6** および**図 5-6** にまとめている[13]。

　男性においては，土日祝日ダミー以外はすべての係数が有意となっている。係数の差について，帰無仮説を（1）式の $\beta_3 = \beta_4$ として線形制約の検定をおこなっ

表 5-6　推定結果（性別）

被説明変数 ln（売上金額）	女性 変量効果モデル		男性 変量効果モデル	
説明変数				
チラシデー・ダミー	0.4084	(0.0201)***	0.3064	(0.0341)***
（全員）値引きデー・ダミー	0.2085	(0.0201)***	0.1717	(0.0341)***
（会員のみ）値引きデー・ダミー	0.2347	(0.0201)***	0.2300	(0.0341)***
ポイントデー・ダミー	0.2675	(0.0201)***	0.2176	(0.0341)***
店舗面積（坪）	0.0019	(0.0007)**	0.0020	(0.0007)**
土日祝ダミー	-0.1394	(0.0201)***	0.0084	(0.0341)
定数項	4.3719	(0.1229)***	2.4599	(0.1218)***
N	51312		51264	

*p＜.05, **p＜.01, ***p＜.001
（　）内は z 値

たところ，ポイントデー・ダミーと会員のみ値引きデー・ダミーとの間に有意差は無かった（$\chi^2(1) = 0.31, p = .5792$）。

　女性については，すべての係数が有意となっている。係数の差について，帰無仮説を(1)式の $\beta_3 = \beta_4$ として線形制約の検定をおこなったところ，ポイントデー・ダミーの方が会員のみ値引きデー・ダミーよりも高かった（$\chi^2(1) = 5.63$, $p = .0176$）。したがって，ポイントデーは女性にとって特に有効であるといえる。

6-2　インプリケーション

　本研究におけるインプリケーションとしては，以下の3点があげられる。

　まず第1に，売上金額や来店客数を増加させたいときには，値引きデーよりもポイントデーの方を優先すべきである。商品単価を引き上げる希有な販促ともいえる。特に，ヘビー層の顧客を増加させたいときには，値引きデーよりもポイントデーを優先すべきである。さらには，女性をターゲットとした場合においても，ポイントデーは有効であるといえる。

　第2に，ライト層やミドル層を取り込むためには，チラシデーは値引きデーやポイントデーよりも有効である。これは，ライト層やミドル層は，相対的に店舗での購入金額が低いがゆえに，ポイントによる恩恵を受けているとは感じていないためと考えられる。

　第3に，4つの販促デーの中では，全員値引きデーは効果が低いため，店舗か

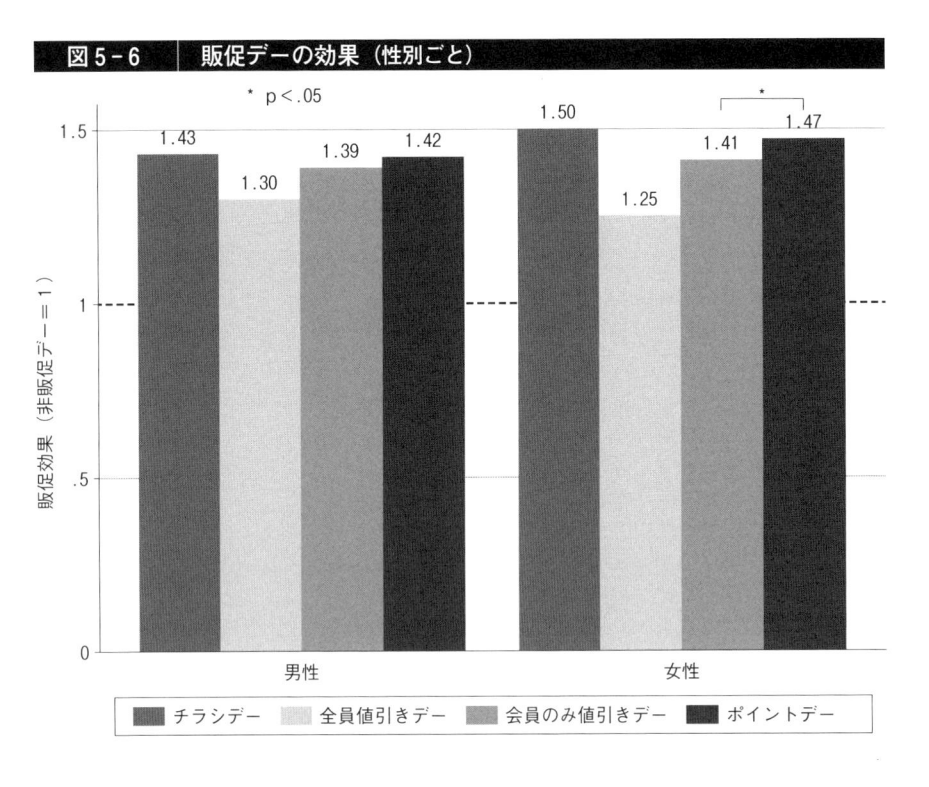

図5-6　販促デーの効果（性別ごと）

* p < .05

凡例：チラシデー／全員値引きデー／会員のみ値引きデー／ポイントデー

ら見た優先度は高くおくべきではないということである。4つの販促デーの中で
は売上金額への影響は全員値引きデーは最も低いだけでなく，来店客数や客単
価，商品単価においても最も低い。

6-3　研究の限界と今後の研究課題

　研究をさらに発展させるためには，以下の2点に取り組む必要があると考えら
れる。まず第1に，本章は（データの制約から）カード会員に限定したものであ
るが，非会員も含めた効果検証をおこなうことが，今後の課題である。非会員を
含めた分析により，チラシと値引きとポイントのそれぞれの役割分担がより明確
になると考えられる。

　第2に，本研究は店舗レベルの分析（店舗×日の来店客数）をおこなっている
が，消費者レベルの分析をおこなうことが今後の課題である。例えば消費者レベ
ルのパネルデータ分析（日×消費者）によるロジット・モデルをおこなうことに

より，個人要因の調整効果も明らかになると考えられる。個人要因の調整効果の検証が，今後の研究課題に残されている。

(1) 例えばイオンでは，毎月5日・15日・25日はポイント2倍デー，毎月10日はポイント5倍デーとなっている（2023年12月時点）。

(2) 例えばイトーヨーカドーでは，毎月8日・18日・28日は5％値引きデーとなっている（2023年12月時点）。

(3) 自然実験とは，調査者による意図的な介入ではなく，他者が与えた，あるいは自然にもたらされた要因の影響を検証するものである（野村 2017）。

(4) 例えば変更前後での販促の対象商品が異なる場合，ブランド力の高い商品と低い商品とでは販促の効果が変わり得る。

(5) データの制約から，対象はあくまでポイントカード会員による売上であり，ポイントカードの非会員の売上は含まれていない。

(6) このように「個体固有」の固定効果だけでなく「時点固有」の固定効果が含まれているモデルは，二元配置固定効果推定法もしくは二元配置変量効果推定法という。詳細は，北村（2005）第3章を参照されたい。

(7) BLUE は，最良線形不偏推定量（Best Linear Unbiased Estimator）の略で，最小二乗推定量が最も適切な推定量となる条件である線形性，不偏性，効率性，一致性のことである（山本 2015）。

(8) モデル4～7の Breusch-Pagan 検定，および Hausman 検定の結果，すべてのモデルで変量効果モデルが採択されている。モデル4では，Breusch-Pagan 検定の結果は $\chi^2(1) = 78 \times 10^5$ で変量効果モデルが採択され，Hausman 検定の結果は $\chi^2(352) = 0.04$ で変量効果推定が採択された。モデル5では，Breusch-Pagan 検定の結果は $\chi^2(1) = 31 \times 10^5$ で変量効果推定が採択され，Hausman 検定の結果は $\chi^2(352) = 0.04$ で変量効果推定が採択された。モデル6では，Breusch-Pagan 検定の結果は $\chi^2(1) = 47 \times 10^5$ で変量効果推定が採択され，Hausman 検定の結果は $\chi^2(352) = 0.04$ で変量効果推定が採択された。モデル7では，Breusch-Pagan 検定の結果は $\chi^2(1) = 46 \times 10^5$ で変量効果推定が採択され，Hausman 検定の結果は $\chi^2(352) = 0.04$ で変量効果推定が採択された。

(9) 当該期間のポイントカード会員の購買金額により1/3ずつの階級に分け，下位1/3をライト層，次の1/3をミドル層，最後の1/3をヘビー層としている。ただし，期間の途中入会や引越等による途中離脱の影響を除くため，分析期間の前後1年（2006年3月1日から2007年2月28日および2009年3月1日から2010年2月28日）に売上実績のある会員に限定している。各階層の基本統計量は，以下のとおりである。

	人数	平均 購買金額	標準偏差	最小 購買金額	最大 購買金額
全体	774,500	28,786	36,539	50	2,585,739
ライト層	258,188	4,795	2,754	50	9,944
ミドル層	258,152	17,885	5,278	9,945	28,499
ヘビー層	258,160	63,680	45,364	28,500	2,585,739

(10) ライト層，ミドル層，ヘビー層のすべてにおいて，Breusch-Pagan 検定，および Hausman 検定の結果，すべてのモデルで変量効果推定が採択されている。ライト層の Breusch-Pagan 検定の結果は $\chi^2(1) = 29 \times 10^5$ で変量効果推定が採択され，Hausman 検定の結果は $\chi^2(352) = 0.28$ で変量効果推定が採択された。ミドル層の Breusch-Pagan 検定の結果は $\chi^2(1) = 54 \times 10^5$ で変量効果推定が採択され，Hausman 検定の結果は $\chi^2(352) = 0.11$ で変量効果推定が採択された。ヘビー層の Breusch-Pagan 検定の結果は $\chi^2(1) = 71 \times 10^5$ で変量効果推定が採択され，Hausman 検定の結果は $\chi^2(352) = 0.05$ で変量効果推定が採択された。

(11) ライト層において，来店客数がゼロとなるサンプルが欠損値となっているため，サンプルサイズは28少ない51,272となっている。このため，ライト層においては若干係数が過大評価されている。ただし，過大評価されても会員のみ値引きデーやポイントデーはなおマイナスとなっており，本章での議論に影響はない。

(12) 性別ごとの基本統計量は，以下のとおりである。性別無回答者の分だけ少なくなっている。

	人数	平均 購買金額	標準偏差	最小 購買金額	最大 購買金額
全体	564,999	30,057	37,630	58	2,585,739
男性	69,603	26,263	40,721	67	2,585,739
女性	495,396	30,590	37,144	58	1,939,224

(13) 男女すべてにおいて，Breusch-Pagan 検定，および Hausman 検定の結果，すべてのモデルで変量効果推定が採択されている。男性の Breusch-Pagan 検定の結果は $\chi^2(1) = 34 \times 10^5$ で変量効果推定が採択され，Hausman 検定の結果は $\chi^2(352) = 0.10$ で変量効果推定が採択された。女性の Breusch-Pagan 検定の結果は $\chi^2(1) = 70 \times 10^5$ で変量効果推定が採択され，Hausman 検定の結果はすべて $\chi^2(352) = 0.06$ で変量効果推定が採択された。

第 6 章

商圏要因がポイントデーと値引きデーのプロモーション効果に与える影響(実店舗の自然実験)
——どのような商圏でポイントデーや値引きデーがより効果的になるのか?——

1. はじめに

　第5章では，実店舗における販促デーの自然実験において，値引きデーよりもポイントデーの方が売上金額や来店客数において有効であることを確認した。しかも1％のポイント付与の分だけ値引きデーの方が価値が高いにもかかわらず，そのような結果となったために，ポイントデーの効果の頑健さを示す結果となった。

　それでは，値引きデーやポイントデーの効果は，商圏要因によってどのように変化するのであろうか。先行研究では，商圏に関する様々な要因，例えば商圏の高齢者比率，世帯人数，所得，人種構成などが価格弾力性に影響を与えていることが確認されている。しかしながら，多くは商品レベルの値引きの効果に関する研究であり，バスケットレベルのポイント販促および値引きの効果に与える商圏要因に関する研究は存在しない。

　本章の研究目的は，バスケットポイント方式に該当するポイントデーと，バスケットレベルの値引きに該当する値引きデーの効果について商圏要因の影響を明らかにすることである。以降，第2節では，ポイント付与および値引きの販促効果に関する研究のレビューをおこない，先行研究の課題を明確にする。第3節において，分析データの概要を説明し，研究仮説を提示する。第4節では，実際に使用したデータの詳細を説明し，効果測定に関するモデルの定式化をおこなう。第5節において分析結果を提示し，第6節では分析結果に関する考察をおこなう。

2. 先行研究のレビュー

2-1 値引きの販促効果と商圏要因に関する研究

　店舗レベルでの販促効果と商圏特性に関する研究を**表6-1**にまとめている。先行研究では，商圏が売上に与える直接効果と，値引きやチラシなどの販促効果に対して商圏がどのように影響を与えるかという調整効果に大別される。前者の直接効果についての研究は，佐藤（1997），Haans and Gijsbrechts（2011），Echambadi et al.（2013）などがあり，カテゴリーによって，高所得世帯比率が高いほど売上が低い，などの知見が得られている。後者の調整効果については，値引きやチラシなどの販促に対する消費者の反応の度合いが，商圏によって異なることが先行研究によって指摘されている。以下では販促効果への調整効果としての商圏要因について言及する。

　販促効果に影響を与える調整効果としての商圏要因は，大きく社会人口的要因と競合店舗要因に大別できる。社会人口要因とは，商圏居住者（世帯）の年齢，所得水準，就業状況，教育水準，人種などである。競合店舗要因とは，商圏内の競合店舗数や店舗までの距離などである。

　まずは社会人口要因について述べていく。商圏人口の年齢について，高齢者人口比率が高いほど，価格弾力性が高くなっている研究（Montgomery 1997; Gijsbrechts et al. 2003）がある一方，影響を与えないとする研究（Hoch et al. 1995）が存在する。

　所得については，所得水準が高い商圏ほど価格弾力性が高くなる研究が多い（Montgomery 1997; Gijsbrechts et al. 2003; Mulhern et al. 1998）が，影響を与えないとする研究も存在する（Hoch et al. 1995）。ただし資産状況で見ると，高い住宅価値の比率が高い商圏ほど，価格弾力性は低くなっていることで先行研究は一致している（Hoch et al. 1995; Montgomery 1997; Gijsbrechts et al. 2003）。

　世帯人数については，5人以上世帯割合が高いほど価格弾力性が高くなるという研究（Hoch et al. 1995; Montgomery 1997）がある一方，単身世帯比率が高いほど価格弾力性が高くなるという研究が存在する（Gijsbrechts et al. 2003）。

　女性の就業状況については，女性就業率が高いほど価格弾力性が高くなるという研究が多い（Montgomery 1997; Gijsbrechts et al. 2003）。しかしながら，（Hoch et al. 1995）では女性就業率は価格弾力性に有意な影響が確認されていない。

人種については，黒人割合が高い商圏ほど価格弾力性が高いことが確認されている（Hoch et al. 1995; Montgomery 1997）。ただし酒類（ハードリカー）のような嗜好品については，黒人割合が低い商圏ほど価格弾力性は高くなっている（Mulhern et al. 1998）。また，ヒスパニック割合は黒人割合とは異なり，価格弾力性に影響を与えないとする研究も存在する（Mulhern and Williams 1994; Mulhern et al. 1998）。

　教育水準については，高等教育以上の人口割合が高いほど，価格弾力性が高くなるという研究（Montgomery 1997）と，価格弾力性が低くなるという研究（Hoch et al. 1995）が混在している。

　競合店舗の状況に関して，最寄りのウェアハウス（コストコなどの会員制倉庫型卸売業・小売業）までの距離があるほど価格弾力性が低くなり，最寄りのウェアハウスの商圏内売上シェアが高いほど価格弾力性が高くなる（Hoch et al. 1995; Montgomery 1997）。しかし近隣のスーパーマーケット5店舗までの距離が長くなるほど，価格弾力性は高くなる研究がある一方（Montgomery 1997），有意な関係が見られないとする研究も存在する（Hoch et al. 1995）。同じく近隣のスーパーマーケット5店舗の商圏内売上シェアが高くなるほど，価格弾力性は高くなる研究がある一方（Montgomery 1997），有意な関係が見られないとする研究も存在する（Hoch et al. 1995）。

　まとめれば，販促効果に与える商圏要因のうち社会人口変数については，高齢人口比率や所得水準，5人以上世帯割合および単身世帯比率，女性就業率，黒人比率が高いほど，価格弾力性が高くなる傾向が確認されている一方，資産価値（高い住宅価値の比率）が高いほど価格弾力性が低くなる傾向が確認されている。ただし，高齢者人口比率や女性就業率，人種については異なる研究結果が混在している。販促効果に与える商圏要因の店舗要因については，最寄りのウェアハウスまでの距離が長いほど，最寄りのウェアハウスの商圏内売上シェアが高いほど価格弾力性は高くなる。ただし，近隣のスーパーマーケットまでの距離や近隣のスーパーマーケットの商圏内売上シェアについては，異なる結果が混在している。

2-2　先行研究の課題

　以上の先行研究の結果を踏まえると，2点の研究上の課題を指摘することができる。まず第1に，販促効果の商圏要因に関する先行研究では，対象となってい

表6-1　　　先行研究のまとめ

研究	分析対象データ	対象カテゴリー	推定方法	被説明変数
Mulhern & Williams (1994)	米国南西部の州の6店舗のPOSデータ	・ツナ ・ゼリー ・ケーキの素	2群の価格弾力性の比較(共分散分析)	対象ブランドの ・価格弾力性 ・チラシ弾力性
Hoch et al. (1995)	米国の同一チェーン（グローサリーチェーン）の83店舗	・食品（ソフトドリンク，シーフード缶詰，スープ缶詰，クッキー，クマ形クッキー，クラッカー，冷凍主菜，冷蔵ジュース，チーズ，冷凍ジュース，シリアル，ボトルジュース） ・非食品（トイレットペーパー，衣料洗剤，柔軟剤，食器洗剤，歯磨き粉，ペーパータオル）	回帰分析によって求めた価格弾力性を被説明変数とし，商圏要因を説明変数とする2段階回帰分析	・対象ブランドの価格弾力性
Montgomery (1997)	米国の同一チェーン（グローサリーチェーン）の83店舗のPOSデータ	・オレンジジュース	階層ベイズ	対象ブランドの ・価格弾力性 ・特売弾力性 ・目玉商品弾力性
佐藤（1997）	首都圏280店舗のコンビニエンスストアのPOSデータ	・主要39カテゴリー	回帰分析(OLS)	・対象カテゴリーの店舗売上金額PI
Mulhern et al.（1998）	米国の同一チェーンの35店舗のPOSデータ	・酒類（750mlボトル）	Hoch et al. (1995) と同じ2段階回帰分析	・対象ブランドの価格弾力性
Gijsbrechts et al.（2003）	スーパーマーケットの同一チェーン55店舗のPOSデータ	・チラシ対象カテゴリー	各チラシ要素と商圏要因の交互作用を加えた回帰分析	・店舗売上金額 ・店舗客数によるチラシ弾力性
Haans & Gijsbrechts (2011)	4つの小売チェーン（各43店舗，24店舗，21店舗，15店舗）のPOSデータ	・柔軟剤 ・赤ちゃん用オムツ ・シリアル ・コーラ	回帰分析(OLS)	・対象カテゴリーの店舗売上金額
Echanbadi et al.（2013）	米国のトップシェアのガソリン小売業226店舗の個人の購買履歴データ	・ガソリン	順序ロジットモデル.	・対象ブランドの再購買

説明変数			
商圏要因（社会人口要因）	商圏要因（競合特性）	店舗特性	ブランド特性・SP特性
・ヒスパニック地区ダミー（×）	——	——	※売上への直接効果 ・PB ・チラシ ・競合価格
・60歳以上人口比率（×） ・高等教育以上比率（-） ・黒人もしくはヒスパニック人口比率（+） ・所得中央値（×） ・5人以上世帯割合（+） ・女性就業率（×） ・15万$以上の住宅価値の比率（-）	・最寄りのウェアハウスまでの距離（-） ・最寄りのウェアハウスの規模（+） ・最寄りのSM5店舗までの平均距離（×） ・最寄りのSM5店舗の規模（×）	——	——
・60歳以上人口比率（+） ・高等教育以上比率（+） ・黒人もしくはヒスパニック人口比率（+） ・所得中央値（+） ・5人以上世帯割合（+） ・女性就業率（-） ・15万$以上の住宅価値の比率（-）	・最寄りのウェアハウスまでの距離（-） ・最寄りのウェアハウスの規模（+） ・最寄りのSM5店舗までの平均距離（+） ・最寄りのSM5店舗の規模（+）	——	——
※売上への直接効果 ・商圏人口（カテゴリーによる） ・単身世帯比率（カテゴリーによる） ・高校・大学数（カテゴリーによる） ・昼夜間人口比率（カテゴリーによる） ・住宅地立地（カテゴリーによる）	※売上への直接効果 ・競合CVS（カテゴリーによる） ・競合GMS/SM/HC（カテゴリーによる）	・駐車場 ・酒取扱い ・たばこ取扱い ・売場面積	——
・黒人割合（-） ・ヒスパニック割合（×） ・平均所得（+）	（酒類は当該店舗の地域独占のため，考慮する必要なし）	——	・ブランドの市場シェア（-） ・特売日数割合（-） ・プレミアム商品（-）
※売上・客数への間接効果 ・65歳以上世帯比率（値引率は+） ・税引前25万$以下世帯比率（値引率は+） ・ダブルインカム世帯比率（値引率は+） ・単独世帯比率（値引率は+）	※売上・客数への間接効果 ・商圏内における自店売上シェア（値引率は-）	・店舗の売場面積	・チラシ特性（値引率，食品のプロモーション割合，PBのプロモーション割合，チラシの特集）
※売上への直接効果 ・65歳以上人口割合（-） ・国家モデル所得以上の住民割合（+）	※売上への直接効果 ・競合店舗数（×）	※売上への間接効果 ・店舗の売場面積（+）	・（チラシによる）目玉商品 ・店内ディスプレイ ・（大量購入者向け）数量割引 ・値引率
※再購買への直接効果 ・市場規模（×） ・人口増加率（-） ・平均所得（-） ・自家用車所有率（×） ・平均通勤時間（+） ・男性人口比率（×） ・都市人口比率（+） ・黒人人口比率（-） ・ヒスパニック人口比率（×）	※再購買への直接効果 ・地域の市場シェア（+）	——	・ブランドの品質

（注）＋は正に有意，－は負に有意，×は非有意

るのはほとんどが値引き，すなわち価格販促の効果に対して商圏要因が与える影響を見ているものがほとんどであり，ポイント販促の効果に対して商圏要因が与える影響を見ているものは現時点では存在しない。さらには，バスケットレベルの値引きに該当するの値引きの効果に対する商圏要因の影響についても，先行研究ではまだ検証されていない。

第2に，販促効果の商圏要因について，いくつかの先行研究では2段階推計という分析上の問題点を指摘することができる。例えば Hoch et al.（1995）や Mulhern et al.（1998）は，まず店舗・商品ごとに価格弾力性を求め，得られた価格弾力性を被説明変数として商圏要因を説明変数とする OLS を実施している。すなわち，まず第1段階で得た弾力性の推定値を弾力性の唯一の真の値として，第2段階で被説明変数として利用している。しかしながら，推定値の変動を考慮しなければ，誤差の過小評価となってしまう。具体的に説明すると，Hoch et al.（1995）や Mulhern et al.（1998）は，第1段階で求めた店舗 s ごとの商品 i の価格弾力性を第2段階で被説明変数として使用し，店舗の商圏要因を説明変数として回帰分析をおこなっている。したがって第2段階においては集計バイアスを招いてしまっている可能性が高い。Gijsbrechts et al.（2003）のように，商圏要因を調整効果として推計することが望ましい。価格弾力性やポイント付与の弾性値を推定する際にも，商圏要因を調整効果として同時に推定するべきである。

3．本章の研究概要

第5章と同様に，まずは分析対象データについて説明する。

3-1　分析データの概要

使用するデータは，ドラッグストア A チェーン全店舗のポイントカード会員の，店舗別日別に集計された来店客数データである[(1)]。期間は，2007年3月1日から2008年2月29日の366日であるが，13日の（いずれかの店舗の）休店日があるため，353日間を対象としている。2007年3月1日時点での店舗数150のうち，2008年2月29日までに閉店した3店舗を除き，分析対象店舗は147店舗となっている。

分析対象チェーンのポイントカードの概要については，第5章と同様であり，

表6-2　店舗の特徴

	店舗数	平均	標準偏差	最小	最大
面積（坪）	147	160.44	56.39	36.39	361.87
競合店舗数（ドラッグストア）	147	3.07	3.24	0.00	18.00
単身世帯割合（%）	147	30.81	11.30	14.02	66.48
昼夜間人口比率（%）	147	54.51	45.13	17.11	351.09
高齢者人口比率（%）	147	16.35	4.49	9.72	40.11
高所得世帯割合（%）	147	4.05	1.68	0.94	9.33

100円の買い物で1ポイントが付与され，100ポイント単位で100円の割引を受けることができる。TポイントやPontaのような提携型ではなく，当該チェーンでのみポイントを貯め，当該チェーンでのみポイントを使用することができる。

　分析対象チェーンの販促デーとしても第5章と同様であり，毎月5・6日はすべての顧客に対して5％値引きの値引きデー（以下，全員値引きデー），毎月11・12日はチラシ特売（以下，チラシデー），毎月17・18日はポイント5倍のポイントデー（以下，ポイントデー），毎月25・26日はポイントカード会員のみ5％値引きの値引きデー（以下，会員のみ値引きデー）である。

　本研究では店舗の商圏範囲を半径2kmとして統一し，算出した商圏データ（メッシュデータ）を使用する[2]。商圏人口は，商圏内に居住している人口数である。高齢者人口割合は，商圏内の人口に占める65歳以上人口の割合である。単身世帯割合は，商圏内の総世帯に占める単身世帯の割合である。昼夜間人口比率は，昼間人口を夜間人口で除したものであり，昼夜間人口比率が低いほど住宅地立地であることを意味している。高所得世帯割合は，商圏内の総世帯に占める年収1,000万円以上の世帯の割合である[3]。

　店舗の特徴についてまとめたものが，表6-2である。店舗面積は36坪から362坪の店舗まで幅広いものの，平均は160.4坪である。競合店舗数は，0店舗から18店舗まで幅広いものの，平均は3.07店舗である。単身世帯比率は，平均30.81％であるものの，14.02％から66.48％まで幅広い。昼夜間人口比率は，17.11％から351.09％まで幅広いものの，平均は55.51％であることから，基本的には住宅地立地の店舗が中心である。高齢者人口比率は，9.72％から40.11％まで幅広いものの，平均は16.35％である。高所得世帯比率は，0.94％から9.33％まで幅広いものの，平均4.05％である。

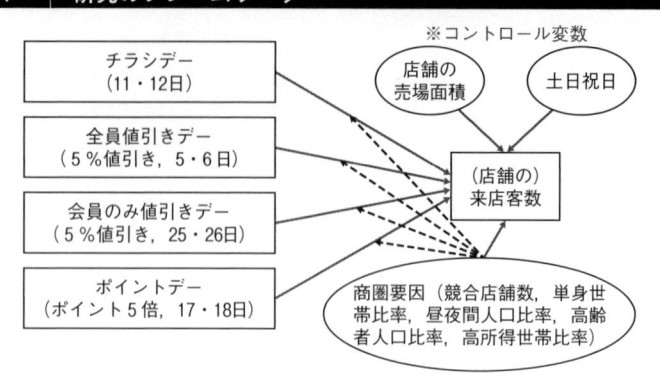

図6-1　研究のフレームワーク

- チラシデー
（11・12日）
- 全員値引きデー
（5%値引き，5・6日）
- 会員のみ値引きデー
（5%値引き，25・26日）
- ポイントデー
（ポイント5倍，17・18日）

※コントロール変数

店舗の売場面積

土日祝日

（店舗の）来店客数

商圏要因（競合店舗数，単身世帯比率，昼夜間人口比率，高齢者人口比率，高所得世帯比率）

3-2　研究目的

　本章の研究目的は，バスケットレベルの値引きとポイント付与の効果を比較することである。本研究で使用するデータのチェーンは，3-1項で述べたように，ポイントデーではポイント付与率が5%，値引きデーにおける値引率は5%となっている。したがって，1カ月のうちに値引率5%の日とポイント付与率5%の日が必ず存在するという状態を自然実験として利用し，来店客数に与える影響を比較する。その際に，来店客数に影響を与えると考えられる店舗面積や，土日祝日の影響についてもコントロール変数として考慮する。

　さらには，それぞれの販促デーが来店客数に与える影響について，商圏要因の調整効果についても併せて検証をおこなう。例えば商圏内に競合店舗数が多いほど，値引きデーやポイントデーの効果はより強まるのか（弱まるのか）という調整効果を検証する。

　本研究のフレームワークを示したのが図6-1である。チラシデー，全員値引きデー，会員のみ値引きデー，ポイントデーの来店客数への弾性値を測定し，会員のみ値引きデーとポイントデーの弾性値の比較をおこなう。また，個人要因や商圏要因がこれらの販促デーに与える調整効果についても検証する。

3-3　研究仮説

　まずは，値引きデーとポイントデーの弾性値に関する商圏要因の調整効果に関

する仮説を提示する。ポイントカードは乗り換えコストを高める人工的なツールであり，ユーザーを囲い込むロックイン効果を生じさせる（Shapiro and Varian 1999）。消費者がポイントカードを持っていない別の店舗を利用すれば，これまで貯めたポイントが無駄になるという多大な乗り換えコストの負担が意識されるためである。その点，即時的な値引きがなされる会員のみ値引きデーには，貯めなければならないポイントほどの乗り換えコストの負担は意識されないであろう。このように，ポイントカード会員はロックイン効果が働くため，競合店舗が多いほど値引きデーよりもポイントデーの方が，ポイントカード会員にとっては相対的に有利になるであろう。したがって，以下の**仮説1**が導出される。

仮説1　**【販促デーの来店客数効果に関する競合店舗数の調整効果】**
　　　　競合店舗数が多くなるほど，相対的に会員のみ値引きデーの効果よりもポイントデーの効果をより高める。

　次に，単身世帯比率の調整効果の仮説を提示する。一般的には，単身世帯は相対的に生活費に余裕がなく，販売促進には敏感に反応すると考えられる。Gijsbrechts et al.（2003）においても，チラシの値引きについて単身世帯比率は正の調整効果が確認されている。生活費に比較的余裕がない単身世帯にとって，利得が即時的な値引きの方が利得が延期的なポイント付与よりも魅力があると考えられる。したがって単身世帯比率が高くなるほど，会員のみ値引きデーの方がポイントデーの効果よりも高くなると考えられる。

仮説2　**【販促デーの来店客数効果に関する単身世帯比率への調整効果】**
　　　　単身世帯比率が高くなるほど，相対的に会員のみ値引きデーの効果よりもポイントデーの効果をより低くする。

　次に，昼夜間人口比率の調整効果の仮説を提示する。昼夜間人口比率が高いほど，繁華街が典型的であるが，実際の居住地ではない人が多いことを意味する。したがって，自宅周辺の店舗に比べてスポット的な使い方が多くなるため，利得が即時的な値引きの方が利得が延期的なポイント付与よりも魅力があると考えられる。したがって，昼夜間人口比率が高くなるほど，会員のみ値引きデーの方がポイントデーの効果よりも高くなると考えられる。

仮説3　【販促デーの来店客数効果に関する昼夜間人口比率への調整効果】
　　　　昼夜間人口比率が高くなるほど，相対的に会員のみ値引きデーの効果
　　　　よりもポイントデーの効果をより低くする。

　次に，高齢者人口比率の調整効果の仮説を提示する。一般的には，高齢者ほど
相対的に低所得になるため，単身世帯比率の場合と同様に，販促デーの効果は高
くなると考えられる。ポイントカードの知覚価値を検証した中川（2018）による
と，（30歳を基準とした）60歳ダミーは負に有意であった。ポイントカードは将来
の値引きと考えられるため，将来の見通しが立たない高齢者にとってはポイント
カードの知覚価値が低くなると考えられる。一方で，値引きデーは利得が即時的
であるため，将来の見通しが立たない高齢者により好まれるであろう。したがっ
て，以下の**仮説4**が導出される。

仮説4　【販促デーの来店客数効果に関する高齢者人口比率の調整効果】
　　　　高齢者人口比率が高くなるほど，相対的に会員のみ値引きデーの効果
　　　　よりもポイントデーの効果をより低くする。

　次に，高所得世帯比率の調整効果の仮説を提示する。世帯が高所得になるほど
販売促進に対してそれほど敏感に反応しなくなると考えられる。先行研究では，
所得水準が高い商圏ほど，価格弾力性が低くなることが確認されている（Mont-
gomery 1997; Gijsbrechts et al. 2003; Mulhern et al. 1998）。ただし，ポイントカード
の知覚価値を検証した中川（2018）によると，所得水準はポイントカードの知覚
価値に有意な影響を与えてはいない。つまり，ポイントカードの販促効果に対し
て所得水準は負の影響は与えないと推測される。以上のことから，以下の**仮説5**
が導出される。

仮説5　【販促デーの来店客数効果に関する高所得世帯比率の調整効果】
　　　　高所得世帯比率が高くなるほど，相対的に会員のみ値引きデーの効果
　　　　よりもポイントデーの効果をより高める。

4．分析データとモデル

4-1　使用するデータの変数の定義

　本章で使用するデータセットとしては，147店舗×353日のパネルデータである。ただし，定休日（不定期）を除き，さらに1日の来店客数が10人未満の日を異常値の日として除去しているため，最終的に得られた観測数は51,300である。

　被説明変数はカード会員の来店客数である。説明変数は，チラシデー・ダミー（11日と12日を1），全員値引きデー・ダミー（5日と6日を1），会員のみ値引きデー・ダミー（25日と26日を1），ポイントデー・ダミー（17日と18日を1）である。来店客数に影響を与えるコントロール変数として，店舗の売場面積を時点固定で店舗によって異なるコントロール変数とし，土日祝日ダミー（土曜日と日曜日と祝日を1）を店舗固定で時点によって異なるコントロール変数としている。さらには，商圏（半径2km）内の競合店舗数，単身世帯比率，昼夜間人口比率，高齢者人口比率，高所得世帯比率を，販促デーの来店客数効果に関する調整変数とする。

4-2　分析モデル

　本研究では，以下の(1)〜(5)式のようなモデルを推計し，会員のみ値引きデーとポイントデーの弾性値を求める。ただし，y_{it} は店舗 i 時点 t の来店客数，**Flyer_D_t** はチラシデー・ダミー，**AllDis_D_t** は全員値引きデー・ダミー，**FSPDis_D_t** は会員のみ値引きデー・ダミー，**POINT_D_t** はポイントデー・ダミー，x_t は店舗固定で時点によって異なるコントロール変数（土日祝日など），x_i は時点固定で店舗によって異なるコントロール変数（売場面積など），u_{it} は誤差項である。

　商圏要因の調整効果について述べる。競合店舗数を **compe_i**，単身世帯比率を **single_i**，昼夜間人口比率を **daynight_i**，高齢者人口比率を **old_i**，高所得世帯比率を **rich_i** とすると，それぞれの交互作用を含む回帰式は，以下の(1)〜(5)式で表される。これらについて，プーリング推定，固定効果推定，変量効果推定をおこない，Breusch-Pagan 検定および Hausman 検定によって最もふさわしい推定

方法を判定する。

$$\ln y_{it} = \alpha + \beta_1 \textit{Flyer\_D}_t + \beta_2 \textit{AllDis\_D}_t + \beta_3 \textit{FSPDis\_D}_t + \beta_4 \textit{POINT\_D}_t + \beta_5 \textit{compe}_i$$
$$+ \beta_6 \textit{Flyer\_D} \times \textit{compe}_i + \beta_7 \textit{AllDis\_D}_t \times \textit{compe}_i + \beta_8 \textit{FSPDis\_D}_t \times \textit{compe}_i \qquad (1)$$
$$+ \beta_9 \textit{POINT\_D}_t \times \textit{compe}_i + \sum_i \theta_i x_t + \sum_i \rho_i x_i + u_{it}$$

$$\ln y_{it} = \alpha + \beta_1 \textit{Flyer\_D}_t + \beta_2 \textit{AllDis\_D}_t + \beta_3 \textit{FSPDis\_D}_t + \beta_4 \textit{POINT\_D}_t + \beta_5 \textit{single}_i$$
$$+ \beta_6 \textit{Flyer\_D} \times \textit{single}_i + \beta_7 \textit{AllDis\_D}_t \times \textit{single}_i + \beta_8 \textit{FSPDis\_D}_t \times \textit{single}_i \qquad (2)$$
$$+ \beta_9 \textit{POINT\_D}_t \times \textit{single}_i + \sum_i \theta_i x_t + \sum_i \rho_i x_i + u_{it}$$

$$\ln y_{it} = \alpha + \beta_1 \textit{Flyer\_D}_t + \beta_2 \textit{AllDis\_D}_t + \beta_3 \textit{FSPDis\_D}_t + \beta_4 \textit{POINT\_D}_t + \beta_5 \textit{daynight}_i$$
$$+ \beta_6 \textit{Flyer\_D} \times \textit{daynight}_i + \beta_7 \textit{AllDis\_D}_t \times \textit{daynight}_i + \beta_8 \textit{FSPDis\_D}_t \times \textit{daynight}_i \qquad (3)$$
$$+ \beta_9 \textit{POINT\_D}_t \times \textit{daynight}_i + \sum_i \theta_i x_t + \sum_i \rho_i x_i + u_{it}$$

$$\ln y_{it} = \alpha + \beta_1 \textit{Flyer\_D}_t + \beta_2 \textit{AllDis\_D}_t + \beta_3 \textit{FSPDis\_D}_t + \beta_4 \textit{POINT\_D}_t + \beta_5 \textit{old}_i$$
$$+ \beta_6 \textit{Flyer\_D} \times \textit{old}_i + \beta_7 \textit{AllDis\_D}_t \times \textit{old}_i + \beta_8 \textit{FSPDis\_D}_t \times \textit{old}_i \qquad (4)$$
$$+ \beta_9 \textit{POINT\_D}_t \times \textit{old}_i + \sum_i \theta_i x_t + \sum_i \rho_i x_i + u_{it}$$

$$\ln y_{it} = \alpha + \beta_1 \textit{Flyer\_D}_t + \beta_2 \textit{AllDis\_D}_t + \beta_3 \textit{FSPDis\_D}_t + \beta_4 \textit{POINT\_D}_t + \beta_5 \textit{rich}_i$$
$$+ \beta_6 \textit{Flyer\_D} \times \textit{rich}_i + \beta_7 \textit{AllDis\_D}_t \times \textit{rich}_i + \beta_8 \textit{FSPDis\_D}_t \times \textit{rich}_i \qquad (5)$$
$$+ \beta_9 \textit{POINT\_D}_t \times \textit{rich}_i + \sum_i \theta_i x_t + \sum_i \rho_i x_i + u_{it}$$

5．分析結果

5-1　記述統計量

　分析にあたり，今回使用しているデータセット（日別店舗別）における被説明変数および説明変数の記述統計量をまとめたものが**表6-3**である。被説明変数である来店客数について，平均は244.47人である。来店客数についてのヒストグラムが**図6-2**である。来店客数の最大が4,097人であるものの，1,000人を超える来店客数は全体の1％に過ぎない。来店客数が1,000人以下で全体の99.0％を占め，500人以下で92.6％を占めている。

表6-3　記述統計量

	観測数	平均	標準偏差	最小	最大
●被説明変数					
来店客数	51,300	244.47	211.67	10	4097
●説明変数					
チラシデー・ダミー	51,300	0.07	0.25	0	1
全員値引きデー・ダミー	51,300	0.07	0.25	0	1
会員のみ値引きデー・ダミー	51,300	0.06	0.24	0	1
ポイントデー・ダミー	51,300	0.07	0.25	0	1
売場面積（坪）	51,300	160.50	56.26	36.39	361.87
土日祝日	51,300	0.31	0.46	0	1
競合店舗数（ドラッグストア）	51,300	3.07	3.23	0	18
単身世帯比率（%）	51,300	30.81	11.27	14.02	66.48
昼夜間人口比率（%）	51,300	54.54	45.01	17.11	351.09
高齢者人口比率（%）	51,300	16.35	4.47	9.72	40.11
高所得世帯割合（%）	51,300	4.05	1.68	0.94	9.33

　会員のみ値引きデーの平均がチラシデー，全員値引きデー，ポイントデーに比べて若干低くなっているのは，2007年5月26日，6月26日，11月26日は全店舗で休店であったため，3営業日分だけ全員値引きデーが少なくなっているためである。

　変数同士の相関係数は，表6-4にまとめている。例えば単身世帯比率と昼夜間人口比率や，昼夜間人口比率と競合店舗数などのように，商圏に関する変数同士の相関係数が高いことがわかる。したがって多重共線性を避けるため，商圏の調整効果を測定する際には商圏変数を1つずつ入れながら確認することにする。

5-2　分析モデルにおける推定結果

　会員のみ値引きデーおよびポイントデーの来店客数への効果に関する商圏要因の調整効果について見ていく。多重共線性を避けるため，交互作用に含まれる変数（チラシデー・ダミー，全員値引きデー・ダミー，会員のみ値引きデー・ダミー，ポイントデー・ダミー，商圏要因の変数）はすべて中心化をおこなっている。

　(1)〜(5)式の推定結果について，モデル1〜5として表6-5にまとめている。すべてのモデルにおいて，変量効果推定が最もふさわしい推定方法として選択されている[4]。さらに，調整変数が販促デーの来店客数に与える効果について，

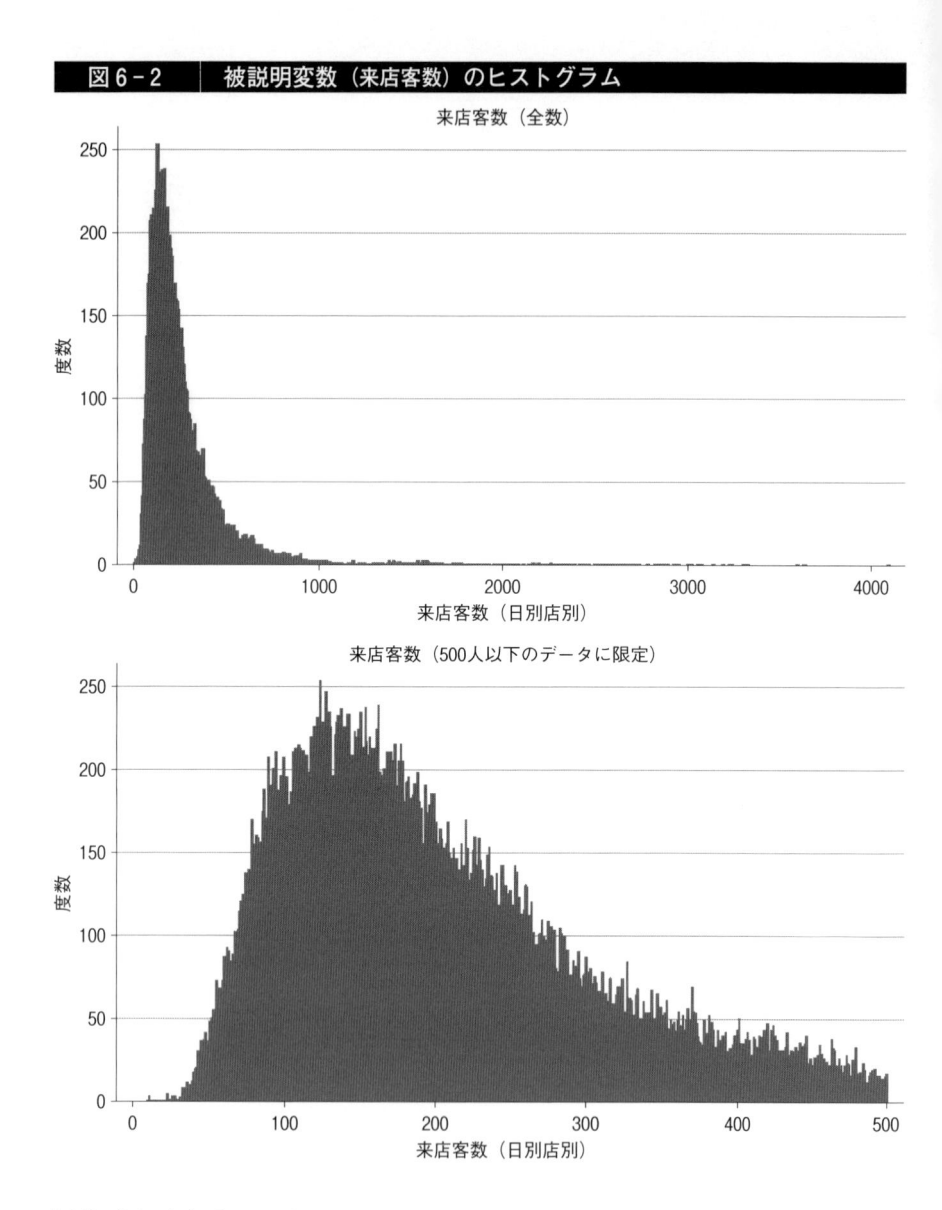

図6-2　被説明変数（来店客数）のヒストグラム

来店客数（全数）

来店客数（日別店別）

来店客数（500人以下のデータに限定）

来店客数（日別店別）

図6-3にまとめている。

　競合店舗数の調整効果（モデル4）について，競合店舗数と会員のみ値引きデーとの交互作用および競合店舗数とポイントデーとの交互作用は，それぞれ正で有意であった。ただし，(3)式の$\beta_8 = \beta_9$の帰無仮説を検証したところ，棄却されなかった$\chi^2(1) = 0.84$，$p = .3582$。すなわち，競合店舗数と会員のみ値引きデ

表6-4　相関係数マトリックス

	来店客数	チラシデー・ダミー	全員値引きデー・ダミー	会員のみ値引きデー・ダミー	ポイントデー・ダミー	店舗面積（坪）	土日祝日ダミー	競合店舗数	単身世帯比率	昼夜間人口比率	高齢者人口比率	高所得世帯比率
来店客数	1											
チラシデー・ダミー	0.1828	1										
全員値引きデー・ダミー	0.0645	-0.0736	1									
会員のみ値引きデー・ダミー	0.1216	-0.0685	-0.0685	1								
ポイントデー・ダミー	0.0435	-0.0735	-0.0736	-0.0684	1							
店舗面積（坪）	0.1549	0.0001	-0.0002	-0.0002	0.0001	1						
土日祝日ダミー	0.0065	-0.0132	-0.0378	-0.0413	0.0108	0.0012	1					
競合店舗数	0.0606	0.0002	0.0005	-0.0001	0.0000	-0.1117	-0.0001	1				
単身世帯比率	0.3600	-0.0001	0.0001	0.0002	-0.0002	-0.0453	0.0005	0.5751	1			
昼夜間人口比率	0.2655	-0.0002	-0.0001	0.0002	0.0001	-0.1339	0.0005	0.5417	0.6995	1		
高齢者人口比率	-0.0402	-0.0002	-0.0002	0.0003	0.0003	-0.114	0.0001	-0.2651	-0.0162	0.0706	1	
高所得世帯比率	-0.0957	0.0005	0.0001	-0.0003	-0.0004	0.0233	-0.0001	0.2076	-0.086	-0.1906	-0.2161	1

ーとの交互作用および競合店舗数とポイントデーとの交互作用の係数に有意差はなかった。したがって，**仮説1**は支持されなかった。競合店舗数が多くなるにつれて，チラシデーの効果の傾きは非販促デーよりも低くなるのに対して，会員のみ値引きデーおよびポイントデーの効果の傾きはともに非販促デーよりも高くなっていく。また，全員値引きデーの調整効果よりも，会員のみ値引きデーおよびポイントデーの調整効果の方が高かった（それぞれ $\chi^2(1) = 15.60$, $p = .0001$, および $\chi^2(1) = 9.85$, $p = .0017$）。

　単身世帯費率の調整効果（モデル5）について，単身世帯比率と会員のみ値引きデーとの交互作用および単身世帯比率とポイントデーとの交互作用は，それぞれ正で有意であった。ただし，(4)式の $\beta_8 = \beta_9$ の帰無仮説を検証したところ，帰無仮説は棄却された（$\chi^2(1) = 6.72$, $p = .0095$）。すなわち，単身世帯比率と会員のみ値引きデーとの交互作用の係数の方が，単身世帯比率とポイントデーとの交互作用の係数よりも有意に高かった。したがって，**仮説2**は支持された。単身世帯比率が増加するにつれて，すべての販促デーの効果は高くなっていくものの，チラシデーの傾きは非販促デーよりも低くなっていくのに対して，会員のみ値引きデー，ポイントデー，全員値引きデーの傾きは非販促デーより高くなっていく。またチラシデーの調整効果よりも会員のみ値引きデー，ポイントデー，全員値引きデーの調整効果の方が高かった（それぞれ $\chi^2(1) = 456.69$, $p = .0000$, および $\chi^2(1) = 377.60$, $p = .0000$, および $\chi^2(1) = 414.95$, $p = .0000$）。

　昼夜間人口比率の調整効果（モデル6）について，昼夜間人口比率と会員のみ値引きデーとの交互作用および昼夜間人口比率とポイントデーとの交互作用は，それぞれ正で有意であった。ただし，(5)式の $\beta_8 = \beta_9$ の帰無仮説を検証したと

表6-5　分析結果

被説明変数 ln（来店客数）	モデル1 変量効果推定	モデル2 変量効果推定	モデル3 変量効果推定	モデル4 変量効果推定	モデル5 変量効果推定
説明変数					
チラシデー・ダミー	0.4245 (0.0168)***	0.4245 (0.0168)***	0.4245 (0.0168)***	0.4245 (0.0168)***	0.4245 (0.0168)***
全員値引きデー・ダミー	0.2333 (0.0168)***	0.2333 (0.0168)***	0.2333 (0.0168)***	0.2333 (0.0168)***	0.2333 (0.0168)***
会員のみ値引きデー・ダミー	0.2558 (0.0168)***	0.2559 (0.0168)***	0.2559 (0.0168)***	0.2559 (0.0168)***	0.2559 (0.0168)***
ポイントデー・ダミー	0.2998 (0.0168)***	0.2999 (0.0168)***	0.2999 (0.0168)***	0.2999 (0.0168)***	0.2999 (0.0168)***
店舗面積（坪）	0.0026 (0.0007)***	0.0027 (0.0007)***	0.0029 (0.0007)***	0.0024 (0.0007)***	0.0025 (0.0007)***
土日祝ダミー	-0.0711 (0.0168)***	-0.0711 (0.0168)***	-0.0711 (0.0168)***	-0.0711 (0.0168)***	-0.0711 (0.0168)***
競合店舗数（ドラッグストア）	0.0168 (0.0116)				
単身世帯比率		1.9972 (0.3216)***			
昼夜間人口比率			0.4138 (0.0835)***		
高齢者人口比率				-1.1675 (0.8282)	
高所得世帯比率					-6.1568 (2.1984)**
競合店舗数との交差項					
×チラシデー	-0.0066 (0.0008)***				
×全員値引きデー	0.0032 (0.0008)***				
×会員のみ値引きデー	0.0075 (0.0008)***				
×ポイントデー	0.0065 (0.0008)***				
単身世帯比率との交差項					
×チラシデー		-0.4330 (0.0225)***			
×全員値引きデー		0.1861 (0.0225)***			
×会員のみ値引きデー		0.2393 (0.0239)***			
×ポイントデー		0.1580 (0.0225)***			
昼夜間人口比率との交差項					
×チラシデー			-0.1315 (0.0056)***		
×全員値引きデー			0.0221 (0.0056)***		
×会員のみ値引きデー			0.0247 (0.0060)***		
×ポイントデー			0.0195 (0.0056)***		
高齢者人口比率との交差項					
×チラシデー				0.0585 (0.0569)	
×全員値引きデー				-0.1188 (0.0569)*	
×会員のみ値引きデー				-0.1498 (0.0606)*	
×ポイントデー				-0.3001 (0.0569)***	
高所得世帯比率との交差項					
×チラシデー					-0.2120 (0.1520)
×全員値引きデー					-0.3894 (0.1519)*
×会員のみ値引きデー					0.9781 (0.1617)***
×ポイントデー					0.8343 (0.1522)***
定数項	4.6954 (0.1231)***	4.735 (0.1120)***	4.6938 (0.1141)***	4.7818 (0.1128)***	4.7574 (0.1120)***
N	51,300	51,300	51,300	51,300	51,300

*p＜.05, **p＜.01, ***p＜.001

ころ，棄却されなかった（$\chi^2(1) = 0.43$, $p = .5109$）。すなわち，昼夜間人口比率と会員のみ値引きデーとの交互作用の係数および昼夜間人口比率とポイントデーとの交互作用の係数には有意差はなかった。したがって，仮説3は支持されなかった。昼夜間人口比率が高くなるほど，すべての販促デーの効果は高くなっていき，会員のみ値引きデー，ポイントデー，全員値引きデーの効果は同等である。またチラシデーの調整効果よりも会員のみ値引きデー，ポイントデー，全員値引きデーの調整効果の方が高かった（それぞれ $\chi^2(1) = 393.52$, $p = .0000$, および $\chi^2(1) = 394.16$, $p = .0000$, および $\chi^2(1) = 407.31$, $p = .0000$）。反対にいえば，昼夜間人口比率が低くなるほど，会員のみ値引きデー，ポイントデー，全員値引きデ

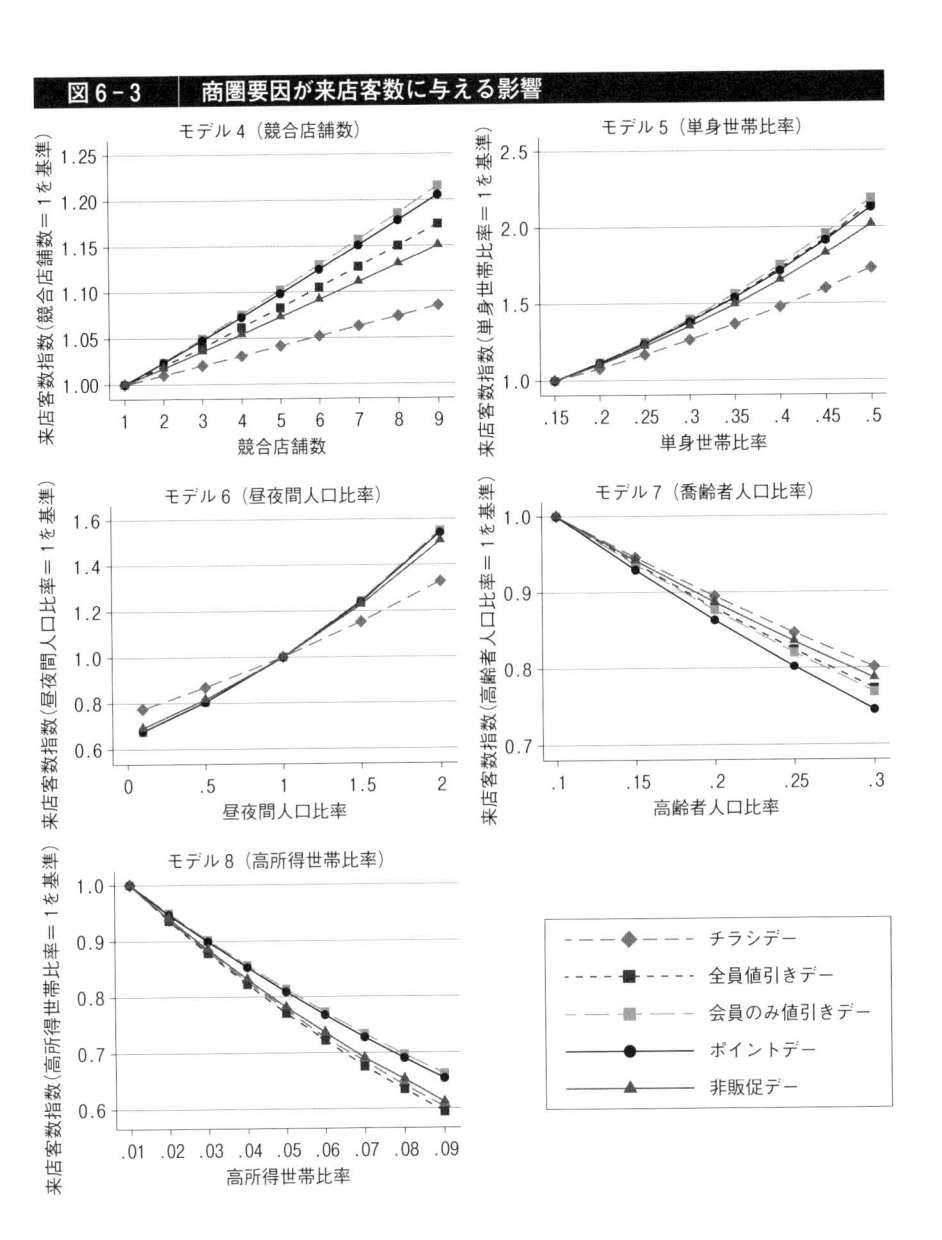

図6-3　商圏要因が来店客数に与える影響

モデル4（競合店舗数）

モデル5（単身世帯比率）

モデル6（昼夜間人口比率）

モデル7（高齢者人口比率）

モデル8（高所得世帯比率）

- チラシデー
- 全員値引きデー
- 会員のみ値引きデー
- ポイントデー
- 非販促デー

ーの効果よりもチラシデーの効果が高くなっていく。

　高齢者人口比率の調整効果（モデル7）について，高齢者人口比率と会員のみ値引きデーとの交互作用および高齢者人口比率とポイントデーとの交互作用は，それぞれ負で有意であった。ただし，(6)式の $\beta_8 = \beta_9$ の帰無仮説を検証したと

ころ，5％水準では棄却されなかった（$\chi^2(1) = 3.55$，$p = .0596$）ものの，10％水準で有意傾向が確認された。すなわち，高齢者人口比率と会員のみ値引きデーとの交互作用の係数の方が高齢者人口比率とポイントデーとの交互作用の係数よりも有意に高かった。したがって，**仮説4**は5％水準では支持されなかったものの，10％水準においては支持された。高齢者人口比率が高くなるほど，全員値引きデーと会員のみ値引きデーとポイントデーの傾きは非販促デーよりも低かった。チラシデーの傾きに比べると，会員のみ値引きデー，ポイントデーの傾きは有意に低かった（それぞれ$\chi^2(1) = 6.82$，$p = .0090$，および$\chi^2(1) = 21.70$，$p = .0000$）。

　高所得世帯比率の調整効果（モデル8）について，高所得世帯比率と会員のみ値引きデーとの交互作用および高所得世帯比率とポイントデーとの交互作用は，それぞれ正で有意であった。ただし，(7)式の$\beta_8 = \beta_9$の帰無仮説を検証したところ，棄却されなかった（$\chi^2(1) = 0.46$，$p = .4995$）。すなわち，高所得世帯比率と会員のみ値引きデーとの交互作用の係数および高所得世帯比率とポイントデーとの交互作用の係数には有意差はなかった。したがって，**仮説6**は支持されなかった。高所得世帯比率が高くなるほど，すべての販促デーの効果は低くなっていくものの，会員のみ値引きデーとポイントデーは非販促デーに比べてなだらかになっている。チラシデー，全員値引きデーに比べてポイントデーの調整効果は高かった（それぞれ$\chi^2(1) = 25.87$，$p = .0000$，および$\chi^2(1) = 35.42$，$p = .0000$）。

6．考察

6-1　研究結果の解釈

　チラシデー，全員値引きデー，会員のみ値引きデー，ポイントデーが来店客数に与える効果を，パネルデータを用いた変量効果モデルによって推定した。さらに，競合店舗数，単身世帯比率，昼夜間人口比率，高齢者人口比率，高所得世帯比率が上記の販促デーに与える調整効果を推定した。本研究の結果から解釈できることは，以下のとおりである。

　第1に，競合店舗数の調整効果について，競合店舗数が多くなるほど，ポイントカードの効果（ポイントデーおよび会員のみ値引きデー）がチラシデーや全員値引きデーよりも相対的に高くなることの解釈である。ポイントカードのロックイン効果により，競合店舗数が多くなるほどポイントカード会員の特典である会員

のみ値引きデーとポイントデーにおいて効果を発揮していると考えられる。競合店舗数の調整効果の大きさは，即時的便益（値引き）および延期的便益（ポイント）の効果に与える影響は同等であるものの，全員値引きデーよりは会員のみ値引きデーおよびポイントデーの方が高かった。これは，便益が即時的であろうと延期的であろうとポイントカードそのもののロックイン効果が高いことを示唆している。また，チラシデーの効果が非販促デーよりも低いのは，競合店舗のチラシや特売の効果によって，当該店のチラシデーの魅力が低くなっていると解釈できる。

　第2に，単身世帯比率の調整効果について，単身世帯比率が高くなるほど，ポイントデーよりも会員のみ値引きデーの方が相対的に高くなることの解釈である。これは，単身世帯は金銭的，時間的余裕が比較的無いため，即時的便益の方が延期的便益よりもより好まれるようになると解釈できる。単身世帯比率の調整効果について，全員値引きデーとポイントデーの効果に差はなかったのも，単身世帯が即時的便益を好むことを反映していると考えられる。競合店舗数の調整効果と同様に，単身世帯比率の調整効果がチラシデーは負で有意であったのは，単身世帯にとってチラシデーの魅力が低いためと解釈できる。

　第3に，昼夜間人口比率の調整効果について，昼夜間人口比率が低くなるほど，相対的にチラシデーの効果が他の販促デーよりも高くなることの解釈である。チラシは自宅に配達される新聞に折り込まれているものを見ることが多いため，チラシデーは住宅地である昼夜間人口比率が低い商圏では特に有効であり，オフィス街や繁華街などの昼夜間人口比率が高い商圏ではあまり有効ではないと考えられる。

　第4に，高齢者人口比率の調整効果について，高齢者人口比率が高くなるほど，ポイントデーは会員のみ値引きデーに比べて相対的に低くなることの解釈である。これは，高齢者は若年者に比べて近い将来に対する見通しが立ちにくいことから，ポイントのような延期的便益よりは，値引きのような即時的便益の方が好まれる可能性がある。

　第5に，高所得世帯比率の調整効果について，高所得世帯比率が高くなるほど，ポイントカードの効果（ポイントデーおよび会員のみ値引きデー）がチラシデーや全員値引きデーよりも相対的に高くなることの解釈である。高所得世帯であるほど金銭的余裕が比較的あるために，チラシデーや全員値引きデーには相対的にあまり反応しないものの，ポイントカードのロックイン効果が高所得世帯に対してある程度有効であると解釈できる。

6-2 インプリケーション

　本研究におけるインプリケーションとしては，以下の３点があげられる。
　まず第１に，ポイントカード会員にとって，商圏内に競合店舗数が多い店舗，商圏内の単身世帯比率が高い店舗，商圏内の昼夜間人口比率が高い店舗，商圏内の高所得世帯比率が高い店舗では，チラシデーよりも，会員のみ値引きデーおよびポイントデーを優先すべきである。なかでも単身世帯比率が高い店舗では，ポイントデーよりも会員のみ値引きデーを優先すべきである。
　第２に，商圏内の高齢者人口比率が高い店舗では，チラシデーを会員のみ値引きデーおよびポイントデーよりも優先すべきである。特にポイントデーは，会員のみ値引きデーよりも効果が低いため，あまり優先すべきでない。

6-3 研究の限界と今後の研究課題

　研究をさらに発展させるためには，以下の３点に取り組む必要があると考えられる。まず第１に，本章の研究は（データの制約から）カード会員に限定したものであるが，非会員も含めた効果検証をおこなうことが，今後の課題である。非会員を含めた分析により，チラシと値引きとポイントのそれぞれの役割分担がより明確になると考えられる。
　第２に，本章の研究は店舗レベルの分析（店舗×日の来店客数）をおこなっているが，消費者レベルの分析をおこなうことが今後の課題である。例えば消費者レベルのパネルデータ分析（日×消費者）によるロジット・モデルをおこなうことにより，個人要因の調整効果も明らかになると考えられる。個人要因の調整効果の検証が，今後の研究課題に残されている。

(1)　データの制約から，来店客数はあくまでポイントカード会員の来店客数であり，非会員は含まれていない。
(2)　半径２kmのメッシュデータにより算出した。商圏範囲を半径２kmに設定したのは，当該チェーンの担当者へのヒアリングの結果，当該チェーンでは２kmを標準の商圏設定としていることによる。同担当者によると，半径２km以内の顧客による売上が店舗売上の70%以上を占めているという。
(3)　2010年以降の住宅・土地統計調査のメッシュデータでは年収1,500万円以上の世帯

数が入手可能となったが，本研究対象の2008年当時は年収が1,000万円以上の世帯数しか得ることができなかったため，高所得世帯割合の定義を1,000万円以上としている。

(4) モデル1〜5のBreusch-Pagan検定，およびHausman検定の結果，すべてのモデルで変量効果推定が採択されている。モデル4では，Breusch-Pagan検定の結果は$\chi^2(1) = 78 \times 10^5$で変量効果推定が採択され，Hausman検定の結果は$\chi^2(356) = 0.03$で変量効果推定が採択された。モデル5では，Breusch-Pagan検定の結果は$\chi^2(1) = 76 \times 10^5$で変量効果推定が採択され，Hausman検定の結果は$\chi^2(356) = 0.03$で変量効果推定が採択された。モデル6では，Breusch-Pagan検定の結果は$\chi^2(1) = 77 \times 10^5$で変量効果推定が採択され，Hausman検定の結果は$\chi^2(1) = 76 \times 10^5$で変量効果推定が採択された。モデル7では，Breusch-Pagan検定の結果は$\chi^2(1) = 78 \times 10^5$で変量効果推定が採択され，Hausman検定の結果は$\chi^2(1) = 76 \times 10^5$で変量効果推定が採択された。モデル8では，Breusch-Pagan検定の結果は$\chi^2(1) = 77 \times 10^5$で変量効果推定が採択され，Hausman検定の結果は$\chi^2(356) = 0.03$で変量効果推定が採択された。

第 **7** 章

ポイントと現金の支払いに関する
知覚コスト（サーベイ実験）
——ポイントカード保有者はどのようなときに
ポイントを使おうとするのか？——

1. はじめに

　第1章で説明したとおり，ポイントカードにおける特典付与の方法は，連続型・非連続型と線形型・非線形型という2つの軸で，計4種類に大別される。連続型とは1ポイント単位でポイントを使用することができる構造を指し，非連続型とは小売業によって設定された一定のポイント数までポイントを貯めなければ特典を得ることができない構造を指している。線形型とは蓄積ポイント数が多くなっても1ポイント当たりの価値が変わらない構造を指し，非線形型とは1ポイント当たりの価値が蓄積ポイント数に応じて幾何級数的に増加する構造を指している。

　非連続型のポイントカードを採用している小売業では，特典を得るための条件として必要ポイント数の閾値を設けており，閾値に到達した顧客に対して割引券のクーポンや商品券を発行している。したがって，非連続型のポイントカードにおける消費者のポイント使用意図は，閾値の大きさや得られる特典の価値や魅力度に依存する。

　一方で線形型・連続型のポイントカードでは，会員は1ポイント単位でポイントを使用することができる。時間割引率の観点から考えれば，貯まっているポイント数すべてを使用することが合理的であると考えられる。にもかかわらず，多くの消費者がある程度のポイント数になるまで貯めてからポイントを使用していることが観察されている（Sinha and Smith 2000；中川 2015）。線形・連続型のポイントカードにおいて，消費者はなぜ，ある程度のポイント数になるまでポイントを貯め続けようとするのであろうか。言い換えれば，消費者はどのようなとき

に貯めたポイントを使用するのであろうか。

　さらに先行研究では，支払手段（現金やプリペイドカード，小切手，クレジットカードなど）によって，消費者の支払いの知覚コストが異なることが確認されている（Soman 2003; Raghubir and Srivastava 2008）。同様に，現金による支払いとポイントによる支払いとでは，支払いの痛みが異なることが想定される（Stourm et al. 2015）。現金による支払いの痛みとポイントによる支払いの痛みは，どのような状況において，どちらが大きくなるのであろうか。

　以降，第2節においてポイント使用に関する先行研究のレビューをおこない，ポイント使用意図の要因や，現金およびポイントによる支払いの知覚コストの要因について，先行研究の課題を明らかにする。第3節において，研究仮説を提示するとともに，研究目的を改めて確認する。消費者がポイントカードを保有している最も馴染み深い業態として家電量販店とスーパーマーケットを研究対象として取り上げ，第4節において家電量販店における実験結果を，第5節においてスーパーマーケットにおける実験結果を示す。最後に第6節において考察をおこない，インプリケーションと今後の研究の課題を併せて示す。

2．ポイントの使用行動に関する先行研究の
　　　レビュー

　国内12業界の主要企業が2022年度に発行したポイント・マイレージの発行額は2兆1,890億円と推計され，これらの主要企業以外にも多くの企業からポイントが発行されている[1]。しかしながら，実際には未使用のポイント数が多く存在していると言われており，発行ポイント数の3分の1が未使用ポイントという推計も存在する（Lieber 2011）。企業会計上は，未使用のポイント数が増大することは，ポイント引当金を減少させることになり，企業会計上は有利になり得る[2]。その一方で，消費者がポイントを使用したくならないようなポイントカードには，そもそも参加しようとは思わないであろう（Nunes and Drèze 2006b）。さらには，ポイントの使用がその後の購買行動に正の影響を与えることが確認されている（Lal and Bell 2003; Taylor and Neslin 2005; Dorotic et al. 2014）[3]。このようにポイント使用の有効性が認められている一方で，ポイント使用の要因に関する研究は，先行研究においては非常に限定的であった（Smith and Sparks 2009; Noble et al. 2014）。

　ポイントの使用行動に関する先行研究は，ポイントカードの要素と使用率との関係を検証しているものが中心となっている。ポイントカードの要素とは，ポイ

ント使用が可能となる閾値のポイント数や特典の価値および特典の魅力度などである。閾値のポイント数が高くなるにつれて，ポイント使用率は低下する（Drèze and Hoch 1998）。このことは，閾値が高ければ，多くの消費者は閾値に達成する前にポイントを貯めることを諦めてしまうことを示唆している。ただし，逆に閾値が低すぎると，特典の魅力を減少させ，顧客のポイントを貯めようという気持ちをなくさせる（Drèze and Nunes 2011）。また，ポイントカードの開始時に，消費者に特別ボーナスとしてポイントを付与することは，ポイントを貯めることを促進し，高いポイント使用率をもたらす（Nunes and Drèze 2006a）。

　支払金額がポイントの使用行動に与える影響について，Drèze and Nunes（2004）は，低い支払金額では現金での支払い意向が高くなる一方，高い支払金額ではポイント（マイル）による支払い意向が高くなることを示した。また，現金による支払い，マイルによる支払い，現金とマイルの併用による支払いの3つのタイプを選択できるとしておこなわれた実験では，航空券の価格が約300ドル未満では現金による支払いが最も選択され，約300ドルから約1,200ドルまでは現金とマイルの併用による支払いが最も選択され，約1,200ドル以上ではマイルによる支払いが最も選択されることが明らかになった。以上の結果は，支払金額が低いときにはポイントを貯めようとして現金のみの支払いが選好される一方で，支払金額が高いときには現金を節約しようとしてポイント（マイル）による支払いが選好される傾向を示している。Drèze and Nunes（2004）はこの現象について，支払金額が低いときにはマイルの限界価値が高くなり（知覚コスト関数が凸関数），支払金額が高いときには逆に限界価値が低くなる（知覚コスト関数が凹関数）ことと整合的であるとしている。このように，Drèze and Nunes（2004）の研究結果は，ポイントおよび現金を，支払金額が低い場合と高い場合では異なる捉え方をする傾向があることを示唆している。

　さらには，特典の魅力はポイントの使用率を高める傾向がある（Liu and Brock 2010）。そして，ポイントカードの特典が金銭的特典か社会的特典か否かは，ポイント使用の意思決定に影響を与えない（Noble et al. 2014）。

　このように，ポイントカードの要素がポイント使用率やポイント使用意図に与える効果に関する検証が先行研究ではおこなわれてきた。しかしながら，これらの研究は非連続型のポイントカードに関する研究である。線形・連続型のポイントカードの場合は，閾値がそもそも存在しないため，消費者にとってはポイントをわざわざ貯めようとするインセンティブは存在しない。時間割引率の観点からは，買物ごとに貯まっているポイントをすべて使用することが合理的であるように思われる。

ところが，線形・連続型の場合のポイントカードにおいては，買物ごとに貯めたポイントを毎回使用している消費者は少数派で，大多数はある程度のポイント数に達するまでポイントを貯めていることが確認されている。Smith and Sparks（2009）は，連続型・線形型の英国の小売業のカード保有者254名の２年間のポイント使用行動の記録を調査し，カード保有者の大多数（70％強）は，ある程度のポイント数（約300ポイント）まで貯めてからポイントを使用していることを示している。また中川（2015）は，１ポイント単位（すなわち１円単位）で使用可能なスーパーマーケットおよび家電量販店のポイントカード利用者を対象として，ポイントの使用方法に関する調査をおこなった。スーパーマーケットの88.2％，家電量販店の82.1％は，１ポイント単位で使用できるにもかかわらず，ある程度のポイント数まで貯めてからポイントを使用する傾向が確認された。このようにポイントカード利用者は，ある一定程度以上のポイント残高になってからポイントを使おうとする傾向が確認されている。このような消費者のポイント使用行動の観察から，中川（2015）はポイントの大きさによって消費者にとっての勘定科目が異なるという，ポイントに関するメンタル・アカウンティング理論の仮説を提示し，低いベネフィット条件ではポイント付与の方が値引きよりも知覚価値が高くなることを確認している。

　それでは線形型・連続型の場合，ポイント使用はどのような要因によって決まるのであろうか。Kwong et al.（2011）は，ポイント使用による利得の計算のしやすさがポイント使用率を高めることを示している。この研究では，ハンバーガーのセットの価格（６ドル，７ドル）とポイント残高（10ポイント ＝ １ドル分，20ポイント ＝ ２ドル分，35ポイント ＝ 3.5ドル分，50ポイント ＝ ５ドル分）の２×４の被験者間要因配置でポイント使用意図を比較した結果，35ポイント ＝ 3.5ドル分のポイント残高において，割引率は低いが利得の計算が簡単な７ドル条件の方が，割引率は高いが利得の計算が難しい６ドル条件よりもポイント使用意図が高かった。すなわちポイント使用の要因として，利得の大きさよりもポイント使用による割引率の計算しやすさの方が大きいことが示唆されている。

　Stourm et al.（2015）は，本研究と同じく線形型・連続型のポイントカードにおけるポイント貯蓄行動の要因を，経済的動機，認知的動機，心理的動機の３つの観点から検証している。経済的動機とは，ポイントを使用すると現金による支払いに比べてポイントを使用する金額分だけポイントが貯まらないため，ポイント発生の機会費用を指す。認知的動機とは，精算時にポイントを使用することがコストと感じる，非金銭的な取引費用を指す。心理的動機とは，Thaler（1985）のメンタル・アカウンティング理論に基づく，現金と比較したポイントへの評価

の高さを指す。Stourm et al.（2015）は，実際に小売業の購買履歴データ（ポイント使用のデータを含む）を用い，ポイント使用に関する消費者モデルに経済的動機，認知的動機，心理的動機を組み込んで検証をおこなっている。Stourm et al. (2015) で使用されている消費者モデルを以下説明する[4]。現金の価値関数を $w(x)$，ポイントの価値関数を $v(x)$ としたときに，ポイントを使用しない場合 $(y_{ij} = 0)$ の消費者 i 購買機会 j の効用 u_{ij} は，

$$u_{ij}(y_{ij} = 0) = E_{ij} + \underbrace{w(-m_{ij})}_{現金の損失} + \underbrace{v(m_{ij}rh_i)}_{獲得ポイント} + \varepsilon_{ij}^0 \tag{1}$$

となる。ただし，E_{ij} は購入した製品・サービスから得られる効用，m_{ij} は現金による支払金額，r はポイント付与率，$h_i > 0$ は消費者 i の現金と比べた主観的なポイントの価値（固定）であり，$m_{ij}rh_i$ は現金換算のポイントによる利得，ε_{ij}^0 は誤差項である。

　ポイントをすべて使用する場合 $(y_{ij} = 1)$ の消費者 i 購買機会 j の効用 u_{ij} は，(2)式で表される。

$$u_{ij}(y_{ij} = 1) = E_{ij} + \underbrace{w(-m_{ij} + s_{ij})}_{現金の損失} + \underbrace{v(-s_{ij}h_i)}_{使用ポイント} - \underbrace{c_{ij}}_{取引費用} + \varepsilon_{ij}^1 \tag{2}$$

　ただし，s_{ij} は利用可能なポイント数，c_{ij} は非金銭的な取引費用，ε_{ij}^1 は誤差項である。(1)式と(2)式から，ポイントを使用しない場合に比べてポイントを使用する場合の効用の差，すなわちネットの効用 $z(s_{ij}, m_{ij})$ は (3) 式のとおりである[5]。

$$z(s_{ij}, m_{ij}) = w(-m_{ij} + s_{ij}) - w(-m_{ij}) + v(-s_{ij}h_i) - v(m_{ij}rh_i) - c_{ij} \tag{3}$$

　(3)式より，ポイントを使用するための条件としては(4)式となる。左辺がポイントを使用する利得，右辺がポイントを使用するコストを表している。

$$\underbrace{w(-m_{ij} + s_{ij}) - w(-m_{ij})}_{節約できた支払金額} \geq \underbrace{v(m_{ij}rh_i)}_{\substack{ポイントの \\ 機会費用}} + \underbrace{v(s_{ij}h_i)}_{使用ポイント} + \underbrace{c_{ij}}_{取引費用} \tag{4}$$

　以上の想定にもとづいて，Stourm et al.（2015）はこのモデルに売上データを

適用した結果，大部分は認知的動機と心理的動機からポイントの貯蓄行動，すなわちポイントの使用行動が説明できるとしている。

次に，支払い手段における知覚コストについての先行研究について述べる。Soman（2003）は現金とプリペイドカードによる支払いの知覚コストを比較し，プリペイドカードによる支払いは現金に比べて支払いの痛みを減らし，支払額が上昇することを確認している。この理由について Soman（2003）は，プリペイドカードは支払いのあからさまさ（transparency）が現金よりも低いために，支払いの痛みやつらさを弱め，支払金額の上昇を招くとしている。Raghubir and Srivastava（2008）では，商品券による支払い手段についてもプリペイドカードと同様に，現金よりも支払いの知覚コストを軽減することが確認されている。このように，支払いのあからさまさという観点から，ポイントによる支払いもプリペイドカードや商品券と同様に，支払いの知覚コストを軽減することが予想される。

以上のポイントカードに関する先行研究を表7−1にまとめている。非連続型のポイントカードにおける消費者のポイント使用の要因は，閾値の大きさ，得られる特典の価値，魅力度である。しかしながら，線形型・連続型においては，多くの消費者はある程度のポイント残高になるまで貯めてからポイントを使用する傾向がある。線形・連続型のポイントカードにおけるポイント使用の要因は，利得の分かりやすさ，認知的コスト，（現金よりもポイントに価値をおくために生じる）心理的コストなどである。

以上の先行研究のレビューから，残されている課題として以下の2点があげられる。まず第1に，ポイント使用意図の要因としてのポイント残高がまだ充分に検討されていない。Stourm et al.（2015）では心理的コストに関して，消費者 i の現金に比べた主観的なポイントの価値 h_i を固定として取り扱っている。第3章で示唆したように，消費者はポイントの大きさによってポイントへの扱い方を変えているならば，ポイント残高によってポイントの価値 h_i の値が変化する可能性がある。すなわち，ポイント残高の多い（少ない）ときにはポイントの価値が低く（高く）なるため，ポイント残高がポイントの使用行動に影響を与えることが考えられる。したがって，ポイント使用の要因として，ポイント残高が今後の研究上の課題として残されている。

第2に，消費者のポイント使用がポイント残高に依存しているとするならば，支払い金額とポイント残高のどちらがポイント使用の要因として重要であるのかがまだ明らかになっていない。ポイント使用および支払い金額のポイント使用に与える影響の大きさの比較が，今後の研究上の課題として残されている。

表7-1 先行研究のまとめ

研究	プログラムの仕様	研究概要	主な知見
Drèze and Hock (1998)	非連続型	HBC 製品のプログラムに関する実験	・ポイント使用の閾値を上昇させることは，ポイント使用率に負の効果がある。
Drèze and Nunes (2004)	非連続型	フリークエントフライヤープログラムに関する実験	・低い金銭的価値の特典よりも高い金銭的価値の特典の方が，ポイント使用意図は向上する。 ・高い金銭的価値の特典では，単一の支払形態（現金のみ or マイルのみ）がより好まれるのに対し，低い金銭的価値の特典では，複数の支払い形態（現金とマイルの組み合わせ）の方がより好まれる。
Nunes and Drèze (2006a)	非連続型	洗車のロイヤルティ・プログラムの実験	・ロイヤルティ・プログラムの開始時にポイント付与すると，ポイント使用率は高くなる。
Smith and Sparks (2009)	線形型・連続型	小売業における消費者パネルの調査およびインタビュー調査	・ある程度の高いポイント数になるまでポイントを貯め続けることは一般的であり，それにともなってポイント使用の行使が遅くなる。
Liu and Brock (2010)	非連続型	クレジットカードのロイヤルティ・プログラムに関するフォーカスグループサーベイと電話調査	・ロイヤルティ・プログラムの認知度，クレジットカードの平均使用率，および特典の知覚価値が高いほど，ポイント使用率が高い。 ・クレジットカードの利用期間が長いほど，ポイント使用率は低くなる。
Drèze and Nunes (2011)	非連続型	フリークエントフライヤープログラムに関する実験	・閾値を下げる（1,000ドルから500ドルに）ことは，消費者の償還意図を上げるが，大きく下げる（100ドル）ことは，逆に到達へのモチベーションを下げる。
Kwong et al. (2011)	線形型・連続型	ハンバーガーショップのロイヤルティ・プログラムに関する実験	・ポイント使用による利得の計算が簡単であるほど，ポイント使用意図は向上する。
Noble et al. (2014)	非連続型	ホテルのロイヤルティ・プログラムに関する実験	・ポイント使用意図は，提供される特典の種類（社会的特典 or 経済的特典）には影響を受けない。
中川 (2015)	線形型・連続型	スーパーマーケットおよび家電量販店のロイヤルティ・プログラムの調査	・スーパーマーケットの88.2%，家電量販店の82.1% は，ある程度のポイント数まで貯めてからポイントを使用する傾向がある。
Stourm et al. (2015)	線形型・連続型	小売業の購買履歴データによる，消費者モデルの検証	・消費者のポイント貯蓄行動は，①経済的動機，②認知的動機，③心理的動機のうちの認知的動機と心理的動機で多くが説明できる。

3. 研究仮説と研究目的

　第2節における先行研究のレビューの結果を踏まえて，本研究で想定している
ポイント使用のモデルを3-1項で説明する。次いで，研究仮説を3-2項で述べ，
3-3項で研究目的を確認する。

3-1　本研究におけるポイント使用のモデル

　ここで Stourm et al.（2015）のモデルを援用して，本研究のポイント使用に関
する消費者モデルを構築する。本研究と Stourm et al.（2015）との最も大きな違
いは，消費者 i の現金に比した主観的なポイントの価値 h_i はポイント残高 s_{ij} の
減少関数であることを導入している点である。これは，第3章で示唆したポイン
トに関するメンタル・アカウンティング理論の仮説に依拠している。この仮説に
よれば，小さいポイントは貯蓄勘定に振り分けられ，大きなポイントは当座勘定
に振り分けられる。したがって，ポイント残高が少なくなるほど1ポイント当た
りの主観的な価値は高くなり，ポイント残高が多くなるほど1ポイント当たりの
主観的な価値は低くなる。

　現金の価値関数を $w(x)$，ポイントの価値関数を $v(x)$ としたときに，ポイント
を使用しない場合（$y_{ij} = 0$）の消費者 i 購買機会 j の効用 u_{ij} は，

$$u_{ij}(y_{ij} = 0) = E_{ij} + \underbrace{w(-m_{ij})}_{\text{現金の損失}} + \underbrace{v(m_{ij}rh_i(s_{ij}))}_{\text{獲得ポイント}} + \varepsilon_{ij}^0 \tag{5}$$

となる。ただし，E_{ij} は購入した製品・サービスから得られる効用，m_{ij} は現金に
よる支払金額，r はポイント付与率，$m_{ij}r$ はポイントの増分，s_{ij} はポイント残高，
$h_i(s_{ij}) < 0$ は消費者 i の現金と比べた主観的なポイントの価値（s_{ij} の減少関数），ε_{ij}^0
は誤差項である。ポイント残高すべてのポイントを使用する場合（$y_{ij} = 1$）の
消費者 i 購買機会 j の効用 u_{ij} は，

$$u_{ij}(y_{ij} = 1) = E_{ij} + \underbrace{w(-m_{ij} + s_{ij})}_{\text{現金の損失}} + \underbrace{v(-s_{ij}h_i(s_{ij}))}_{\text{使用ポイント}} - \underbrace{c_{ij}}_{\text{取引費用}} + \varepsilon_{ij}^1 \tag{6}$$

となる[6]。ただし，s_{ij}はポイント残高（この場合はすなわち使用ポイント数），c_{ij}は非金銭的な取引費用，ε_{ij}^1は誤差項である。(5)式と(6)式から，ネットの効用 $z(s_{ij}, m_{ij})$は，(7)式のようになる[7]。

$$z(s_{ij}, m_{ij}) = w(-m_{ij} + s_{ij}) - w(-m_{ij}) - v(m_{ij} r h_i(s_{ij})) + v(-s_{ij} h_i(s_{ij})) + c_{ij} \qquad (7)$$

したがって，ポイント残高すべてのポイントを使用するための条件としては，(8)式となる。

$$\underbrace{w(-m_{ij} + s_{ij}) - w(-m_{ij})}_{\text{節約できた支払金額}} \geq \underbrace{v(m_{ij} r h_i(s_{ij}))}_{\substack{\text{ポイントの} \\ \text{機会費用}}} + \underbrace{v(s_{ij} h_i(s_{ij}))}_{\text{使用ポイント}} + \underbrace{c_{ij}}_{\text{取引費用}} \qquad (8)$$

(8)式の左辺がポイントを使用することによる利得，右辺がポイントを使用することによるコストを表している。(4)式とは異なり，ポイント残高によって右辺のコストは異なる。ポイント残高が多い場合には h_i は小さくなり，ポイント残高が少ない場合には h_i は大きくなる。したがって同じ支払金額の買物であっても，ポイント残高が少ない場合にはポイントを貯めようとし，ポイント残高が多い場合にはポイントを使用しようとすることが，このモデルから示唆される。

3-2　研究仮説

Drèze and Nunes（2004）から示唆されるように，支払金額が高いほどポイント使用意図が高くなることが想定される。したがって，以下の**仮説1**が設定される（図7-1）。

仮説1　支払金額が高い（低い）ほど，ポイント使用意図が高い（低い）。

また3-1項で述べたように，消費者の主観的なポイントの価値はポイント残高の減少関数であるため，ポイント残高が多い（少ない）ほどポイントの価値は低く（高く）なることが想定される。そのため，ポイント残高が多い（少ない）場合にはポイント使用意図は高くなる（低くなる）と考えられる。したがって，ポイント使用意図に関する**仮説2**が設定される（図7-1）。

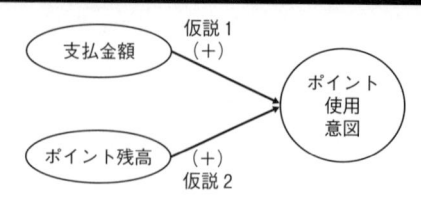

図7-1　研究仮説（ポイント使用意図）

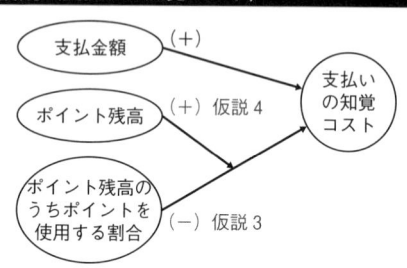

図7-2　研究仮説（支払いの知覚コスト）

仮説2　ポイント残高が多い（少ない）ほど，ポイント使用意図が高い（低い）。

　次に，支払いの知覚コストに関する仮説を設定する。まず，支払金額が高くなるほど支払いの知覚コストは高くなると考えられる[8]。そして，ポイントによる支払いのあからさまさが現金による支払いよりも低いことが想定されるため，消費者のポイント残高のうちポイントを使用する割合（以下，ポイント使用割合）が高いほど，支払いの知覚コストを低くすると考えられる。したがって，以下の仮説3が設定される（図7-2）。

仮説3　ポイント残高のうちポイントを使用する割合が高い（低い）ほど，支払いの知覚コストは低く（高く）なる。

　さらには，ポイント使用割合が知覚コストを低くする効果について，ポイント残高が多い場合にはその効果を増幅させ，ポイント残高が少ない場合にはその効果を減退させると考えられる。というのは，ポイント残高が多い場合にはポイントの価値が低くなるために支払いの知覚コストをより低くすることから，ポイント使用割合の上昇が支払いの知覚コストを低くする効果をヨリ増幅させると考え

られるからである。同様に，ポイント残高が少ない場合にはポイントの価値が高くなるために支払いの知覚コストを高めることから，ポイント使用割合の上昇が支払いの知覚コストを低くする効果をヨリ減退させると考えられる。したがって，以下の**仮説4**が設定される（図7-2）。

> **仮説4**　ポイント残高のうちポイントを使用する割合が支払いの知覚コストに与える影響に対して，ポイント残高は正の調整効果がある。

3-3　研究目的

　本研究の目的は以下の2点である。第1に，貯めたポイント使用意図の要因を検証することである。第2に，現金およびポイントにある支払いの知覚コストの要因を検証することである。まず，ポイント使用意図および支払方法の選択について，支払金額とポイント残高の2つの要因を検討する。次にポイント使用割合が支払いの知覚コストに与える影響について，ポイント残高による調整効果をあわせて検証する。

　調査対象としては，家電量販店とスーパーマーケットを取り上げる。家電量販店とスーパーマーケットを選択する理由としては，家電量販店およびスーパーマーケットの利用者の約8割がポイント保有認識を示しており，消費者にとって最もポイント利用の馴染みがある小売業態の1つと考えられるからである（安岡 2014）。実験対象者としては，線形型・連続型のポイントカードを採用しているチェーンの店舗利用者で，なおかつポイントカード利用者とする。

4．実験1（家電量販店：高価格条件における実験）

4-1　実験の手続き

　通常のポイント付与率が10％でなおかつ1ポイント単位でポイントを使用可能な家電量販店のポイントカードの会員で，かつ過去1年間に当該店舗の利用経験がある消費者を対象として，web によるサーベイ実験をおこなった[9]。調査は2016年3月18日から3月22日にかけておこなわれた。調査の結果，442名（男性

295名，女性147名）のサンプルが得られた[10]。

4-2　提示刺激

　使用している家電量販店において，ポイント残高が（500ポイント，1,000ポイント，5,000ポイント，10,000ポイント）において，（10,000円，50,000円，100,000円）の買物の精算時という想定のもと，精算時のポイント使用意図，支払方法の選択（現金のみ，ポイント残高の50％使用，ポイント残高の100％使用）を尋ねた。最後に，3つのポイント使用割合それぞれの支払いの知覚コストを尋ねた。

　支払方法の選択については，単に支払う現金と使用するポイント数を提示するだけでは，現金の支払いの重さだけに焦点が当たってしまうため，支払い後のポイント残高も合わせて提示している。例えば，500ポイントのポイント残高で5,000円の買物の精算をする場合に提示した選択肢は，以下のとおりである。

　①現金5,000円，0ポイント使用（→支払後のポイント残高は1,000ポイントに）
　②現金4,750円，250ポイント使用（→支払後のポイント残高は725ポイントに）
　③現金4,500円，500ポイント使用（→支払後のポイント残高は450ポイントに）

　このように表示の仕方によるバイアスを除去するために，選択肢には支払う現金，使用するポイント数，支払い後のポイント残高が提示されている。

4-3　サンプルの割り付け

　買物の精算時のポイント使用意図および使用率の選択については，提示刺激による4×3被験者間要因配置である。すなわち，4水準のポイント残高（500ポイント，1,000ポイント，5,000ポイント，10,000ポイント）と3水準の支払金額（10,000円，50,000円，100,000円）が割り付けられている。1つのセルにつき，33から40のサンプルが割り付けられている（表7-2）。支払いの知覚コストについては，3水準のポイント使用割合（現金のみ，ポイント残高の50％使用，ポイント残高の100％使用）すべてについて尋ねている。したがって支払いの知覚コストについては，上記の4×3被験者間要因配置にポイント使用割合3水準（現金のみ，ポイント残高の50％使用，ポイント残高の100％使用）の被験者内要因配置を加えた

表7-2　　サンプルサイズ（家電量販店）

		支払金額（円）		
		10,000	50,000	100,000
ポイント残高	500P	36	36	35
	1,000P	39	33	33
	5,000P	40	38	40
	10,000P	38	38	36

混合計画となる。

4-4　質問項目

　ポイント使用意図の質問項目としては，Kwong et al.（2011）の7件法（1＝と
てもポイントを貯めたい，7＝とてもポイントを使いたい）を用いた，支払いのつら
さの質問項目としては，秋山（2011）の支払いへのつらさ評定の7件法を用い
た。

4-5　実験結果

（1）ポイント使用意図に関する実験

　ポイント使用意図がポイント残高と支払金額によってどのように異なるかを検
討する。回答の平均値と標準偏差を表7-3にまとめている。
　ポイント残高（4水準：500ポイント，1,000ポイント，5,000ポイント，10,000ポイ
ント）と支払金額（3水準：10,000円，50,000円，100,000円）を要因とする，2要因
の分散分析をおこなったところ，ポイント残高の主効果（$F(3, 430) = 24.953$，
$p < .001$，$ES：\eta^2 = .148$），ポイント残高と支払金額の交互作用効果（$F(6, 430)$
$= 2.163$，$p < .05$，$ES：\eta^2 = .029$）が有意であった。支払金額の主効果は有意では
なかった（$F(2, 430) = 0.230$，$p = .794$，$ES：\eta^2 = .001$）。
　ポイント残高と支払金額の交互作用効果が有意となったので，ポイント残高と
支払金額の各水準におけるポイント使用意図についてまとめたのが，図7-3で
ある。ポイント残高の単純主効果検定をおこなったところ，支払金額が10,000

表7-3	ポイント使用意図の平均と標準偏差（家電量販店）		
ポイント残高	支払金額	平均	標準偏差
500	10,000	4.19	2.08
	50,000	3.92	2.01
	100,000	3.00	2.06
1,000	10,000	4.26	2.21
	50,000	4.18	2.04
	100,000	4.91	2.10
5,000	10,000	5.80	1.59
	50,000	5.47	1.72
	100,000	5.50	1.71
10,000	10,000	5.32	1.77
	50,000	5.39	2.05
	100,000	5.94	1.72

図7-3　ポイント使用意図（ポイント残高および支払金額：家電量販店）

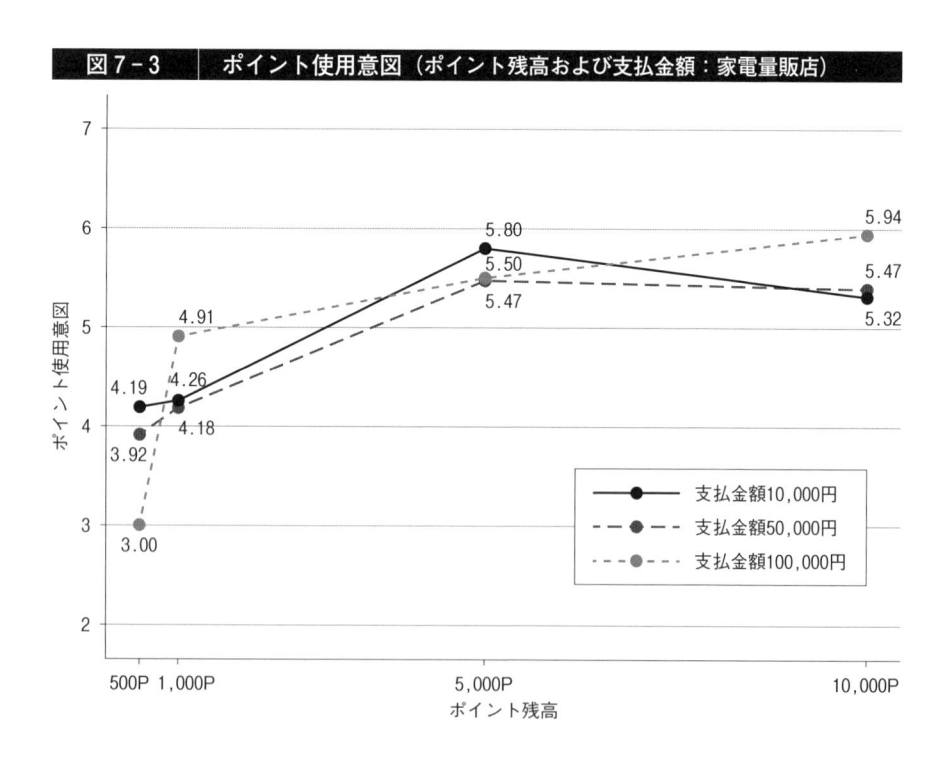

円，50,000円，100,000円のすべてで差が見られた（$F_{(3, 430)} = 6.573$，$p < .001$，ES：$\eta^2 = .044$；$F_{(3, 430)} = 6.415$，$p < .001$，ES：$\eta^2 = .043$；$F_{(3, 430)} = 16.190$，$p < .001$，ES：$\eta^2 = .101$）。そこで，支払金額別にポイント使用意図の主効果について，Bonferroni 法による多重比較をおこなったところ，支払金額10,000円の場合には，ポイント残高5,000ポイントが500ポイントおよび1,000ポイントよりも高かった。支払金額50,000円の場合には，ポイント残高が5,000ポイントおよび10,000ポイントは，500ポイントよりも高かった。支払金額100,000円のときには，ポイント残高が1,000ポイントおよび5,000ポイントおよび10,000ポイントは，500ポイントよりも高かった（いずれの多重比較においても，$MS_e = 3.704$，5 ％水準）。

　また，支払金額の単純主効果検定をおこなったところ，ポイント残高が500ポイントのときに差が見られた（$F_{(2,430)} = 3.730$，$p < .05$，ES：$\eta^2 = .017$）。そこで，ポイント使用意図の主効果について，Bonferroni 法による多重比較をおこなったところ，支払金額が100,000円のときに10,000円よりも低かった（$MS_e = 3.704$，5 ％水準）。

　以上をまとめると，支払金額の単純主効果検定において有意となったのは500ポイントのときだけで，しかも仮説1とは反対に，支払金額が高くなるほどポイント使用意図は低くなっている。さらには，ポイント残高が1,000ポイント，5,000ポイント，10,000ポイントのときには，支払金額が高くなってもポイント使用意図は高まらなかった。したがって仮説1は支持されなかった。一方で，ポイント残高の単純主効果検定において支払金額が10,000円，50,000円，100,000円のすべてにおいて有意であり，ポイント残高が多くなるほどポイント使用意図が高くなっている。したがって仮説2は支持された。ポイント使用意図の要因として重要なのは，支払金額ではなくポイント残高である。

（2）支払方法の選択に関する実験

　次にポイント使用意図ではなく，実際の支払方法の選択にポイント残高や支払金額が与える影響をみていく。購買の精算時に，①すべて現金による支払い，②ポイント残高の半分だけポイントを使用する（残りを現金による支払い），③ポイント残高のすべてを使用する（残りを現金による支払い）の3つの選択肢のうちから選択する設問を被験者に尋ねた[11]。この選択結果について，順序ロジット・モデルにより分析をおこなった。以下，順序ロジット・モデルの説明をおこなう[12]。ランクが J 個の場合，$1, 2, \cdots, J$ と振る場合の指示関数を考える。

$$y_i^* = bx_i + e_i \tag{9}$$

ここで e_i は標準正規分布に従うと仮定する。未知の閾値 $\alpha_1, \alpha_2, \cdots, \alpha_{J-1}$ を考える。例えば本実験のように $J = 3$ である場合，観察される y_i は，

$$y_i = 1 \quad if -\infty < y_i^* \le \alpha_1 \quad y_i = 2 \quad if \, \alpha_1 < y_i^* \le \alpha_2 \quad y_i = 3 \quad if \, \alpha_2 < y_i^* \le \infty \tag{10}$$

である。係数 b と閾値 α_j を同時に推計する。y_i がある値をとる確率は，(11)式のように表される。

$$\pi_{ij} = P(y_i = j|x_i) = F(\alpha_j - bx_i) - F(\alpha_{j-1} - bx_i) \qquad j = 1, 2, 3 \tag{11}$$

ここで $F(-\infty) = 0$，$F(\infty) = 1$ である。閾値を決めるために説明変数には通常，定数項は含めない。確率分布関数としてロジスティック分布（$\Lambda(e)$）を選べば，順序ロジット・モデルとなる[13]。すなわち，順序ロジット・モデルでは，確率関数は(12)式のように表される。

$$\begin{aligned} \pi_{ij} &= P(y_i = j|x_i) - P(y_i = j-1|x_i) \\ &= \Lambda(\alpha_j - bx_i) - \Lambda(\alpha_{j-1} - bx_i) \qquad j = 1, 2, 3 \end{aligned} \tag{12}$$

順序ロジット・モデルの対数尤度関数は，以下の(13)式で表される。(13)式に対して最尤推定をおこなうことで不偏推定量を得ることができる。

$$log \, L = \sum_{i=1}^{N} \sum_{j=1}^{J} d_{ij} log \, \pi_{ij} \tag{13}$$

被験者に提示するポイント残高および支払金額と得られたサンプルサイズは，4-5項（1）と同じである（表7-4）。順序ロジット・モデルによる推定結果を，表7-4にまとめている。分析の結果，ポイント残高のみが有意であり，支払金額およびポイント残高と支払金額の交互作用項は有意ではなかった。したがって，支払いの選択はポイント残高に影響を受けることが確認された[14]。

次に，ポイント残高によって選択確率がどのように変わるかを見ていく。微分可能な連続変数の限界効果は，

表7-4 | 支払方法の選択に関する順序ロジット推定（家電量販店）

被説明変数		
支払方法の選択（現金のみ =1, ポイント残高の 50% 使用 =2, ポイント残高の100% 使用 = 3）	係数	(z 値)
説明変数		
ポイント残高	1.90×10^{-4}	(4.05)***
支払金額	3.42×10^{-6}	(0.89)
ポイント残高×支払金額	-2.88×10^{-10}	(-0.39)
cut1（α 1）	0.55	
cut1（α 2）	0.73	
観測値	442	
Log Likelihood	-342.89	

*p < .05, **p < .01, ***p < .001

$$\frac{\partial P(y_i = 1)}{\partial x_i} = -\lambda(\alpha_1 - bx_i)b \tag{14}$$

$$\frac{\partial P(y_i = 2)}{\partial x_i} = [\lambda(\alpha_1 - bx_i) - \lambda(\alpha_2 - bx_i)]b \tag{15}$$

$$\frac{\partial P(y_i = 3)}{\partial x_i} = \lambda(\alpha_2 - bx_i)b \tag{16}$$

で求められる。この限界効果の算出式によって，x_i すなわちポイント残高の水準に応じて，①すべて現金による支払い，②ポイント残高の半分だけポイント使用，③ポイント残高のすべてをポイント使用，のそれぞれの選択確率を推定することが可能となる。これらの限界効果からの予測値をまとめたものが図7-4である。

　ポイント残高が多くなるにつれて，現金のみの支払いの選択確率が減少し，逆にポイント残高の100%使用の選択確率が高くなっていく。両者は，3,000ポイント弱で交差している。ただし，ポイント残高の50%使用の選択確率は，いずれのポイント残高においても，3%前後でほとんど変わらない。

　まとめると，支払金額はポイント使用割合の選択に影響を与えないことが明らかになった。支払方法の選択に関する実験においても，**仮説1** は支持されなかった。一方で，ポイント残高が高くなるほど，ポイント残高の100%使用が選択さ

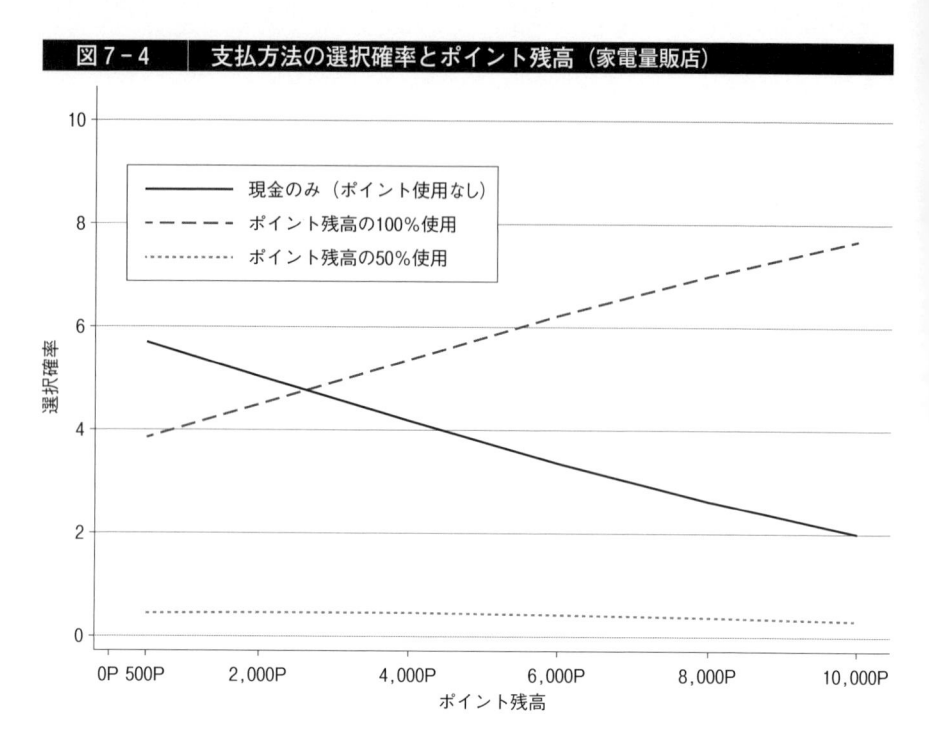

| 図7-4 | 支払方法の選択確率とポイント残高（家電量販店） |

れる割合は高くなり，逆に現金のみの支払方法が選択される割合は低くなる傾向
にある。したがって，支払方法の選択に関する実験でも，**仮説2**は支持された。

（3）支払いの知覚コストに関する実験

支払いの知覚コストがポイント使用割合，ポイント残高，支払金額によってど
のように異なるかを検討する。各水準ごとの支払いの知覚コストの平均値と標準
偏差を算出し，**表7-5**にまとめている。

支払いの知覚コストについて，ポイント使用割合（3水準：現金のみ，ポイント
残高の50％使用，ポイント残高の100％使用）を被験者内要因とし，ポイント残高
（4水準：：500ポイント，1,000ポイント，5,000ポイント，10,000ポイント）と支払金
額（3水準：10,000円，50,000円，100,000円）を被験者間要因とする3要因の混合
計画による分散分析および単純主効果の検定をおこなった。分散分析の結果を，
分散分析表と単純主効果検定の結果としてまとめたものが**表7-6**である。

ポイント残高，ポイント使用割合の主効果およびポイント残高とポイント使用
割合の交互作用が有意であった（ポイント使用割合：$F_{(2, 860)} = 21.010$，$p < .001$，

表7-5

ポイント残高	支払金額	現金のみ		ポイント残高の50%		ポイント残高の100%	
		平均	標準偏差	平均	標準偏差	平均	標準偏差
500	10,000	2.86	1.48	3.03	1.59	2.75	1.48
	50,000	2.64	1.22	3.06	1.45	3.03	1.25
	100,000	2.54	1.40	3.11	1.57	2.97	1.42
1,000	10,000	2.59	1.50	2.67	1.46	2.59	1.55
	50,000	3.21	1.27	3.39	1.25	3.27	1.28
	100,000	2.91	1.55	3.18	1.59	2.97	1.74
5,000	10,000	3.58	1.85	3.40	1.66	2.75	1.50
	50,000	3.50	1.61	3.45	1.62	3.24	1.63
	100,000	3.43	1.60	3.65	1.48	2.88	1.34
10,000	10,000	3.63	1.82	3.29	1.33	2.82	1.75
	50,000	3.66	1.89	3.45	1.54	2.79	1.56
	100,000	4.33	1.84	4.25	1.65	3.11	1.63

表7-5　支払いの知覚コストの平均と標準偏差（家電量販店）

ES：$\eta^2 = .047$；ポイント残高：$F(3, 430) = 4.787$，$p < .01$，ES：$\eta^2 = .032$；ポイント残高×ポイント使用割合：$F(6, 860) = 9.233$，$p < .001$，ES：$\eta^2 = .061$）。支払金額の主効果，ポイント残高と支払金額の交互作用，ポイント使用割合と支払金額の交互作用，2次の交互作用は有意ではなかった（支払金額：$F(2, 430) = 1.863$，$p = .156$，ES：$\eta^2 = .009$；ポイント残高×支払金額：$F(6, 430) = 1.102$，$p = .360$，ES：$\eta^2 = .015$；ポイント使用割合×支払金額：$F(4, 860) = 1.815$，$p = .124$，ES：$\eta^2 = .008$；ポイント使用割合×ポイント残高××支払金額：$F(12, 860) = 0.637$，$p = .812$，ES：$\eta^2 = .009$）。

　ポイント使用割合とポイント残高の交互作用効果が有意であったので，支払金額とポイント使用割合の各水準における支払いの知覚コストについてまとめたのが，図7-5である。ポイント使用割合別にポイント残高の単純主効果検定をおこなったところ，現金のみとポイント残高の50%使用における単純主効果が有意であった（現金のみ：$F(3, 430) = 12.656$，$p < .001$，ES：$\eta^2 = .081$；ポイント残高の50%使用：$F(3, 430) = 4.268$，$p < .01$，ES：$\eta^2 = .029$）。そこで，ポイント残高の水準ごとに Bonferroni 法（複数の統計学的検定を同時に行う場合における多重検定の統計学的な調整）を用いて多重比較をおこなったところ，現金のみでは，5,000ポイントおよび10,000ポイントは500ポイントおよび1,000ポイントよりも高かった（$MS_e = 2.585$，5%水準）。ポイント残高の50%使用では，10,000ポイントは500ポイントおよび1,000ポイントよりも高かった（$MS_e = 2.316$，5%水準）。

表7-6 支払いの知覚コストの要因に関する分散分析表と単純主効果検定の結果（家電量販店）

	SS	df	MS	F	η^2
ポイント残高	77.434	3	25.811	4.787**	0.032
支払金額	20.090	2	10.045	1.863	0.009
ポイント残高×支払金額	35.657	6	5.943	1.102	0.015
誤差	2318.781	430	5.393		
ポイント使用割合	38.333	2	19.166	21.010***	0.047
ポイント使用割合×ポイント残高	50.534	6	8.422	9.233***	0.061
ポイント使用割合×支払金額	6.621	4	1.655	1.815	0.008
ポイント使用割合×ポイント残高×支払金額	6.971	12	0.581	0.637	0.009
誤差	784.523	860	0.912		

*p < .05, **p < .01, ***p < .001

変動因	SS	df	MS	F	η^2
ポイント使用割合　at 500P	8.057	2	4.029	4.416*	0.010
ポイント使用割合　at 1,000P	1.799	2	0.899	0.986	0.002
ポイント使用割合　at 5,000P	23.405	2	11.703	12.828***	0.029
ポイント使用割合　at 10,000P	58.065	2	29.032	31.825***	0.069
（プールされた誤差	784.523	860	0.912　）		
ポイント残高　at 現金のみ	98.137	3	32.712	12.656***	0.081
（誤差　at 現金のみ	1111.420	430	2.585　）		
ポイント残高　at ポイント残高の50% 使用	29.656	3	9.885	4.268**	0.029
（誤差　at ポイント残高の50% 使用	995.914	430	2.316　）		
ポイント残高　at ポイント残高の100% 使用	0.175	3	0.058	0.025	0.000
（誤差　at ポイント残高の100% 使用	995.970	430	2.316　）		

*p < .05, **p < .01, ***p < .001

　一方，ポイント残高別にポイント使用割合の単純主効果を検定したところ，ポイント残高が500ポイント，5,000ポイント，10,000ポイントにおいて有意となった（ポイント残高500ポイント：$F(2, 860) = 4.416$，$p < .05$，$ES：\eta^2 = .010$；ポイント残高5,000ポイント：$F(2, 860) = 12.828$，$p < .001$，$ES：\eta^2 = .029$；ポイント残高10,000ポイント：$F(2, 860) = 31.825$，$p < .001$，$ES：\eta^2 = .069$）。そのため，ポイント使用割合の水準ごとにBonferroni法を用いて多重比較をおこなったところ，ポイント残高500ポイントでは，ポイント残高の50％使用が現金のみよりも高かった。ポイント残高5,000ポイントでは，現金のみおよびポイント残高の50％使用は，ポイント残高の100％使用よりも高かった。ポイント残高10,000ポイントでは，現金のみおよびポイント残高の50％使用は，ポイント残高の100％使用より

図7-5　　支払いの知覚コスト（ポイント使用割合とポイント残高：家電量販店）

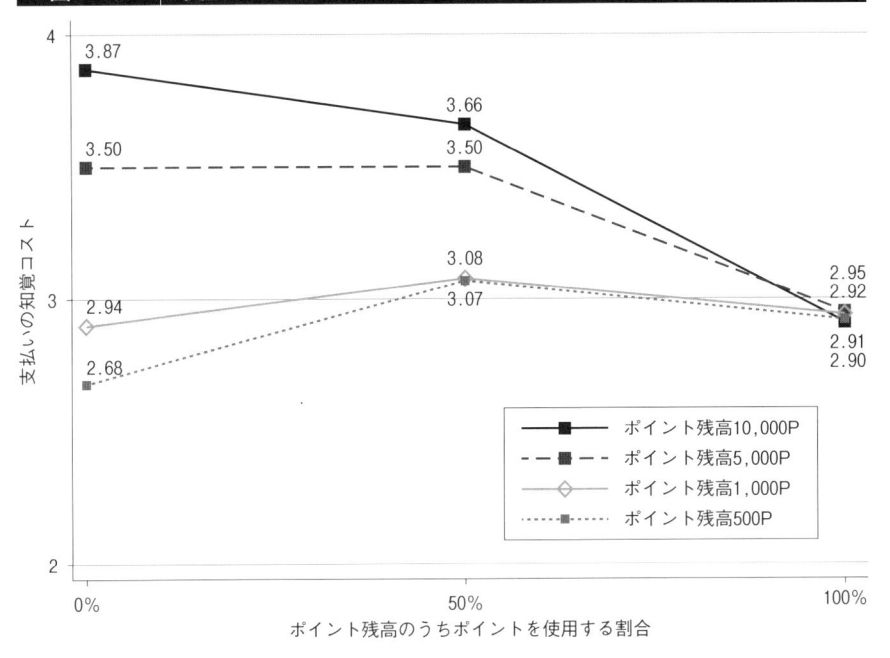

も高かった（いずれの水準においても，$MS_e = 0.912$，5％水準）。

　まとめると，ポイント残高が多い場合（ポイント残高が10,000ポイントや5,000ポイント）には，ポイント使用割合が高くなるほど，支払いの知覚コストは低くなる。ところが，ポイント残高が1,000ポイントのときには，ポイント使用割合が高くなっても，支払いの知覚コストは変わらない。ポイント残高が最も少ない500ポイントの場合に至っては，ポイント使用割合が高くなるほど，むしろ支払いの知覚コストは高くなってしまっている。

　したがって，ポイント使用割合とポイント残高の交互作用効果が有意で，ポイント残高が多いほど，ポイント使用割合が支払いの知覚コストをより減少させていることが確認されたため，仮説4は支持されたといえる。この調整効果の影響で，ポイント残高が10,000ポイントおよび5,000ポイントのときに仮説3は支持されたが，ポイント残高が1,000ポイントおよび500ポイントと低いときには，仮説3は支持されなかった。

5．実験2（スーパーマーケット：低価格条件における実験）

5-1　実験の手続き

　通常のポイント付与率が1％で，なおかつ1ポイント単位でポイントを使用可能なスーパーマーケットのポイントカードの会員で，かつ過去1年間に当該店舗の利用経験がある消費者を対象として，webによるサーベイ実験をおこなった。調査は2016年4月22日から4月25日にかけておこなわれた。調査の結果，1,211名（男性595名，女性616名）のサンプルが得られた[15]。

5-2　提示刺激

　使用しているスーパーマーケットにおいて，ポイント残高が（50ポイント，100ポイント，500ポイント，1,000ポイント）において，（1,000円，5,000円，10,000円）の買物の精算時という想定のもと，精算時のポイント使用意図，支払方法の選択（現金のみ，ポイント残高の50％，ポイント残高の100％）を尋ねた。最後に，3つのポイント使用割合それぞれの支払いの知覚コストを尋ねた。
　ポイント使用の選択については，単に支払う現金と使用するポイント数を提示するだけでは，現金の支払いの重さだけに焦点が当たってしまうため，支払い後のポイント残高も合わせて提示している。例えば，100ポイントのポイント残高で1,000円の買物の精算をする場合に提示した選択肢は，以下のとおりである。

　①現金1,000円，0ポイント使用（→支払後のポイント残高は100ポイントに）
　②現金950円，50ポイント使用（→支払後のポイント残高は59ポイントに）
　③現金900円，100ポイント使用（→支払後のポイント残高は9ポイントに）

　このように表示の仕方によるバイアスを除去するために，支払う現金，使用するポイント数，支払い後のポイント残高が併せて提示されている。

表7-7　サンプルサイズ（スーパーマーケット）

		支払金額（円）		
		1,000	5,000	10,000
ポイント残高	50P	101	110	108
	100P	105	97	101
	500P	94	96	106
	1,000P	96	105	92

5-3　サンプルの割り付け

　買物の精算時のポイント使用意図および使用率の選択については，提示刺激による4×3被験者間要因配置である。すなわち，4水準のポイント残高（50ポイント，100ポイント，500ポイント，1,000ポイント）と3水準の支払金額（1,000円，5,000円，10,000円）が割り付けられている。1つのセルにつき，92から110のサンプルが割り付けられている（表7-7）。支払いの知覚コストについては，3水準のポイント使用割合（現金のみ／ポイント残高の50％／ポイント残高の100％）すべてについて尋ねている。したがって，支払いの知覚コストについては，上記の4×3被験者間要因配置に加えて，ポイント使用割合の3水準の被験者内要因配置を加えた混合計画となる。

5-4　質問項目

　ポイント使用意図の質問項目としては，Kwong et al.（2011）の7件法（1＝とてもポイントを貯めたい，7＝とてもポイントを使いたい）を用いた。支払いのつらさの質問項目としては，秋山（2011）の支払いへのつらさ評定の7件法を用いた。

5-5　実験結果

（1）ポイント使用意図に関する実験

　ポイント使用意図がポイント残高と支払金額によってどのように異なるかを検討する。回答の平均値と標準偏差を**表7-8**にまとめている。

　ポイント残高（4水準：50ポイント，100ポイント，500ポイント，1,000ポイント）と支払金額（3水準：1,000円，5,000円，10,000円）を要因とする2要因分散分析をおこなったところ，ポイント残高条件の主効果のみが有意であった（$F_{(3, 1119)} = 49.079$, $p < .001$, ES：$\eta^2 = .109$）。支払金額の主効果，およびポイント残高と支払金額の交互作用は有意ではなかった（支払金額：$F_{(2, 1199)} = 2.867$, $p = .057$, ES：$\eta^2 = .005$；ポイント残高×支払金額：$F_{(6, 1199)} = 0.891$, $p = .500$, ES：$\eta^2 = .004$）。ポイント残高の各水準におけるポイント使用意図についてまとめたのが，**図7-6**である。

　ポイント残高について，Bonferroni法による多重比較をおこなったところ，1,000ポイントは50ポイント・100ポイント・500ポイントよりも高かった。また，500ポイントは50ポイント・100ポイントよりも高かった（$MS_e = 3.131$, 5％水準）。

　まとめると，支払金額はポイント使用意図には影響を与えておらず，したがって**仮説1**は支持されなかった。しかしながら，ポイント残高が高くなるほどポイント使用意図は高くなる傾向にある。したがって，**仮説2**は支持された。

（2）支払方法の選択に関する実験

　4-5項（2）と同様に，購買の精算時に，①すべて現金による支払い，②ポイント残高の半分だけポイントを使用する（残りを現金による支払い），③ポイント残高のすべてを使用する（残りを現金による支払い）の3つの選択肢の選択について，順序ロジット・モデルにより分析をおこなった。推定結果を**表7-9**にまとめている。ポイント残高のみが有意であるため，支払いの選択はポイント残高にのみ影響を受けていることが確認された[16]。

　また4-5項（2）と同様に，限界効果の算出により各ポイント残高における支払方法の選択確率を推定した（**図7-7**）。ポイント残高が多くなるにつれて，現金のみの支払いの選択確率が減少し，逆にポイント残高の100％使用の選択確率

表7-8 ポイント使用意図の平均と標準偏差 (スーパーマーケット)

ポイント残高	支払金額	平均	標準偏差
50	1,000	2.23	1.40
	5,000	2.21	1.40
	10,000	2.09	1.14
100	1,000	2.37	1.37
	5,000	2.33	1.37
	10,000	2.31	1.57
500	1,000	3.34	1.91
	5,000	3.15	2.05
	10,000	2.88	2.00
1,000	1,000	4.08	2.23
	5,000	3.44	2.22
	10,000	3.61	2.20

図7-6 ポイント使用意図とポイント残高 (スーパーマーケット)

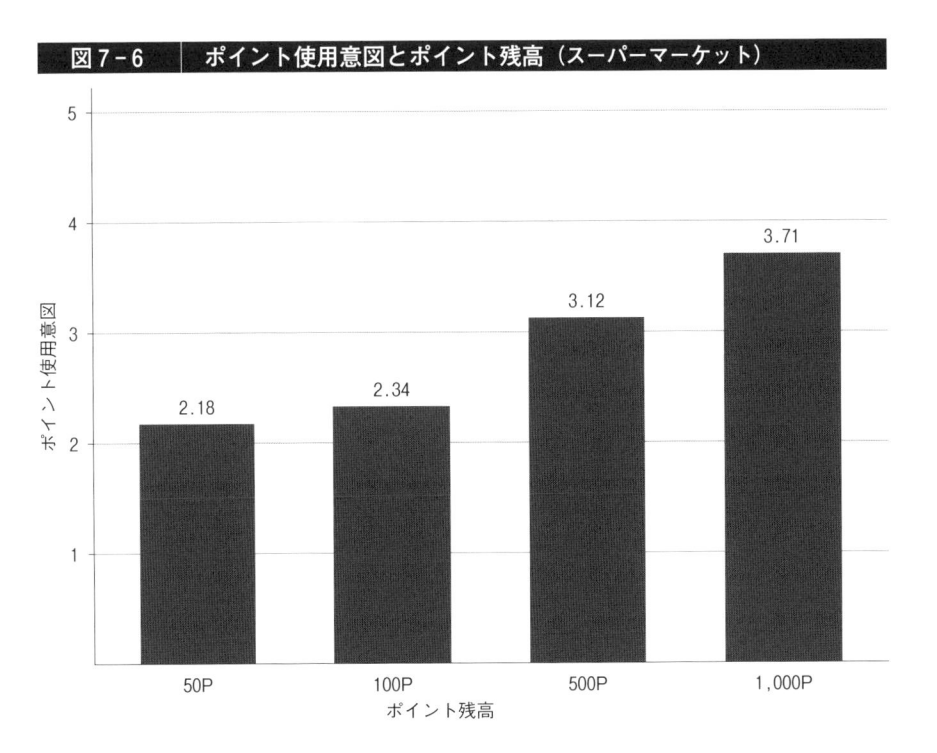

表7-9　支払方法の選択に関する順序ロジット推定（スーパーマーケット）

被説明変数		
支払方法の選択（現金のみ =1, ポイント残高の 50% 使用 =2, ポイント残高の100% 使用＝3）	係数	（z 値）
説明変数		
ポイント残高	2.42×10^{-3}	（8.05）***
支払金額	3.69×10^{-5}	（1.28）
ポイント残高×支払金額	-7.69×10^{-8}	（−1.69）
cut1（$\alpha 1$）	1.91	
cut1（$\alpha 2$）	2.14	
観測値	1,211	
Log Likelihood	−816.94	

*$p < .05$, **$p < .01$, ***$p < .001$

図7-7　支払方法の選択確率とポイント残高（スーパーマーケット）

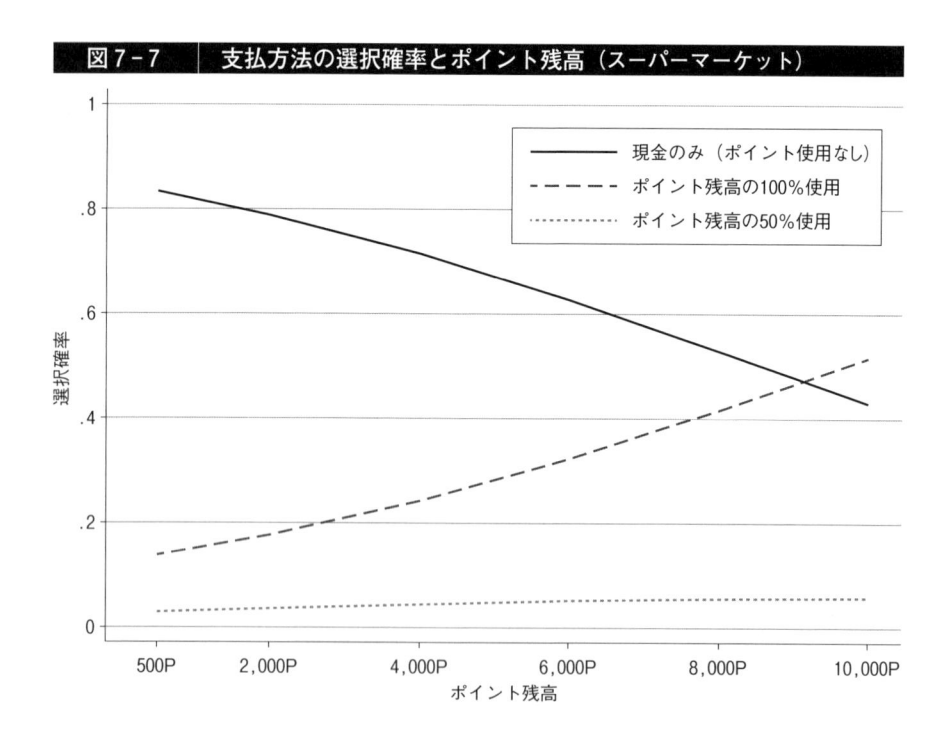

が高くなっていく。両者は900ポイント前後で交差している。ただしポイント残高の50％使用の選択確率は，いずれのポイント残高においても，3％前後でほとんど変わらない。

表7-10		支払いの知覚コストの平均と標準偏差（スーパーマーケット）						

ポイント残高	支払金額	現金のみ		ポイント残高の50%		ポイント残高の100%	
		平均	標準偏差	平均	標準偏差	平均	標準偏差
50	1,000	2.35	1.26	3.02	1.41	2.96	1.45
	5,000	2.41	1.37	2.91	1.54	2.86	1.51
	10,000	2.52	1.37	2.89	1.44	3.02	1.56
100	1,000	2.25	1.26	2.94	1.56	2.89	1.57
	5,000	2.66	1.43	3.13	1.44	3.09	1.51
	10,000	2.78	1.58	2.94	1.50	2.97	1.54
500	1,000	2.63	1.50	3.07	1.50	2.86	1.58
	5,000	2.81	1.43	3.29	1.41	2.94	1.56
	10,000	2.96	1.52	3.19	1.35	3.09	1.37
1,000	1,000	2.91	1.43	3.04	1.46	2.57	1.37
	5,000	3.21	1.53	3.05	1.40	2.85	1.47
	10,000	3.13	1.30	3.26	1.29	2.82	1.19

　まとめると，支払金額はポイント使用割合の選択に影響を与えないことが明らかになった。したがって，支払方法の選択に関する実験でも**仮説1**は支持されなかった。一方で，ポイント残高が高くなるほど，ポイント残高の100％使用がより選択され，現金のみの支払方法がより選択されない傾向がある。したがって，支払方法の選択に関する実験でも**仮説2**は支持された。

（3）支払いの知覚コストに関する実験

　支払いの知覚コストがポイント使用割合，ポイント残高，支払金額によってどのように異なるかを検討する。回答の平均値と標準偏差を算出し，**表7-10**にまとめている。

　支払いの知覚コストについて，ポイント使用割合（3水準：現金のみ，ポイント残高の50％使用，ポイント残高の100％使用）を被験者内要因とし，ポイント残高（4水準：50ポイント，100ポイント，500ポイント，1,000ポイント）と支払金額（3水準：1,000円，5,000円，10,000円）を被験者間要因とする3要因の混合計画による分散分析をおこなった。分散分析の結果を，分散分析表と単純主効果検定の結果としてまとめたものが，**表7-11**である。

　ポイント使用割合の主効果およびポイント使用割合とポイント残高の交互作用，およびポイント使用割合と支払金額の交互作用が有意であった（ポイント使

表7-11 支払いの知覚コストの要因に関する分散分析表と単純主効果検定の結果（スーパーマーケット）

	SS	df	MS	F	η^2
ポイント残高	30.050	3	10.017	2.103	0.005
支払金額	20.636	2	10.318	2.166	0.004
ポイント残高×支払金額	9.758	6	1.626	0.341	0.002
誤差	5711.024	1199	4.763		
ポイント使用割合	71.76	2	35.878	46.841***	0.038
ポイント使用割合×ポイント残高	67.21	6	11.202	14.625***	0.035
ポイント使用割合×支払金額	7.47	4	1.868	2.439*	0.004
ポイント使用割合×ポイント残高×支払金額	9.63	12	0.802	1.048	0.005
誤差	1836.77	2398	0.766		

*$p<.05$, **$p<.01$, ***$p<.001$

変動因	SS	df	MS	F	η^2
ポイント使用割合　at 1,000円	47.521	2	23.760	31.020***	0.025
ポイント使用割合　at 5,000円	21.199	2	10.600	13.838***	0.011
ポイント使用割合　at 10,000円	10.003	2	5.001	6.530**	0.005
（プールされた誤差	1836.774	2398	0.766 ）		
支払金額　at 現金のみ	21.777	2	10.888	5.409**	0.009
（誤差　at 現金のみ	2413.392	1199	2.013 ）		
支払金額　at ポイント残高の50%使用	1.191	2	0.595	0.285	0.000
（誤差　at ポイント残高の50%使用	2505.149	1199	2.089 ）		
支払金額　at ポイント残高の100%使用	5.141	2	2.571	1.172	0.002
（誤差　at ポイント残高の100%使用	2629.257	1199	2.193 ）		

*$p<.05$, **$p<.01$, ***$p<.001$

変動因	SS	df	MS	F	η^2
ポイント使用割合　at 50P	57.146	2	28.573	37.304***	0.030
ポイント使用割合　at 100P	37.595	2	18.798	24.541***	0.020
ポイント使用割合　at 500P	21.937	2	10.968	14.320***	0.012
ポイント使用割合　at 1,000P	24.599	2	12.300	16.058***	0.013
（プールされた誤差	1836.774	2398	0.766 ）		
ポイント残高　at 現金のみ	75.324	3	25.108	12.474***	0.030
（誤差　at 現金のみ	2413.392	1199	2.013 ）		
ポイント残高　at ポイント残高の50%使用	11.078	3	3.693	1.767	0.004
（誤差　at ポイント残高の50%使用	2505.149	1199	2.089 ）		
ポイント残高　at ポイント残高の100%使用	10.861	3	3.620	1.651	0.004
（誤差　at ポイント残高の100%使用	2629.257	1199	2.193 ）		

*$p<.05$, **$p<.01$, ***$p<.001$

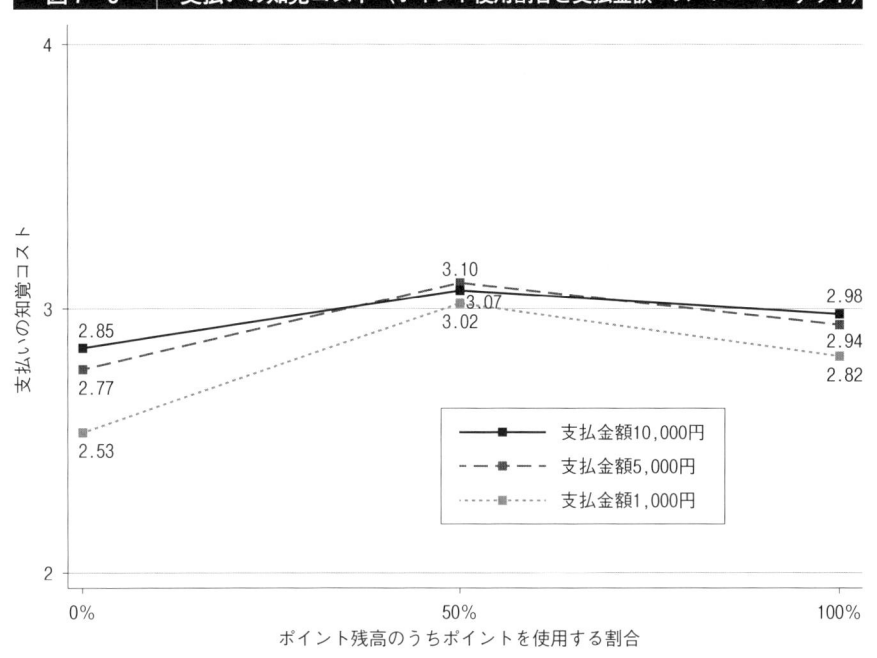

図7-8　支払いの知覚コスト（ポイント使用割合と支払金額：スーパーマーケット）

（縦軸：支払いの知覚コスト）

3.10
3.07
3.02
2.98
2.94
2.82
2.85
2.77
2.53

支払金額10,000円
支払金額5,000円
支払金額1,000円

0%　　　　　　　　　　　50%　　　　　　　　　　　100%
ポイント残高のうちポイントを使用する割合

用割合：F(2, 2398) = 46.841，p < .001，ES：η^2 = .038；ポイント使用割合×ポイント残高：F(6, 2398) = 14.625，p < .001，ES：η^2 = .035；ポイント使用割合×支払金額：F(4, 2398) = 2.439，p < .05，ES：η^2 = .004）。ポイント残高および支払金額の主効果，ポイント残高と支払金額の交互作用，2次の交互作用は有意ではなかった（ポイント残高：F(3, 1199) = 2.103，p = .098，ES：η^2 = .005；支払金額：F(2, 1199) = 2.166，p = .115，ES：η^2 = .004；ポイント残高×支払金額：F(6, 1199) = 0.341，p = .915，ES：η^2 = .002；ポイント使用割合×ポイント残高×支払金額：F(12, 2398) = 1.048，p = .402，ES：η^2 = .005）。

　有意であったポイント使用割合と支払金額の交互作用について，支払金額とポイント使用割合の各水準における支払いの知覚コストについてまとめたのが図7-8である。ポイント使用割合別に支払金額の単純主効果検定をおこなったところ，現金のみの場合に，支払金額の単純主効果が有意であった（F(2, 1199) = 5.409，p < .01，ES：η^2 = .009）。そのため，支払金額の水準ごとにBonferroni法を用いて多重比較をおこなったところ，10,000円および5,000円は，1,000円よりも支払いの知覚コストが高かった（MS_e = 2.013，5％水準）。

　さらに，支払金額別にポイント使用割合の単純主効果検定をおこなったとこ

ろ，1,000・5,000・10,000円のすべてにおいて有意であった（1,000円：F(2, 2398) = 31.020，p < .001，ES：η^2 = .025；5,000円：F(2, 2398) = 13.838，p< .001，ES：η^2 = .011；10,000円：F(2, 2398) = 6.530，p < .001，ES：η^2 = .005）。支払金額の水準ごとにBonferroni法を用いて多重比較をおこなったところ，支払金額が1,000円では，現金のみはポイント残高の50％使用および100％使用よりも低かった。また，ポイント残高の100％使用は，ポイント残高50％使用よりも低かった。支払金額が5,000円では，現金のみはポイント残高の50％使用よりも低かった。また，ポイント残高の100％使用は，ポイント残高の50％使用よりも低かった。支払金額が10,000円では，現金のみはポイント残高の50％使用よりも低かった（いずれの水準においても，MS_e = 0.766，5％水準）。

　以上をまとめると，すべての支払金額のケースにおいて，ポイント使用割合が50％のときに支払いの知覚コストが最も高くなっている。さらには，現金のみのときに支払いの知覚コストが最も低くなっている。これらの傾向は，支払金額が低くなるほど顕著である。すなわち，スーパーマーケットのような支払金額が全般的に低い場合には，ポイントをまったく使わない方が支払いの知覚コストはかえって低くなり，ポイント残高の50％というような中途半端なポイントの使用は，支払いの知覚コストを高めてしまう傾向が確認された。

　次に，有意であったポイント使用割合とポイント残高の交互作用について，ポイント残高とポイント使用割合の各水準における支払いの知覚コストについてまとめたのが図7-9である。ポイント使用割合別にポイント残高の単純主効果検定をおこなったところ，現金のみの場合において，ポイント残高の単純主効果が有意であった（F(3, 1199) = 12.474，p < .001，ES：η^2 = .030）。そのため，現金のみの場合のポイント残高の水準ごとにBonferroni法を用いて多重比較をおこなったところ，ポイント残高1,000ポイントは50ポイントおよび100ポイントよりも高かった。ポイント残高500ポイントは50ポイントよりも高かった（MS_e = 2.013，5％水準）。

　さらに，ポイント残高別にポイント使用割合の単純主効果検定をおこなったところ，50・100・500・1,000ポイントのすべてにおいて有意であった（50ポイント：F(2, 2398) = 37.304，p < .001，ES：η^2 = .030；100ポイント：F(2, 2398) = 24.541，p < .001，ES：η^2 = .020；500ポイント：F(2, 2398) = 14.320，p < .001，ES：η^2 = .012；1,000ポイント：F(2, 2398) = 16.058，p < .001，ES：η^2 = .013）。ポイント残高の水準ごとにBonferroni法を用いて多重比較をおこなったところ，ポイント残高50ポイントでは，ポイント使用割合が現金のみは，ポイント残高の50％使用および100％使用よりもむしろ低かった。ポイント残高100ポイントでも同様に，ポ

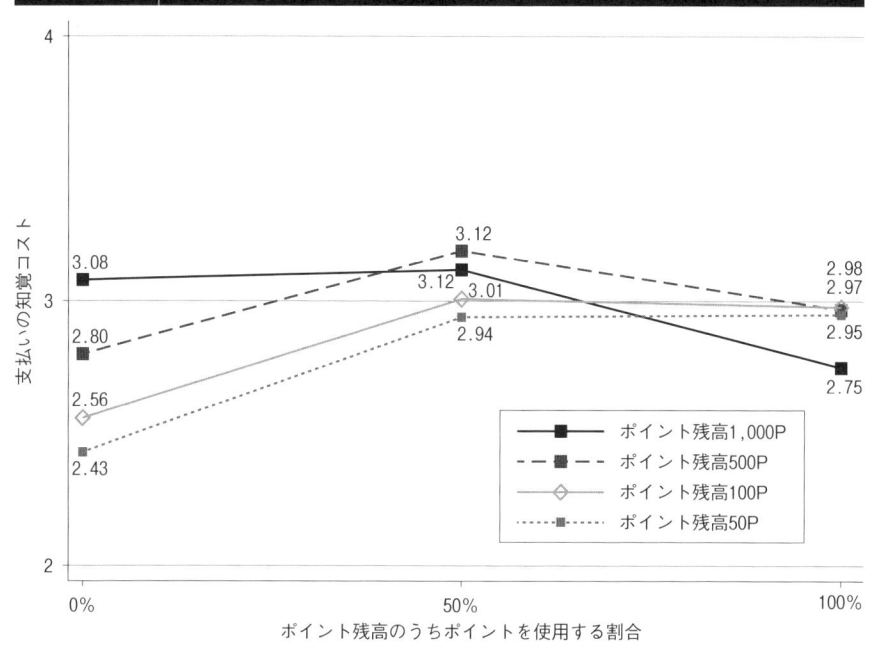

図7-9 ‖ 支払いの知覚コスト（ポイント使用割合とポイント残高：スーパーマーケット）

イント使用割合が現金のみは，ポイント残高の50％使用および100％使用よりも低かった。ポイント残高500ポイントでは，ポイント残高の50％使用は，現金のみ，およびポイント残高の100％使用よりも高かった。ポイント残高1,000ポイントでは，ポイント残高の100％使用は，現金のみ・ポイント残高の50％使用よりも低かった。

　以上をまとめると，ポイント残高が多い場合（ポイント残高が1,000ポイントのとき）には，ポイント残高のうちポイント使用割合が高くなるほど，支払いの知覚コストは低くなる。ところが，ポイント残高が少ない場合（ポイント残高が50ポイント・100ポイントのとき）には，ポイント使用割合が高くなるほど，むしろ支払いの知覚コストは高くなってしまっている。このように，ポイント使用割合とポイント残高の交互作用効果が有意で，ポイント残高が多いほど，ポイント使用割合が支払いの知覚コストをより減少させていることが確認されたため，**仮説4**は支持されたといえる。この調整効果の影響で，ポイント残高が1,000ポイントのときには**仮説3**は支持されたが，ポイント残高が50ポイント，100ポイント，500ポイントのときには**仮説3**は支持されなかった。

6. 考察

6-1 研究結果の解釈

　研究結果の解釈として，以下の3点があげられる。まず第1に，家電量販店（高価格条件）とスーパーマーケット（低価格条件）のどちらにおいても，ポイント使用意図に影響を与えるのは支払金額ではなく，ポイント残高であることの解釈である。支払金額が高くなってもポイント使用意図は高まらないが，ポイント残高が高くなるほどポイント使用意図が高くなることが確認された。この結果は，支払金額が低い場合にはマイルの使用意図が低くなり，支払金額が高い場合にはマイルの使用意図が高くなったという Drèze and Nunes（2004）の結果とは異なっている。この理由として，Drèze and Nunes（2004）では支払金額とポイント残高が不可分になっていたことがあげられる。すなわち，Drèze and Nunes（2004）では非連続型のポイントカードを対象としているために，実験の設定における支払金額以上のポイント残高を持っていることが暗黙の前提となっていた[17]。支払金額とポイント残高を分けて提示することが非連続型のポイントカードでは不可能であり，それゆえに支払金額 ≒ ポイント残高となってしまい，支払金額の高低がポイント使用の要因となってしまった可能性がある。しかしながら，線形型・連続型のポイントカードではほとんどの購買機会において，ポイント残高は実際のポイント使用額よりもはるかに小さい。そのような状況において，消費者がポイントを使用する要因としては，支払金額よりもポイント残高の方が重要であることが本研究において明らかになった。

　第2に，支払いの知覚コストについて，家電量販店（高価格条件）とスーパーマーケット（低価格条件）のどちらにおいても，ポイント使用割合とポイント残高の交互作用が有意となっており，特にポイント残高が少ない場合には，むしろ支払いの知覚コストを高めてしまうことについての解釈である。この結果は，中川（2015）の示したポイントに関するメンタル・アカウンティング理論の仮説と整合的である。すなわち，ポイント残高が少ないときにはポイントの価値が高いために，ポイントを使うことによって支払いの痛みを現金よりも感じてしまう。反対にポイント残高が多いときにはポイントの価値が低いために，ポイントを使うことによって支払いの知覚コストを下げる。このようにポイント残高の多少によって支払いの知覚コストが変わるという点で，他の支払手段（プリペイドカー

ド，小切手，クレジットカードなど）とは異なるポイントの特徴が示されている。

　第3に，家電量販店（高価格条件）とスーパーマーケット（低価格条件）のどちらにおいても，ポイント残高の50％使用の支払方法を選択する被験者が3％程度と非常に低いことについての解釈である。この結果は，消費者の現金およびポイントの知覚コスト関数が凹関数（逓減型）であれば，消費者の効用最大化の結果，ポイントをまったく使用しないか，ポイント残高すべてのポイントを使用するかの二択しかないことを理論的に示している Drèze and Nunes（2004）の結果と整合的であり，凹関数のモデルが妥当であることを示している。

6-2　インプリケーション

　本研究におけるインプリケーションとしては，以下の3点があげられる。まず第1に，消費者に未使用ポイントの使用を促す場合には，ポイント残高が多い顧客に対しておこなう方がよいという点である。本研究における支払いの知覚コストに関する実験結果からも示唆されるとおり，ポイント残高が少ない顧客がポイントを使用した場合には，支払いの知覚コストがむしろ高くなる（図7-5および図7-9参照）。したがって，ポイント残高が少ない顧客にポイント使用を促すことは，顧客満足を下げる要因になり得る。顧客を十把一絡げにしてポイント使用を促すのでは無く，ポイント残高に応じて対象を選別すべきである。具体的には，支払方法の選択に関する推定結果から，家電量販店では3,000ポイント弱，スーパーマーケットでは900ポイント前後を目安にすればよいであろう。

　第2に，スーパーマーケットにおいては家電量販店とは異なり，支払いの知覚コストが支払金額にも依存する。スーパーマーケットでは，支払金額が少ないほどポイント使用による支払いの知覚コストが大幅に高くなる。（図7-9参照）。したがってスーパーマーケットにおいて少額（1,000円）の買物のときには，なるべくポイントの使用を促さない方がよい。

　第3に，特にスーパーマーケットにおいて，ポイント残高の50％だけ使用させるような支払方法をとらせるべきではない。ポイント残高の半分だけを使用させるような中途半端なポイント使用は，ポイント残高が多いときを除いて，支払いの知覚コストを最も高くしてしまう（図7-8および図7-9参照）。ポイント残高が少ない場合にはまったくポイントを使わせないか，またはポイント残高が多い場合にはすべてのポイントを使わせる方が，顧客の支払いの知覚コストを下げることになる。

6-3　今後の研究課題

　研究をさらに発展させるためには，以下の3点の課題に取り組む必要があると考えられる。まず第1に，ポイント使用の消費者要因に関する研究である。本研究では消費者の異質性を考慮していないが，ポイント使用の要因としての消費者の特徴が先行研究では指摘されている。例えば，購買頻度や購買金額が高い顧客ほどポイント使用率が高い（Lal and Bell 2003; Smith and Sparks 2009）。その一方で，ポイントカードの会員継続期間とポイント使用との関係は負の関係がある（Liu and Brock 2010）。このようなポイント使用に関する消費者要因を考慮した研究は，今後の課題として残されている。

　第2に，ポイント使用の直感的な意思決定に関する研究である。本研究では，情報量の多い選択肢が用いられている。すなわち，現在のポイント残高を提示し，さらに購買後のポイント残高まで提示している。これらの提示の仕方は，インターネットにおける買い方に比較的近い。しかしながら実際の店頭における購買では，情報量が少ない中での意思決定をおこなうことになる。したがって，例えばKwong et al.（2011）の計算のしやすさなどの要因が，直感的な意思決定においては重要になっている可能性がある。情報量が少ない中での直感的なポイント使用の意思決定に関する研究は，今後の課題である。

　第3に，ポイント使用の対象についての研究である。本研究では，普段と同じように買物をすることを想定して，ポイント使用についての意思決定を検討している。しかしながら，貯めたポイントで何を買うかという視点の研究もあり得る。例えばKivetz and Simonson（2002）は，贅沢品を購入する後ろめたさが軽減されることから，ポイントカードの特典は贅沢品の方が好まれることを示している。この結果から推論すれば，現金による支払いよりも，後ろめたさが軽減されるポイントによる支払いの方が，贅沢品が買われる可能性が高くなるであろう。ポイントで購入するものが現金で購入するものとは異なるのか否かは，今後の研究課題として残されている。

(1)　野村総合研究所2023年12月28日のニュースリリース参照（https://www.nri.com/jp/news/newsrelease/lst/2023/cc/1228_1）（2024年6月22日閲覧）
(2)　ポイント引当金は，過去のポイント使用実績もしくは利用見積率に依存する。新日本有限責任監査法人（2011）の第3章第3節参照。

(3) この効果を特典行動効果（rewarded behavior effect）といい，先行研究から概ね支持されている（Blattberg et al. 2008）。

(4) Stourm et al.（2015）が使用したデータの小売業は，①ポイント残高の50％までしかポイントを使用できない，②ポイントを使用する購買機会においては一切ポイントが発生しない，という特殊な仕様であり，これらの点は Stourm et al.（2015）のモデルにも反映されている。ここでは，この①と②を考慮しない形でモデルを説明しているが，議論の本質には影響がない。

(5) Stourm et al.（2015）では明記されていないが，$\varepsilon_{tj}^0 = \varepsilon_{tj}^1$ であることが前提となっている。

(6) 線形型・連続型におけるポイント使用は，実際にはポイントをまったく使用しない支払方法とポイント残高すべてのポイントを使用する支払方法の中間にポイント数 − 1 の数だけ支払方法が存在する。しかしながら，消費者の現金およびポイントの知覚コスト関数が凹関数（逓減型）であれば，消費者の効用最大化の結果，ポイントをまったく使用しない（$y_{tj} = 0$）か，ポイント残高すべてのポイントを使用する（$y_{tj} = 1$）かの二択しかないことが先行研究では示されている。Stourm et al.（2015）の脚注 2 を参照。

(7) ここでも Stourm et al.（2015）と同様，$\varepsilon_{tj}^0 = \varepsilon_{tj}^1$ であると仮定している。

(8) 自明であるために，仮説には含めていない。ただしコントロールすべき要因として，分析には含めることとする。

(9) 調査対象者は，ヨドバシカメラの利用者である。

(10) 株式会社クレオの web 調査サービス「なるほど MC.net」を利用した。

(11) ポイント使用意図という態度ではなく，買物の精算時の具体的な選択を尋ねている点が 4 - 5 項（1）の実験との違いである。

(12) ここでの説明は，北村（2009）の第 9 章を参考にしている。

(13) 確率分布関数として正規分布（$\Phi(e)$）を選べば，順序プロビット・モデルとなる。

(14) 順序プロビット・モデルでも推定をおこなったところ，ポイント残高のみが0.1％水準で有意となり，支払金額およびポイント残高と支払金額の交互作用は有意ではなかった。

(15) 株式会社クレオの web 調査サービス「なるほど MC.net」を利用した。

(16) 順序プロビット・モデルでも同様に推定をおこなったところ，ポイント残高のみが0.1％水準で有意となり，支払金額およびポイント残高と支払金額の交互作用は有意ではなかった。

(17) 支払金額以上のポイント残高があるという Drèze and Nunes（2004）の実験設定は，線形型・連続型のポイントカードにおいては非常に限定的な状況設定である。

第 8 章

ポイントカードが店舗ロイヤルティに与える効果（質問表調査）
—— ポイントカードによって店舗ロイヤルティは増すのか？ ——

1. はじめに

通信販売業者を含めた数多くの小売業者やサービス業者がポイントカードを導入している。ポイントカードは，小売業者が顧客に特典を与えることでリピート購入を促進する，連続的なインセンティブのツールである。購買金額や購買回数などに応じて，顧客は「ポイント」を与えられ，累積したポイント残高に応じた特典（例えばポイント数に応じた値引きや優遇的取扱など）の提供を受ける。ポイントカードは顧客関係管理（CRM）をおこなううえでの道具的ツールと捉えられているが，その最大の特徴は，ポイントという人工的ツールによって顧客行動を操作しようとする点にある。本章では，ポイントカードの効果について，ポイントが顧客の心理や行動に与える効果に焦点を当てている。

先行研究によれば，ポイントカードは行動的ロイヤルティを向上させる効果を持つことが知られており，概ねコンセンサスが得られている（Köcher 2015）。また，ポイントカードは顧客満足を高める効果を持つ，という研究知見も報告されている（Bridson et al. 2008; Gómez et al. 2006）。しかしながら，ポイントカードが行動的ロイヤルティや顧客満足に与える効果を検証する部分的な研究が多い一方で，顧客満足とロイヤルティの関係を中核とした包括的なモデルを構築し，ポイントカードの効果を検証している研究は少ない。

さらに，ポイントカードは，リアル店舗業者だけでなく，オンライン専業の小売業者も，さらにはオンラインとオフラインを併用する小売業者も，顧客の囲い込みを図るために導入している。リアルやネットといった小売業態としての違いは様々に議論されている一方で，そうした小売業態におけるポイントカードの効

果にはいかなる違いがあるかに焦点を当てた研究は少なく，今後の研究課題となっている。

　ポイントカードは，消費者と小売業との関係性構築に貢献し，顧客満足とロイヤルティとの結びつきを強化するのだろうか。それとも，ポイントによって心理的なスイッチング・コストを上昇させることを通じてのみ，ロイヤルティを増大させるのだろうか。さらには，これらの効果はリアル店舗とネット店舗の間で違いがあるのだろうか。このような問題意識に基づいて，本研究は，ポイントカードが顧客の満足度および態度的ロイヤルティ（再購買意図）に与える効果について，リアル店舗とネット店舗との比較を行い，理論的・実証的に解明することを目的としている。理論的には，顧客満足とロイヤルティを含む包括的モデルに，スイッチング・コストを加えたモデルを構築する。実証研究では，同じ業種でリアル店舗とネット店舗を同時に運営している業界として，家電量販を取り上げる。本研究によって，顧客満足とスイッチング・コストが小売業者に対する顧客のロイヤルティに与える効果を明らかにするとともに，顧客満足，スイッチング・コスト，ロイヤルティの水準が，ポイントカードの有無，そしてネット店舗かリアル店舗かによってどのように異なるかも取り扱う。

　本章の構成は以下のとおりである。第2節では，ポイントカードが顧客満足やロイヤルティ形成とどのように関連するかに関する先行研究をレビューし，研究の位置付けを確認する。第3節において，研究目的を確認し，仮説を提示する。第4節では，実証研究の方法を，使用するデータと推定モデルに沿って説明する。第5節で研究結果を報告したのち，第6節で考察とまとめをおこなう。

2．先行研究のレビュー

2-1　ポイントカードがロイヤルティに与える影響

　ポイントカードが，顧客のロイヤルティを向上させるかどうかは，ロイヤルティをどう捉えるかによって議論が分かれる。一般に，あるブランドに対する顧客のロイヤルティは，行動的ロイヤルティと態度的ロイヤルティに大別される（Day 1969）。前者は顧客の行動面から見たロイヤルティであり，同一ブランドの反復購買，あるいは，財布シェア（取扱商品の総購入金額のうち当該店舗での購入比率）や回数シェア（当該業態での購買回数における当該店舗での購買回数の比率）

などで表される（清水 2004）。後者の態度的ロイヤルティについては，様々な概念定義が存在し（小野 2002；南 2006），特定企業との取引を継続し続ける行動的意図と捉える場合や，企業との関係性コミットメント捉える場合などがある[1]。

　ポイントカードが行動的ロイヤルティに与える効果，すなわち，同一の店舗ブランドを繰り返し利用することに与える直接効果については，概ね正の影響があることが確認されている（Gómez et al. 2006; Leenheer et al. 2007; Mägi 2003; Verhoef 2003）。また，店舗までの距離と行動的ロイヤルティの間には負の関係が見られるが，小売業者がポイントカードを導入することによって，そうした負の関係が緩和され，顧客が再来店しやすくなる調整効果も確認されている（Meyer-Waarden 2007）。しかしながら，顧客が競合店舗のポイントカードの会員になると，対象店舗への行動的ロイヤルティが低下する負の直接効果があることが確認されている（Mägi 2003; Leenheer et al. 2007; Meyer-Waarden 2007; Noordhoff et al. 2004）。さらに，ポイントカードの特典やポイントカード自体が持つ魅力が，顧客内シェアを向上させることが確認されている（Wirtz et al. 2007）。

　一方，ポイントカードが，顧客の態度的ロイヤルティに与える効果には，直接効果と調整効果に関する研究がある。直接効果に関する研究としては，Gómez et al.（2006）や Smith et al.（2003）が挙げられる。Gómez et al.（2006）は，ポイントカードの会員で，なおかつポイントを使用したことがある経験者は，非使用者に比べて，態度的ロイヤルティ（好意的態度，顧客満足，信頼度，コミットメント）が有意に高いことを確認している[2]。Smith et al.（2003）もまた，ポイントカードの会員で使用経験がある顧客は，非使用者に比べて小売業に対するロイヤルティが高く，関与度が高く，感情的な愛着が高いレベルであることを確認している。

　ポイントカードが態度的ロイヤルティに与える調整効果については，Evanschitzky and Wunderlich（2006）や Lacey（2009）があげられる。Evanschitzky and Wunderlich（2006）は，Oliver（1999）のロイヤルティの段階形成に関する概念モデルに基づいて，ホームセンターを対象とした実証研究をおこなった。彼らの研究では，動能的ロイヤルティ（Conative Loyalty；購買意図）の高さは行為的ロイヤルティ（Action Loyalty；購買頻度や購買金額）に正の効果を持つ関係にあるが，ポイントカードの有無によってさらにその効果が高くなる正の調整効果が見られた。同様に，Lacey（2009）は，店舗への関係性コミットメントが購買行動に与える正の関係が，ポイントカードによって強化される調整効果が見られることを確認している。

　以上の先行研究の知見を，同じく表8-1に示している。小売業者が提供する

表8-1		ポイントカードがロイヤルティに与える影響に関する先行研究
研究	研究概要	主な知見
De Wulf et al. (2001)	スーパーマーケットおよび衣類小売業におけるインタビュー調査	・ポイントカードの特典は行動的ロイヤルティ（財布シェアや訪問シェア）に正の効果がある。 ・この効果は知覚される関係性投資と関係性資産に媒介される。
Evanschitzky and Wunderlich (2006)	ホームセンターにおけるインタビュー調査	・ポイントカードの会員は，行動意欲的ロイヤルティ（行動意図）から行動ロイヤルティ（購買頻度や購買金額）への関係を強化する。
Gómez et al. (2006)	スーパーマーケットにおけるアンケート調査	・ポイントカードの会員は非会員に比べて，店舗への行動的ロイヤルティおよび態度的ロイヤルティが高い。
Lacey (2009)	百貨店におけるアンケート調査	・ポイントカードの会員は関係性コミットメント（特定の企業やブランドに対する永続的な態度や熱望）と購買の増加との関係を強化する。
Leenheer et al. (2007)	スーパーマーケットにおけるパネルデータ分析	・ポイントカードの会員は財布シェアを増加させる。 ・競合店舗のポイントカードの会員は，財布シェアに負の影響を与える。
Mägi (2003)	スーパーマーケットの店舗選択日記とアンケート調査	・ポイントカードの会員は，ターゲットの小売業の財布シェアに対して正の効果がある。 ・競合店のポイントカードの会員に同時になると，財布シェアに負の影響を与える。
Meyer-Waarden (2007)	スーパーマーケットのパネルデータ分析	・ポイントカードの会員は，焦点を当てた店舗の財布シェアを向上させる。 ・ポイントカードの会員になると，店舗への距離と財布シェアの負の関係を緩和する（店舗への距離が短い場合は特に）。
Noodhoff et al. (2004)	スーパーマーケットの顧客調査	・ポイントカードは店舗への行動的ロイヤルティに対して正の効果がある（財布シェアや購買頻度）。ただし競合店のポイントカードの数が限定的な場合に限る。
Smith et al. (2003)	小売業における日記とアンケート調査	・ポイントカードの非会員は，会員に比べて小売業へのロイヤルティが低く，関与度が低く，感情的な愛着が低い。
Verhoef (2003)	金融サービスにおける顧客調査と顧客データベース分析	・ポイントカードの会員は，顧客シェアと維持率の伸長に正の影響を与える。
Wirtz et al. (2007)	クレジットカードのポイントカードの実験	・ポイントカードの魅力は，スイッチング・コストにかかわらず，財布シェアに対して正の影響を与える。

ポイントカードが，当該小売業者に対する顧客のロイヤルティに与える効果としては，正の直接効果および調整効果が見られることが確認されている，と総括できる。ただし，それらの先行研究で取り扱っているのは顧客の行動的ロイヤルティであり，態度的ロイヤルティに関する研究が少ない傾向にある。ポイントカードの導入によって，結果的には，顧客の再購買が促進されているものの，なぜそうした行動ロイヤルティが高まったか，すなわち，顧客満足の向上などを通して，顧客満足-ロイヤルティの関係が強化されたのか，顧客が高いスイッチング・コストを知覚したために，同じ店舗ブランドを使うロックイン効果が働いたからなのかといったメカニズムまでは解明されていない。本章の関心は，そのメカニズムを探求することにある。

2-2　ポイントカードが顧客満足に与える影響

　ポイントカードが顧客の行動的ロイヤルティに及ぼす効果のメカニズムを解明する一つの理論的手がかりは，顧客満足の向上にいかに関わっているかに見出すことができる。ロイヤルティの主要な先行要因の1つとして顧客満足は（Anderson et al. 1994），いくつか異なった形で定義される。一般に顧客満足は，好ましく満たされた状態（pleasurable fulfillment）をさす（Oliver 1999）。ある特定ブランドに対する顧客経験を時間軸に沿って捉えた場合，取引特定的満足（transaction specific）と累積的満足（cumulative）に分けることができる（Fornell 1992; Johnson et al. 1995; Oliver 2010）。取引特定満足とは，ある製品・サービスないしその特性に関する事前期待と実際のパフォーマンスが，どの程度，上回っているか，下回っているか，あるいは一致しているかに関わる評価である（Tse and Wilton 1988; Oliver 2010）。それに対して，累積的満足とは，ある製品・サービスに関して，時間経過の中で繰り返される購買と消費の経験に対する全体的評価である（Fornell 1992）。小売業の店舗ないしはサイトに関して見れば，前者は，今回の買物だけについて満足か不満かが問題になり，後者は，これまでの買物経験を振り返って総合的に満足か不満かが問題となる。ポイントカードに関わる顧客満足は，後者の累積的満足を用いて検討するのが妥当といえよう。
　ポイントカードが顧客満足に与える効果に関する研究として，Gómez et al. (2006) や Bridson et al. (2008) が挙げられる。Gómez et al. (2006) は，ポイントカードの会員は非使用者に比べて，総合的な顧客満足が有意に高いことを確認している。しかし一方で，Smith et al. (2003) によると，ポイントカードの会員は

表8-2	ポイントカードが顧客満足に与える影響に関する先行研究	
研究	研究概要	主な知見
Bridson et al.（2008）	H&BC小売業におけるアンケート調査	・ポイントカードのハード特典（値引き，クーポン，ポイント付与など）の重要度は，ロイヤルティよりも満足度に対してより大きな正の影響を与える。 ・ソフト特典（特別待遇など）の重要度は，満足度よりもロイヤルティに対してより大きな正の影響を与える。
Gómez et al.（2006）	スーパーマーケットにおけるアンケート調査	・ポイントカードの会員は非会員に比べて，総合的な顧客満足が高い。
Smith et al.（2003）	小売業における日記とアンケート調査	・ポイントカードの会員は非会員に比べて批判的で，非会員ほど満足していない。しかし，会員は非会員ほど移り気ではない。

非使用者に比べて当該ブランドに対して批判的な態度を示し，非使用者ほど満足していない，と報告している。このように，ポイントカードが顧客満足へ与える影響については結論が一致していない。

さらに，Bridson et al.（2008）は，ポイントカードで会員に提供される2つのタイプの特典が，顧客満足とロイヤルティに与える効果の相対的な大きさについて研究している。一般に，ポイントカードで提供される特典は，ハード特典（値引き，クーポン，ポイント付与など）とソフト特典（特別待遇など）に分けられる。彼らの研究によると，顧客満足に対しては，ハード特典の重要度（どれくらい重視するか）の方がソフト特典よりも高い効果を持つ。しかしながら，ロイヤルティに対しては，ハード特典よりもソフト特典の方が高い効果を持つことが明らかになっている。

以上の先行研究の知見をまとめたものが，表8-2である。ポイントカードが顧客のロイヤルティに与える効果に関する研究に比べれば研究知見が少なく，ポイントカードが顧客満足に与える効果については，正と負の両方の影響があると報告されており，結論は見出されていない。

2-3　ポイントカードがスイッチング・コスト形成に与える影響

ポイントカードが顧客の行動ロイヤルティに及ぼす効果のメカニズムを解明するもう1つの理論的な手がかりは，顧客が知覚するスイッチング・コストである。スイッチング・コストとは，一般に，消費者が他の店舗にスイッチする際に

知覚する経済的，社会的，心理的なリスクである（Fornell 1992）。Burnham et al.（2003）は，スイッチング・コストを大きく，①手続き的スイッチング・コスト，②経済的スイッチング・コスト，③関係的スイッチング・コストに大別し，それぞれロイヤルティに正の効果を与えていることを明らかにしている。このようなスイッチング・コストによって，消費者が企業に囲い込まれている状態は，ロックイン（lock-in）と呼ばれる（Shapiro and Varian 1999）。ロックインには様々なタイプがあるが，ポイントカードは，企業が消費者のロックインを促す手段の1つと捉えられる（Shapiro and Varian 1999）。ポイントカードは，消費者が当該店舗から買うのを止めて他の店舗に乗り換えると，当該店舗ですでに貯めたポイントを失うという意味でのコスト，すなわちスイッチング・コストを生み出す，と考えられている。

　これまで，ポイントカードがもたらすスイッチング・コストについて様々な研究が行われているが，ポイントカードによって，どれくらいのスイッチング・コストが発生しているかを計測した研究は，航空会社のフリークエント・フライヤー・プログラムについて多くの研究蓄積がある。例えば，Carlsson and Lofgren（2006）は，航空会社のフリークエント・フライヤー・プログラムに伴うスイッチング・コストを計測し，平均チケット価格の12%に相当する，という結果を得ている。同様に，Nako（1992）は平均チケット価格の10%，Proussaloglou and Koppelman（1999）は平均チケット価格の8～11%，Morrison and Winston（1989）は平均チケット価格の10%がスイッチング・コストという結果であった[3]。

　クレジットカードのポイントカードを比較して，相対的な魅力度と相対的なスイッチング・コストの高さが，クレジットカードに対する顧客のロイヤルティに与える効果を検証したWirtz et al.（2007）の研究がある。彼らによると，顧客が知覚したスイッチング・コストは財布シェアに正の効果を与えており，特に企業に対する態度的ロイヤルティが低い方が，その効果が大きいことが示されている。

　以上の先行研究の知見を表8-3にまとめた。ポイントカードがスイッチング・コストに与える効果については，航空会社では平均チケット価格の8～12%と推定されているが，その他の業種については金額的なコストの推定には至っていない。さらには，スイッチング・コストが態度的ロイヤルティに与える効果については，明らかになっていない。

表8-3	ポイントカードがスイッチング・コスト形成に与える影響に関する先行研究	

研究	研究概要	主な知見
Carlsson and Lofgren (2006)	航空会社のフリークエント・フライヤー・プログラムに関する購買データ	・フリークエント・フライヤー・プログラムはスイッチング・コストを上昇させ，それは平均チケット価格の12%である。
Nako (1992)	航空会社のフリークエント・フライヤー・プログラムに関する購買データ	・フリークエント・フライヤー・プログラムはスイッチング・コストを上昇させ，それは平均チケット価格の10%である。
Morrison and Winston (1989)	航空会社のフリークエント・フライヤー・プログラムに関する購買データ	・フリークエント・フライヤー・プログラムはスイッチング・コストを上昇させ，それは平均チケット価格の10%である。
Proussaloglou and Koppelman (1999)	航空会社のフリークエント・フライヤー・プログラムに関する購買データ	・フリークエント・フライヤー・プログラムはスイッチング・コストを上昇させ，それは平均チケット価格の8~11%である。
Wirtz et al. (2007)	クレジットカードのポイントカードの実験	・ポイントカード間の知覚スイッチング・コストは，高い態度的ロイヤルティよりも低い態度的ロイヤルティの方が，財布シェアを増大させることにおいて，より効果的である。 ・上記の効果は，魅力的なポイントカードにおいてより強い。

2-4　ポイントカードに関する先行研究の課題

　これまでの先行研究のレビューから，いくつかの課題を指摘できる。第1に，ポイントカードが，ロイヤルティや顧客満足といった変数とどのような関係があるかを個別に取り扱った研究が多く，顧客満足とロイヤルティの関係を含む包括的なモデルによって，ポイントカードが顧客のロイヤルティの形成に，どのような役割を果たしているかという研究が必要である。この点は，ポイントカードの先行研究をその理論的系統からレビューした Henderson et al. (2011) も同様の指摘をしている。

　第2に，ネット店舗とリアル店舗におけるポイントカードの効果の違いに焦点を当てた研究の必要性である。例えば，Shankar et al. (2003) は，顧客満足とロイヤルティとの関係についてホテル業界のオンラインユーザーとオフラインユー

ザーの比較をおこない，顧客満足はオンラインとオフラインで同等であるが，ロイヤルティはオンラインの方がオフラインよりも高く，さらに総合満足度とロイヤルティが相互に強化する度合いはオンラインの方がオフラインよりも高い，と報告している。このことは，ポイントカードの導入によって，顧客のロイヤルティと総合満足度を高める可能性を示唆するが，Shankar et al.（2003）で用いた調査対象者のほぼ全員はポイントカードの会員であるため，ポイントカードの効果までは検証に至っていない。

第3に，ポイントカードがスイッチング・コストに与える効果については，航空会社以外の研究はほとんど存在しない。航空会社以外の業種においても，顧客満足とロイヤルティとの関係を含む包括的なモデルにスイッチング・コストを取り込み，ロイヤルティ形成のプロセスにおいてスイッチング・コストの媒介効果を検証していく必要がある。

第4に，顧客満足とロイヤルティの関係については，概ね正の関係があることは認められているが，その間に各種の調整効果が働くことも指摘されている。ポイントカードを，その調整変数の1つとして検討することができる。つまり，スイッチング・コストを含む顧客満足-ロイヤルティ形成モデルを構築することで，ポイントカードが調整変数として果たす役割を検証する必要がある。

3．研究仮説と研究目的

3-1　研究目的

本章の研究目的は，ポイントカードが顧客満足および態度的ロイヤルティに与える影響について，リアル店舗とネット店舗を比較しながら，理論的・実証的に検証することである。すなわち，顧客満足とロイヤルティの関係をベースとして，そこにスイッチング・コストを含んだ顧客ロイヤルティ形成モデルを構築する。顧客維持を図る企業の取り組みは，製品・サービスに対する顧客満足を高めるような促進要因だけでなく，何らかの制約要因によっても実現する。Benda-pudi and Berry（1997）は，顧客がサービス業者との関係維持に向かう源泉として，関係を維持したいという献身（dedication）と，関係に止まらざるを得ない制約（constraints）をあげて，それぞれに影響を与える動機付けと，それぞれがもたらす結果が異なることを指摘している。スイッチング・コストは，この制約

に関わる概念である[4]。したがって本章のモデルは，ロイヤルティに対する促進要因と制約要因の両方を含んだものとして位置付けられる。

　このモデルにおいて，ポイントカードは調整変数として取り扱われ，顧客満足やスイッチング・コストがロイヤルティ形成に及ぼす効果の大きさを調整する役割を持つ，と想定される。モデルの具体的な構成は，顧客満足，ロイヤルティ（再購買意図），スイッチング・コストの水準，それらの間の関連性，そして，調整変数としてのポイントカードの有無ならびにポイント使用の有無である。加えて，リアル店舗とネット店舗との比較によって，これらの関連性がどのように異なるかを見る。以上の研究目的のもとで分析をおこなうため，同一小売業者でリアル店舗とネット店舗を同時に運営している業界として，家電量販店を研究対象とする。

3-2　研究仮説

　リアル店舗とネット店舗で比較した際のポイントカードの最大の違いは，顧客が商品・サービスビスを購買する時点におけるポイントの「可視化」にある，と考えられる。ポイントの可視化とは，購買前にポイント残高がどれくらいあるかを認識し，購買時にその残高から使用するポイント額を考慮して買物をおこなうことである。リアル店舗において，会計時にポイントを使うか否かを店員から訊ねられることはあるが，消費者は正確なポイント残高を知らないまま，ポイントを行使したらといくら割安になるかを考える機会はそれほどないと考えられる。購買金額に応じて付与されるポイントを貯めるか，（残高がいくらかわからないが）ポイントを使い切ってしまう，といった行為がとられている，と考えられる。それに対して，ネット店舗において買い物をする際，画面に保有ポイント数が表示されることが多いため，決済時に自分がいくらのポイントを行使できるかを考えることができる。

　こうしたことを考慮すると，ネット店舗の方がリアル店舗よりもポイントの可視化の度合いが高いと考えられる。ポイントが可視化されることによって，顧客は購買時にポイント値引きを意識することから，結果的に支払いコストが低下したことにより，顧客満足が向上する，と考えられる。そして，この効果はポイント使用者の方が非使用者に比べて大きい，と考えられる。

　したがって，ネット店舗の方がリアル店舗よりもポイントカードに関する価値が高く認知され，その結果，顧客満足を高めるであろう。以上のことから，**仮説**

1が導出される。

仮説1　ネット店舗における顧客満足は，ポイント使用者の方が非使用者より
　　　　も高く，その差は，リアル店舗におけるポイント使用者と非使用者の
　　　　差よりも大きい。

　さらに，ネット店舗におけるポイントの可視化は，他の店舗へ乗り換える際の
スイッチング・コストを高め，ポイントカードの会員をよりロックインさせるで
あろう。

仮説2　ネット店舗におけるスイッチング・コストは，ポイント使用者の方が
　　　　非使用者よりも高く，その差は，リアル店舗におけるポイント使用者
　　　　と非使用者の差よりも大きい。

　ネット店舗におけるポイントの可視化は，貯蓄したポイントが分散しないよう
に，顧客は使用する店舗を集約化するだろう。また，仮説2で述べたロックイン
効果によって，ロイヤルティは高くなるだろう。したがって，以下の仮説3が導
出される。

仮説3　ネット店舗におけるロイヤルティ（再購買意図）は，ポイント使用者
　　　　の方が非使用者よりも高く，その差は，リアル店舗におけるポイン
　　　　ト使用者と非償使用者の差よりも大きい。

　ネット店舗におけるポイントの可視化は，顧客満足→ロイヤルティのパスをよ
り強くするであろう。なぜならば，ネット店舗の買物に満足した顧客は，スマー
トフォンなどのモバイル端末を使えば，いつでもどこでもネット店舗にアクセス
できる状態にある。そこで，オンラインサイトでのポイント残高が可視化されて
いれば，顧客にとってさらにそれを貯める動機付けとなり，結果的にロイヤル
ティを高めるだろう。また，それは顧客満足→スイッチング・コストのパスをも
より強くするであろう。そして，それはまた，スイッチング・コスト→ロイヤル
ティのパスをより強くもするであろう。まとめると，以下の仮説4a〜仮説4c
が導出される。

仮説 4 a　ネット店舗における顧客満足→ロイヤルティのパスは，ポイント使用者の方が非使用者よりも高く，その差は，リアル店舗におけるポイント使用者と非使用者のパスの差よりも大きい。

仮説 4 b　ネット店舗における顧客満足→スイッチング・コストのパスは，ポイント使用者の方が非使用者よりも大きく，その差は，リアル店舗におけるポイント使用者・非使用者のロイヤルティのパスの差よりも大きい。

仮説 4 c　ネット店舗におけるスイッチング・コスト→ロイヤルティのパスは，ポイント使用者の方が非使用者よりも大きく，その差は，リアル店舗におけるポイント使用者と非使用者のパスの差よりも大きい。

4．分析モデルと分析データ

4-1　分析モデル

　本研究では，顧客満足を小売店舗に対するロイヤルティ形成の主要因の1つと捉える。そこで，本研究の分析モデルは，顧客満足-ロイヤルティの関連性を基盤とする。顧客満足は，顧客のロイヤルティの主要な先行要因である（Anderson et al. 1994; Jones et al. 2000; Lee et al. 2001）。さらに，ロイヤルティに影響を与える要因としてスイッチング・コストを導入する。

　顧客満足-ロイヤルティの関係に対して，スイッチング・コストがいかなる効果を与えるかに関しては，①直接効果，②媒介効果，③交互作用効果（調整効果），の3つのアプローチが存在する酒井（2010）。本研究においては，スイッチング・コストそのものの大きさを確認しつつ，その効果の大きさを確認するため，第1に，スイッチング・コストをロイヤルティの先行要因の1つと捉える①直接効果を想定する。第2に，顧客満足と顧客ロイヤルティの間に介在する要因としてスイッチング・コストを捉える②媒介効果を想定する。以上の2つの効果を含めた，顧客ロイヤルティ形成モデルを図8-1のとおりである。

　この分析モデルを用いて，ポイントカードによる調整効果を検証するととともも

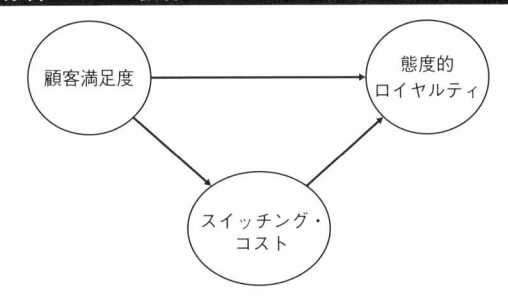

図8-1　分析モデル：顧客ロイヤルティ形成モデル

図8-2　分析における比較対象

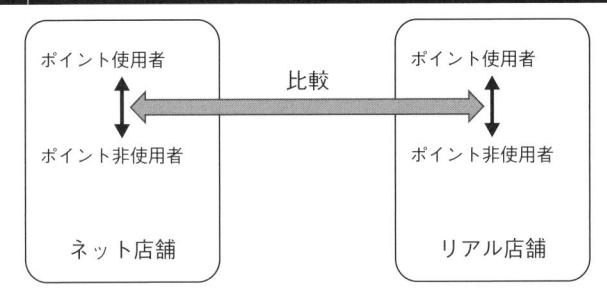

に，それをリアル店舗とネット店舗間で比較する。ここでは，リアル店舗とネット店舗を1つのデータセットで直接比較するのではなく，別のモデルで推定する。なぜなら，同一のモデルで比較をするためには，モデル構造について，配置と測定の不変性が確認されなければならない。しかしながら，2つの業態を合わせた場合，不変性が確認しにくいからである。

　リアル店舗のポイント使用者と非使用者の差およびネット店舗のポイント使用者と非使用者の差を比較することが，本章の研究目的である（図8-2）。具体的には，①ネット店舗のポイント使用者，②ネット店舗のポイント非使用者，③リアル店舗利用者のポイント使用者，④リアル店舗利用者のポイント非使用者の計4グループを抽出し，①〜④の4群による多母集団の平均構造分析をおこなう[5]。多母集団の平均構造分析とは，母集団が複数ある場合に母集団間で因子平均やパス係数を比較することが可能な共分散構造分析のことであり（豊田2007），これにより顧客満足やロイヤルティの因子平均の違い，そして，構成概念間のパス係数の違いを比較することが可能となる。

4-2 測定尺度

　分析モデルで示した顧客満足，ロイヤルティ，スイッチング・コストの各構成概念の測定尺度は，先行研究で信頼性や妥当性が確認されているものを参考に，**表8-4**のとおり設定した。顧客満足とロイヤルティについては，JSCI（日本版顧客満足度指数）のモデルで使用されている尺度を使用した。顧客満足は，全体的満足，選択満足（選択の妥当性），生活満足という3つの質問項目を「これまでの経験を振り返って」という条件文を付けることで累積的満足として測定している。ロイヤルティは，Oliver（1999）でいう動能ステージにあたる再購買意図を多項目で尋ねるかたちで操作化した。Bolton et al.（2004）の顧客資産マネジメントの枠組みにしたがうと，一定期間における購買行動を，長さ，広さ，深さで捉えることができる。ここでは，ロイヤルティ（再購買意図）を，長さ（length）を表す継続期間，広さ（breadth）を表す利用目的の多様性，深さ（depth）を表す利用頻度で捉え，それぞれの再購買意図を質問項目として設定している。スイッチング・コストについては，Burnham et al.（2003）らを参考にした酒井（2012）の手続き的スイッチング・コストに相当する3項目（探索コストと学習コストと評価コスト），経済的スイッチング・コストに相当する2項目（金銭的損失コスト，ベネフィット損失コスト）を用いる。

4-3 分析データの概要

　使用するデータは，リアル店舗とネット店舗の両方を運営している家電量販店の顧客満足度調査のデータである。データベースは，JCSI（日本版顧客満足度指数）調査2013年度によるものである（SPRING:サービス産業生産性協議会による調査）。調査実施時期は，2013年10月1日〜28日である[6]。分析対象となるのは大手家電量販3チェーンであり，それぞれチェーンA, B, Cと呼ぶ。3チェーンともリアル店舗とネット店舗を展開しており，これらすべてのチェーンにおいて，ポイント会員は，貯まったポイントを1ポイント単位で使用することができるポイントカードを行っている。今回の分析に用いるサンプルサイズは，**表8-5**のとおりである。

表8-4	本研究で使用した観測変数	
潜在変数	観測変数	出典
顧客満足	【全般】 利用経験を踏まえてどの程度満足しているか 【選択満足】 当企業・サービスを選んだのは良い選択だったと思うか 【生活満足】 当企業・サービスはあなたやあなたの周辺を豊かにするのにどの程度役立っていると思うか	南・小川 (2010)
ロイヤルティ	【第一候補】 次回も当企業・サービスを第1候補にすると思う 【関連購買】 これまでよりも幅広く利用したい 【頻度】 今までより頻繁に利用したい 【持続期間】 これからも利用し続けたい	南・小川 (2010)
スイッチング・コスト	【経済的損失コスト】 新たに他に乗り換えると，金銭的にはかえって高くつきそうだ 【学習コスト】 もし「企業名」を乗り換えたら，新たに利用する「業種名」のしくみに慣れるのが大変だろう 【ベネフィット損失コスト】 他の「業種名」に乗り換えると，今まで「企業名」で積み上げてきたポイント，信用，サービス特典などが無くなってしまうだろう 【評価コスト】 たとえ手元に情報があっても，「企業名」と他の「業種名」の特長を比較するのは，とても手間がかかる 【探索コスト】 「企業名」より良い「業種名」を探すのは，手間がかかる	酒井 (2012)

表8-5	サンプルサイズ	
	ポイント使用者	ポイント非使用者
リアル店舗	265	635
ネット店舗	259	990

5. 分析結果

5-1　構成概念の信頼性と妥当性の検証

　まず，構成概念の信頼性と妥当性を確認する。信頼性に関しては，クロンバックの α と Composite Reliability（CR），妥当性は Average Variance Extracted（AVE）を用いて検討する。検証結果は**表8-6**に表したとおりである。

　すべての質問項目の平均値と標準偏差を算出し，天井効果と床効果が見られないことを確認した。クロンバックの α 係数は0.70以上（Hair et al. 2014），CR は0.70以上（Bagozzi and Yi 1988），AVE は0.50以上（Fornell and Larcker 1981）が望ましいとされているが，いずれも基準の値を超えており，測定尺度の信頼性と妥当性がいずれの構成概念についても確認された。

5-2　モデルの妥当性の検証

　図8-1の分析モデルを使用して，①ネット店舗のポイント使用者，②ネット店舗のポイント非使用者，③リアル店舗利用者のポイント使用者，④リアル店舗利用者のポイント非使用者の4群について，多母集団の同時分析をおこなった[7]。豊田（2007）および狩野・三浦（2007）を参考に，以下の手順でモデルを検証した[8]。

手順1　群ごとに別々に分析をおこない，モデル適合に問題がないことを確認する。

手順2　群間で配置不変モデル（等値制約をかけないモデル）が成立していることを確認する。

手順3　群間で測定不変モデル（等値制約をかけるモデル）が成立していることを確認する[9]。

手順4　平均構造を検討する。すなわち，因子平均が群間で異なると仮定するモデルで群間を比較する。

　手順1から手順4の検証結果は**表8-7**のとおりである。Model 1 の配置不変

表8-6　信頼性と妥当性の検証結果

潜在変数	観測変数	平均	標準偏差	因子負荷量	クロンバックα	CR	AVE
顧客満足	【全般】	7.44	1.66	0.95	0.96	0.96	0.88
	【選択満足】	7.55	1.69	0.97			
	【生活満足】	7.33	1.66	0.90			
ロイヤルティ	【第一候補】	5.02	1.41	0.90	0.90	0.90	0.94
	【関連購買】	5.00	1.33	0.86			
	【頻度】	4.66	1.37	0.85			
	【持続期間】	5.54	1.26	0.74			
スイッチング・コスト	【経済的リスクコスト】	3.89	1.49	0.66	0.84	0.85	0.89
	【学習コスト】	3.42	1.53	0.82			
	【ベネフィット損失コスト】	4.04	1.66	0.61			
	【評価コスト】	3.84	1.47	0.66			
	【探索コスト】	3.63	1.52	0.86			

表8-7　多母集団の同時分析に関する各モデルの適合度指標

モデル		サンプルサイズ	χ^2乗値	自由度	GFI	AGFI	CFI	RMSEA	AIC
Model0	ネット・ポイント使用者	265	351.67	51	0.908	0.860	0.945	0.096	405.7
Model0	ネット・ポイント非使用者	635	186.93	51	0.891	0.833	0.936	0.100	240.9
Model0	リアル・ポイント使用者	259	436.25	51	0.925	0.885	0.961	0.087	490.2
Model0	リアル・ポイント非使用者	990	88.16	51	0.947	0.919	0.983	0.053	142.2
Model1	配置不変	2149	1070.74	210	0.917	0.877	0.956	0.044	1274.7
Model2	測定不変	2149	1121.04	237	0.913	0.885	0.913	0.042	1271.0
Model3	測定不変 ＋ 平均構造	2149	1282.43	264	–	–	0.948	0.042	1474.4

モデルに比べて，Model 2の測定不変モデルではAIC（赤池情報量規準：統計モデルの良さを評価するための指標）およびRMSEA（モデルの分布と真の分布との乖離を1自由度あたりの量として表現した指標）が改善されており，平均構造を検討するための前提となる測定不変のモデルが受容されている。そのうえで，以降では平均構造を導入した多母集団同時分析をおこなう。

5-3　結果の分析

　本研究における分析モデルの推定結果は，図8-3に表されている。顧客満足

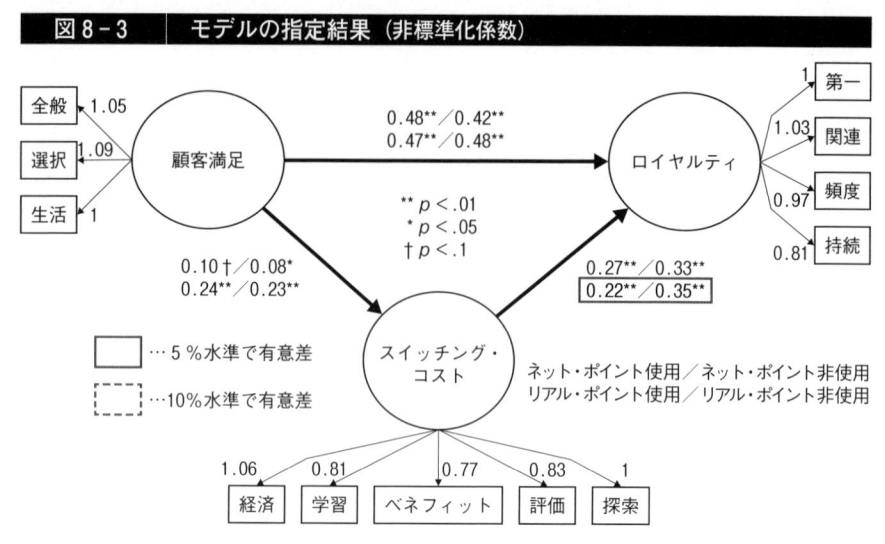

図8-3　モデルの指定結果（非標準化係数）

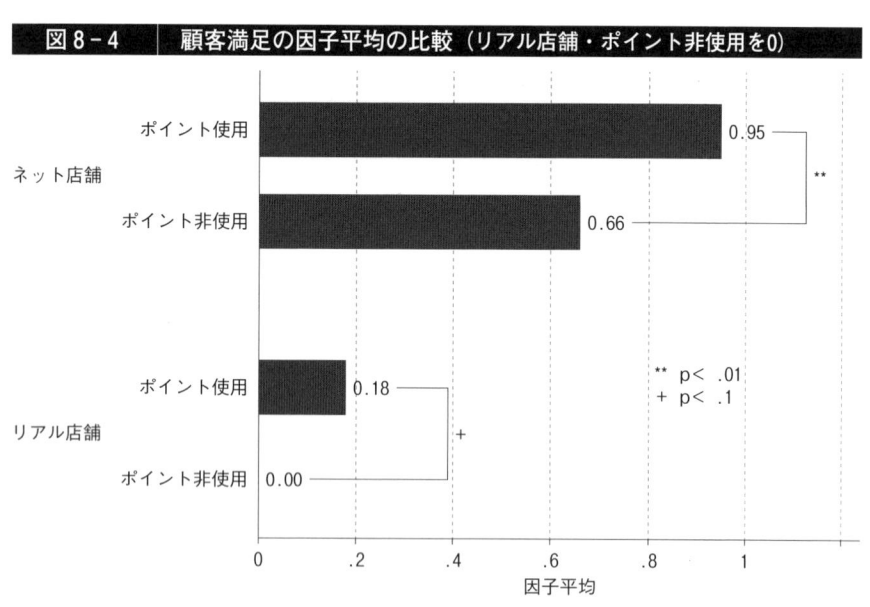

図8-4　顧客満足の因子平均の比較（リアル店舗・ポイント非使用を0）

→ロイヤルティの係数について，ネット店舗のポイント使用者は0.48，ネット店舗のポイント非使用者は0.42，リアル店舗のポイント使用者は0.47，リアル店舗のポイント非使用者は0.48であった。ネット店舗およびリアル店舗ともに，ポイント使用者と非使用者の間で係数に有意差は見られなかった。したがって，**仮説**

4 a（ネット店舗におけるポイント使用者と非使用者の顧客満足→ロイヤルティのパスの大きさの差は，リアル店舗におけるポイント使用者と非使用者のロイヤルティの差よりも大きい）は支持されなかった。

　顧客満足→スイッチング・コストの係数については，ネット店舗のポイント使用者は0.10，ネット店舗の非使用者は0.08，リアル店舗のポイント使用者は0.24，リアル店舗のポイント非使用者は0.23であった。ネット店舗およびリアル店舗ともに，使用者と非使用者の間で係数に有意差は見られなかった。したがって，仮説4 b（ネット店舗におけるポイント使用者と非使用者の顧客満足→スイッチング・コストのパスの差は，リアル店舗におけるポイント使用者と非使用者のロイヤルティの差よりも大きい）は支持されなかった。

　スイッチング・コスト→ロイヤルティについては，ネット店舗のポイント使用者は0.27，ネット店舗のポイント非使用者は0.33，リアル店舗のポイント使用者は0.22，リアル店舗のポイント非使用者は0.35であった。ネット店舗では使用者と非使用者の間で有意差は確認されなかったものの，リアル店舗では非使用者の方が使用者よりも高く，統計的にも有意差が確認された。したがって，仮説4 c（ネット店舗におけるポイント使用者と非使用者のスイッチング・コスト→ロイヤルティのパスの大きさの差は，リアル店舗におけるポイント使用者と非使用者の差よりも大きい）は支持されなかった。

仮説1～仮説3についての検証結果は次のとおりである。顧客満足の因子平均の比較結果を図8-4に示した。比較の基準とするために，リアル店舗のポイント非使用者の因子平均を0としている。ネット店舗のポイント使用者が0.95に対して，ネット店舗の非使用者が0.66であり，統計的な有意差が確認された（1％水準）。一方，リアル店舗のポイント使用者は0.18であり，リアル店舗においてポイント使用者と非使用者の間では有意な傾向は見られた（10％水準）。ただし，ネット店舗におけるポイント使用者と非使用者の間の差の方が，リアル店舗におけるポイント使用者と非使用者の間の差よりも大きい。したがって，仮説1（ネット店舗における顧客満足は，ポイント使用者の方が非使用者よりも高く，その差は，リアル店舗におけるポイント使用者と非使用者の差よりも大きい）は支持された。

　スイッチング・コストの因子平均の比較をおこなった結果が図8-5である。比較の基準のために，リアル店舗のポイント非使用者の因子平均を0としている。ネット店舗のポイント使用者が0.03であるのに対して，ネット店舗の非使用者が-0.01であった。一方，リアル店舗のポイント使用者は0.24であり，統計的な有意差が確認された（5％水準）。以上のことから，仮説2（ネット店舗におけるスイッチング・コストは，ポイント使用者の方が非使用者よりも高く，その差は，リ

| 図8-5 | スイッチング・コストの因子平均の比較（リアル店舗・ポイント非使用を0） |

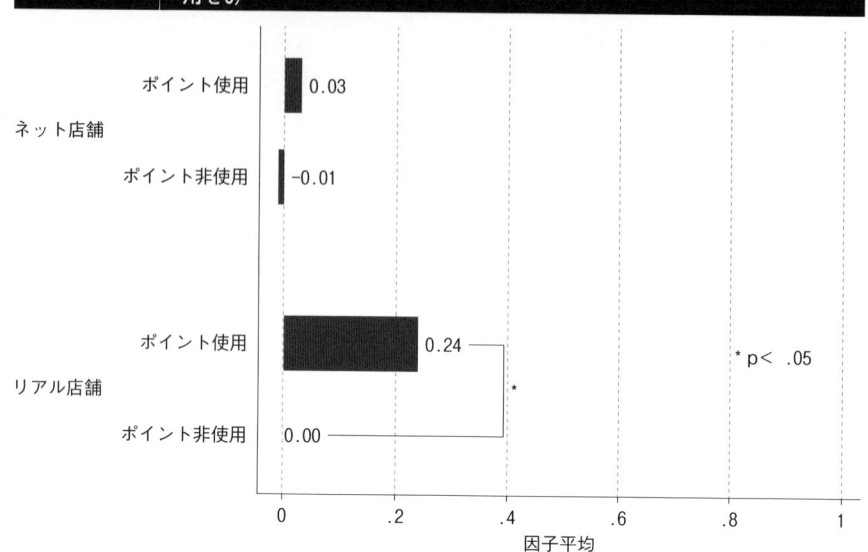

因子平均

アル店舗におけるポイント使用者・非使用者のスイッチング・コストの差よりも大きい）は支持されなかった。

　ロイヤルティの因子平均の比較をおこなった結果が，図8-6である。比較の基準のために，リアル店舗のポイント非使用者の因子平均を0としている。ネット店舗のポイント使用者が0.50であるのに対して，ネット店舗の非使用者が0.28であり，統計的な有意差は確認されなかった。一方，リアル店舗のポイント使用者は0.41であり，ポイント使用者・非使用者間において統計的な有意差が確認された（有意水準1％）。したがって，**仮説3**（ネット店舗におけるロイヤルティは，ポイント使用者の方が非使用者よりも高く，その差は，リアル店舗におけるポイント使用者・非使用者のロイヤルティの差よりも大きい）は支持されなかった。

　最後に，ロイヤルティの分解をおこなう。すなわち，ロイヤルティの因子平均を，切片部分，顧客満足からの直接効果の寄与部分，スイッチング・コストからの直接効果の寄与部分の3つに分解する。ロイヤルティの因子平均を分解したのが図8-7である。ネット店舗のポイント使用者の因子平均0.50のうち，顧客満足からの直接効果による寄与部分は0.46であり，91.6％の寄与率となっている。また，スイッチング・コストからの直接効果の寄与部分は0.01であり，2.4％の寄与率となっている。切片部分は0.03であり，6.0％の寄与率となっている。こ

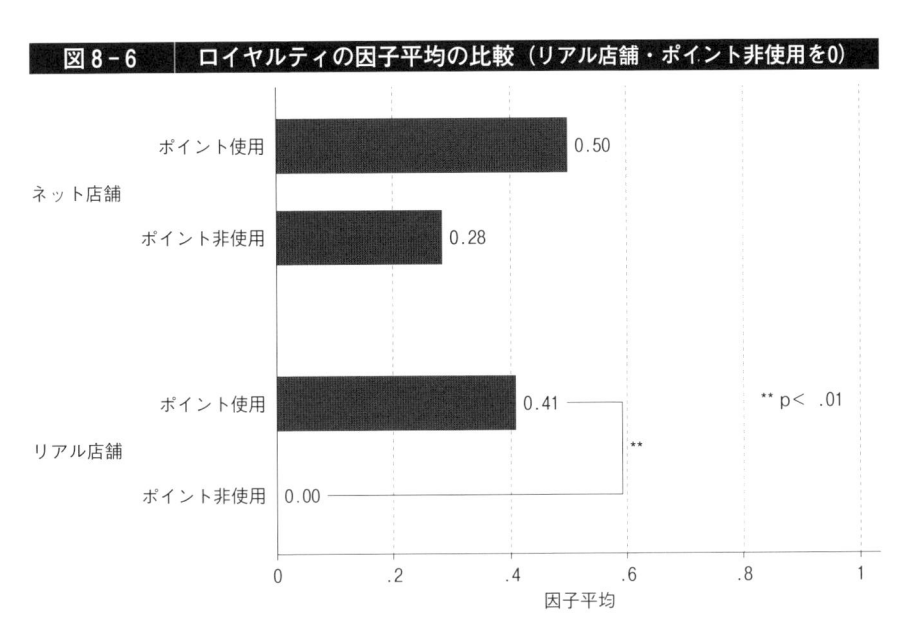

図 8-6　ロイヤルティの因子平均の比較（リアル店舗・ポイント非使用を0）

ネット店舗
- ポイント使用　0.50
- ポイント非使用　0.28

リアル店舗
- ポイント使用　0.41
- ポイント非使用　0.00

** p< .01

（横軸：因子平均　0　.2　.4　.6　.8　1）

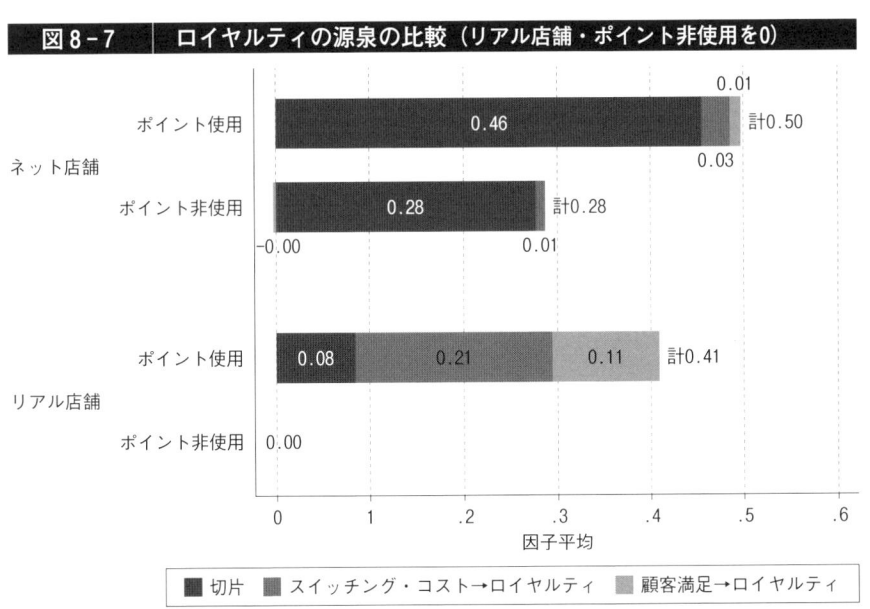

図 8-7　ロイヤルティの源泉の比較（リアル店舗・ポイント非使用を0）

ネット店舗
- ポイント使用　0.46　0.01　0.03　計0.50
- ポイント非使用　-0.00　0.28　0.01　計0.28

リアル店舗
- ポイント使用　0.08　0.21　0.11　計0.41
- ポイント非使用　0.00

（横軸：因子平均　0　.1　.2　.3　.4　.5　.6）

■ 切片　■ スイッチング・コスト→ロイヤルティ　■ 顧客満足→ロイヤルティ

のように，ネット店舗のポイント使用者のロイヤルティは，顧客満足による部分が大部分を占めることが明らかになった。

　ネット店舗のポイント非使用の因子平均0.28においては，顧客満足からの直接効果の寄与部分が0.28となっており，97.5%の寄与率となっている。またスイッチング・コストからの寄与部分が0.00でり，効果が確認されない。切片部分が0.01であり，3.5%の寄与率となっている。このように，ネット店舗のポイント非使用者のロイヤルティは，ポイント使用者と同様に顧客満足による部分が大部分を占める。

　リアル店舗におけるポイント使用者の因子平均0.41において，顧客満足からの直接効果の寄与部分が0.08となっており，20.7%の寄与率である。また，スイッチング・コストからの寄与部分が0.11となっており，28.0%の寄与率となっている。また切片の寄与部分が0.21と最も高く，51.4%の寄与率となっている。

　以上の結果をまとめると，ネット店舗のユーザーは，ポイント使用者か非使用者にかかわらず，顧客満足からの直接効果によりロイヤルティを形成する割合が高く，スイッチング・コストからの直接効果および切片により形成されるロイヤルティ部分は低い傾向にある。言い換えれば，ネット店舗におけるポイント使用者と非使用者のロイヤルティの差は，顧客満足そのものの差である。一方，ネット店舗のポイント使用者はリアル店舗のポイント使用者に比べて，顧客満足からの直接効果によってロイヤルティを形成する割合が低く，スイッチング・コストからの直接効果により形成されるロイヤルティ部分および切片の寄与部分の割合が高い傾向にある。

6．考察

6-1　研究結果の解釈

　本章の研究結果について，以下の4点について解釈を行い，結論とする。

　第1に，ネット店舗におけるポイント使用者の顧客満足は非使用者に比べて高く，その差はネット店舗の方がリアル店舗よりも大きい。その理由としては，第1に，ポイントを使用する人は，何度も同じサイトで買物をして，ポイントを使うほど十分な買物経験を有しているために，もともと満足度が高い，と考えられる。第2の理由として，ポイント値引きを受けたことによって，他のサイトや店

舗で買うよりも割安に購入できるというメリットを得ているだろう。第3の理由
として，ネットショッピングをする顧客は，購入手続きの際，購買時点の保有ポ
イント数や購買時の使用ポイント数を確認し，金銭的にどれくらい安くなるかに
ついてじっくり考えた決済のプロセスを踏むことができるから，と考えられる。

　第2に，ネット店舗におけるスイッチング・コストは，ポイント使用者の方が
非使用者よりも低く，しかも，その差はネット店舗の方がリアル店舗よりも大き
い。この知見は慎重に解釈すべきである。第1に，ポイント使用者は，（回答時
点で）すでにポイントを使い切っていれば，そのサイトにロックインされている
という知覚を持ちにくいのかもしれない。第2の解釈として，いわゆる「リサー
チ・ショッパー」現象が発生しているのではないか，とも考えられる（Verhoef
et al. 2007; Kumar and Reinartz 2012）。リサーチ・ショッパーとは，購買前に活発
な情報収集をおこなう購買者のことであり，チャネルのロックイン効果が薄いこ
とによって，活発に他のショッピングサイトを探し回るリサーチ・ショッパーを
生み出す，という現象である。Kumar and Reinartz（2012）は，「ネット店舗の
チャネルにおけるロックイン効果は，明らかにリアル店舗よりも低い。なぜなら
ば，リアル店舗を出て別のリアル店舗に行くよりも，web 上で別の店舗に移動
する方がはるかに容易だから」（p.257）と指摘している。以上のことから，リア
ル店舗よりもネット店舗の方が，スイッチング・コストの影響が小さくなったと
考えられる。もちろん，ポイントがどれくらい貯まっているかを顧客がわかるよ
うに可視化すれば，スイッチング・コストは上昇する可能性はあるが，その効果
はリサーチ・ショッパー現象によって相殺されてしまった可能性がある。加え
て，本章で研究対象とした家電量販の市場特性も起因している，と考えられる。
顧客が複数の家電量販店を利用している場合，競合のネット店舗でもやはりポイ
ントが可視化されているため，結果的にポイントの可視化の影響が小さくなった
と考えられる。

　第3に，ネット店舗における顧客のロイヤルティは，ポイント使用者の方が非
使用者よりも高いが，その差はリアル店舗の方がネット店舗よりも大きい。この
理由として，第1に，リアル店舗においてポイント使用者が知覚するスイッチン
グ・コストが，顧客満足よりも強くロイヤルティに影響を与えていること，第2
に，リアル店舗では切片部分が大きかったことがあげられる。切片部分とは，顧
客満足およびスイッチング・コストの影響を除外した，ロイヤルティの強さに関
する固有の効果である。先述した「リサーチ・ショッパー」とは反対に，リアル
店舗で買い物をする顧客は，ネット店舗のように様々な店舗を瞬時に切り替えて
比較することはできない。ポイント使用者はある特定の店舗で購買しようとする

傾向がネット店舗のポイント使用者よりも高くなる，と考えられるからである。

　最後に，ネット店舗におけるポイントカードは，顧客満足そのものを高めはするものの，顧客満足からロイヤルティ，もしくは顧客満足からスイッチング・コストへのパスを強化することは確認されなかった。図8-7から，ネット店舗にせよリアル店舗にせよ，顧客満足からロイヤルティ，もしくは顧客満足からスイッチング・コストへのパスをポイントカードは高めていないことが分かる。スイッチング・コストからロイヤルティへのパスは，ネット店舗・リアル店舗ともに，ポイント使用者の方が非使用者よりもむしろ低くなっている。これらは，ポイントカードは顧客満足・ロイヤルティの関係性までには影響を与えることはできず，ポイントカードの限界を示しているといえよう。

6-2　インプリケーション

　以上の研究結果を勘案すると，ネット店舗においては，画面上でポイントの可視化をすればするほど，顧客満足が上昇する可能性が高くなる。例えば，オンラインサイトのグラフィック表示を工夫することによって，顧客が直感的にどの程度，自分のポイントが貯まっているか，購買時にどのくらい使えば割安になるかをよりわかりやすく伝えることが重要であろう。

　さらに，リアル店舗でもポイントの可視化を高めることは，顧客満足を向上することにもつながる。通常，リアル店舗で買物をしている際，顧客はその場でポイント残高を確認できない場合が多い。確かに，決済後にはレシートに印字記載されるものの，ほとんどの人はそれを意識して確認せず，しかも購買間隔が開けば開くほどポイント残高を覚えていないだろう。したがって，磁気式でポイント残高が表示されるような，現時点のポイント残高が分かるポイントカードを採用すれば，その分だけ顧客満足が高まる可能性がある。さらには，レジでポイント残高を顧客に伝えるとともに，店員が顧客にポイントを使って決済するかどうかその都度尋ねることも効果的である，と考えられる。例えば，ポイント残高が少ない場合でも，端数分だけポイントを使うよう購買客に促してもよいであろう。

　リアル店舗においても，ネット店舗においても，顧客にポイント使用をしてもらい，ポイントカードのメリットを感じてもらうことが顧客満足と関連があることは同じである。どちらの店舗においておいても，顧客満足はロイヤルティをつくる鍵となる。しかしながら，ポイントカードの導入とポイント使用する行為が，顧客にスイッチング・コストを知覚させ，やがてロイヤルティを形成させる

効果を持つが，ネット店舗では，そうしたスイッチング・コストによるロックイン効果は薄い。それゆえ，ネット店舗を運営する業者にとっては，品揃えやサービスなどのコア便益以外で顧客満足を高めるような各種特典を充実させた魅力的なポイントカードが，リアル店舗以上に重要となる。ネット店舗で買い物をする顧客は，それほど簡単にポイントだけで囲い込まれない，という前提に立って，顧客満足の向上につながる施策を考えていく必要がある。

6-3　今後の研究課題

　本章の研究課題としては，以下の3点があげられる。第1に，顧客がネット店舗とリアルと店舗の両方を使い分ける，マルチチャネル顧客（Multichannel Customer）の研究である（Neslin et al. 2006）。本研究においては，リアル店舗の利用者とネット店舗の利用者をそれぞれサンプリングして比較をおこなったが，当然ながらその中にはリアル店舗とネット店舗の両方を利用しているサンプルの顧客も含まれる。このようなマルチチャネル顧客の顧客満足，スイッチング・コスト，ロイヤルティがどのような構造になっているか，それはネット店舗あるいはリアル店舗だけを利用するシングルチャネル顧客と比較して，どのような特徴を持ち，両チャネルで共通利用できるポイントカードがどのような効果を持つかについては，今後の研究課題である。
　第2に，顧客満足の原因系に関する研究である。すなわち，チャネルの違いは，顧客満足の形成とどのような関連性を持つか，その中でポイントカードがどのような役割を果たすかを明らかにすることである。リアル店舗とネット店舗の顧客，そしてマルチチャネル顧客のそれぞれにおいて，ポイントカードへの参加・非参加，あるいはポイント使用の有無やポイント使用の頻度や金額の大きさが，ロイヤルティの源泉としての顧客満足の形成にどう寄与するかを，理論的に説明し，実証することも今後の課題である。
　第3に，本章の研究対象は家電量販店のネット店舗とリアル店舗であるが，Amazonや楽天などのモール系ネットショップや，健康食品や化粧品などの単品系通販におけるポイント使用者と非使用者の違いについて研究を広げ，研究の一般化を推進する必要がある。

(1)　ロイヤルティの概念定義の論争については，南（2006）pp.86-88を参照されたい。

(2) ただし Gómez (2006) では，ポイントカードへの加入によって以前よりも購買行動が変化したことは確認されず，あくまでロイヤルな顧客を維持し，感情的なつながりを持つことにポイントカードの意義があるとしている。

(3) Carlsson and Lofgren (2006), p.1473による。

(4) スイッチング・コストと類似した概念として，スイッチング・バリアがある For-nell (1992) は，スイッチング・バリアを「顧客が他の供給業者（ベンダー，店舗など）に切り替えるのにコストがかかる」要因であり，「探索コスト，取引コスト，学習コスト，得意客割引，顧客の習慣，感情的コスト，認知的努力が，経済的，社会的，心理的なリスクと結びつくことによって顧客の心理に形成される」としている。スイッチング・バリアは，ブランドを切り替えることに伴う経済的損失にとどまらない幅広い概念であり，論者によっては，バリアに含まれる対人関係をスイッチング・コストとは区別する見解（Wathne et al. 2001）や，それと類似した概念（研究者によっては下位概念）として扱う見解もある（Sharma and Stafford 2000；酒井 2012）。

(5) ポイントカード会員と非会員を比較することも考えられるが，ポイント会員であってもポイントを実際に使用したことがなくポイントを意識しない者を排除するために，ポイント使用者と非使用者に区分した。

(6) JCSI（日本版顧客満足度指数）の調査方法は，株式会社インテージのインターネット・モニターを用いた調査であり，2段階抽出で1企業・ブランドあたり300件超を目標にサンプル抽出をおこなう。第1次抽出では，約140万人のモニターから性別，年齢別，地域別の人口構成を配慮したうえで約19万人を無作為抽出し，会員経験の有無を問う調査を実施する。第2次抽出として，上記回答者から「直近に会員経験がある」方を無作為に抽出する。家電量販店の回答者条件は「最近1カ月間で゛2回以上買い物」がスクリーニング条件となる。各対象400〜500人程度にサービ゛スに対しての具体的な評価について回答を依頼し，回答者一人当たり1企業・ブランドを回答する300以上のサンプルを確保される。

(7) 各群の相関マトリックスについては，章末の Appendix 1 を参照されたい。

(8) SPSS の Amos22を用いた。

(9) 厳密には，測定不変性は，①因子負荷量だけに等値制約をかける「弱測定不変性」，②因子負荷量，分散，共分散に等値制約をかける「測定不変性」③因子負荷量，分散，共分散，誤差分散に等値制約をかける「強測定不変性」という3段階に分かれている（小杉・清水 2014）。本研究では，「弱測定不変性」を測定不変としている。

Appendix 1

ネット店舗

観測変数			CS1	CS2	CS3	LO1	LO2	LO3	LO4	SW1	SW2	SW3	SW4	SW5
	平均		7.81	7.92	7.57	5.01	5.17	4.76	5.70	3.88	3.34	4.04	3.72	3.62
	標準偏差		1.59	1.60	1.59	1.37	1.25	1.32	1.22	1.49	1.51	1.68	1.46	1.53
顧客満足【全般】（CS1）	8.06	1.62		.923**	.833**	.455**	.465**	.358**	.588**	.208**	-0.025	.124**	-0.024	.132**
顧客満足【選択満足】（CS2）	8.24	1.62	.898**		.841**	.460**	.467**	.363**	.605**	.174**	-0.045	.102**	-0.041	.096*
顧客満足【生活満足】（CS3）	7.98	1.64	.801**	.842**		.474**	.509**	.431**	.549**	.199**	0.02	.168**	-0.014	.147**
ロイヤルティ【第一候補】（LO1）	5.22	1.43	.502**	.501**	.548**		.730**	.765**	.615**	.352**	.235**	.281**	.164**	.382**
ロイヤルティ【関連購買】（LO2）	5.31	1.31	.543**	.463**	.516**	.687**		.759**	.606**	.290**	.164**	.280**	.169**	.337**
ロイヤルティ【頻度】（LO3）	4.97	1.41	.456**	.394**	.465**	.758**	.745**		.522**	.322**	.288**	.301**	.196**	.408**
ロイヤルティ【持続期間】（LO4）	5.94	1.19	.576**	.568**	.527**	.570**	.537**	.542**		.234**	0.004	.167**	0.026	.191**
スイッチング・コスト【経済的リスクコスト】（SW1）	4.21	1.64	.196**	.209**	.217**	.410**	.326**	.416**	.251**		.519**	.405**	.417**	.557**
スイッチング・コスト【学習コスト】（SW2）	3.33	1.65	-0.016	-0.031	0.071	.237**	.195**	.280**	0.05	.398**		.462**	.611**	.725**
スイッチング・コスト【ベネフィット損失コスト】（SW3）	4.18	1.77	0.111	0.100	.140*	.307**	.209**	.288**	.170**	.432**	.517**		.388**	.527**
スイッチング・コスト【評価コスト】（SW4）	3.60	1.52	-0.058	-0.053	-0.037	0.022	0.096	0.081	-0.038	.301**	.605**	.364**		.574**
スイッチング・コスト【探索コスト】（SW5）	3.63	1.59	.143*	0.117	.178**	.298**	.284**	.327**	0.117	.521**	.730**	.538**	.606**	

**相関係数は1％水準で有意（両側）
*相関係数は5％水準で有意（両側）
・マトリックスの下段はポイント使用者（N＝265）
・マトリックスの上段はポイント非使用者（N＝635）

リアル店舗

観測変数			CS1	CS2	CS3	LO1	LO2	LO3	LO4	SW1	SW2	SW3	SW4	SW5
	平均		7.09	7.19	7.03	4.91	4.78	4.48	5.34	3.77	3.44	4.00	3.92	3.56
	標準偏差		1.64	1.68	1.63	1.44	1.37	1.38	1.26	1.43	1.50	1.63	1.46	1.48
顧客満足【全般】（CS1）	7.27	1.52		.931**	.882**	.613**	.542**	.474**	.637**	.307**	.118**	.256**	.103**	.252**
顧客満足【選択満足】（CS2）	7.39	1.61	.925**		.896**	.608**	.544**	.468**	.644**	.305**	.118**	.236**	.089**	.247**
顧客満足【生活満足】（CS3）	7.22	1.67	.837**	.854**		.623**	.568**	.507**	.633**	.326**	.124**	.251**	.113**	.249**
ロイヤルティ【第一候補】（LO1）	5.25	1.30	.558**	.581**	.509**		.782**	.706**	.739**	.447**	.302**	.387**	.242**	.415**
ロイヤルティ【関連購買】（LO2）	5.15	1.21	.586**	.590**	.543**	.794**		.810**	.697**	.433**	.335**	.327**	.224**	.380**
ロイヤルティ【頻度】（LO3）	4.87	1.23	.470**	.461**	.457**	.649**	.745**		.617**	.412**	.361**	.324**	.215**	.401**
ロイヤルティ【持続期間】（LO4）	5.52	1.21	.554**	.581**	.523**	.717**	.728**	.597**		.332**	.191**	.273**	.177**	.288**
スイッチング・コスト【経済的リスクコスト】（SW1）	4.03	1.45	.270**	.292**	.315**	.365**	.326**	.327**	.249**		.584**	.473**	.467**	.623**
スイッチング・コスト【学習コスト】（SW2）	3.59	1.52	.125*	.131*	0.112	.232**	.221**	.266**	0.08	.476**		.494**	.558**	.711**
スイッチング・コスト【ベネフィット損失コスト】（SW3）	4.08	1.60	.209**	.183**	.217**	.315**	.233**	.226**	.200**	.519**	.517**		.425**	.532**
スイッチング・コスト【評価コスト】（SW4）	4.02	1.40	.132*	0.109	0.109	.210**	.183**	.206**	.164**	.383**	.504**	.403**		.536**
スイッチング・コスト【探索コスト】（SW5）	3.92	1.50	.256**	.251**	.278**	.356**	.327**	.327**	.224**	.564**	.654**	.512**	.550**	

**相関係数は1％水準で有意（両側）
*相関係数は5％水準で有意（両側）
・マトリックスの下段はポイント使用者（N＝259）
・マトリックスの上段はポイント非使用者（N＝990）

第 9 章

本書のまとめ
──結論と今後の課題──

1. 本研究結果の解釈

　第2章では，ポイントカード利用者を対象として，ポイントカードの知覚価値に与える要因（ポイントカード要素の要因や消費者の要因）を明らかにした。ポイントカードの要素としては，顧客階層は通常のフリークエンシー・リワードよりも知覚価値が高いとはいえないこと，購買金額に応じてボーナスポイントが付与される非線形型は通常の線形型よりも高いとはいえないことが明らかになった。ドラッグストアおよびコンビニエンスストアにおいては，1ポイント単位で使用可能な連続型の方が，ある程度までポイントを貯めなければ使用できない非連続型よりも高かった。これは，連続型の方が非連続型よりもポイント使用経験が高くなるためであることが示唆された。単独型よりも提携型の方が知覚価値が高く，また間接的特典よりも直接的特典の方が知覚価値は高かった。消費者要因としては，購買量が多い顧客ほど，ポイント使用経験があるほど，ポイントカードの知覚価値は高かった。そして男性よりも女性の方がポイントカードの知覚価値は高かった。そして，顧客満足が高い顧客ほどポイントカードへの知覚価値が高く，この効果が最も高かった。

　第3章から第6章では，ポイント付与と値引きのサーベイ実験や実店舗の効果測定をおこなった。使用できる範囲の広さ，流動性の高さ，使用期限の観点から，消費者にとってポイントは現金よりも魅力の点で劣っている通貨であり，消費者が合理的であれば，現金の方が現金と同等のポイントよりも選好される筈である。ところが第3章で見てきたとおり，バスケットレベルでベネフィット水準が低い条件（1～5％水準）においては，ポイント付与の方が値引きよりも知覚

価値は高かった。さらには第4章で見てきたとおり，商品レベルで低いベネフィット水準（商品単価が低く，値引率・ポイント付与率が低い）場合には，ポイント付与の弾性値の方が値引きの弾性値を上回り，高いベネフィット水準（高い商品単価または高い値引率・ポイント付与率）の場合には値引きの弾性値の方がポイント付与の弾性値を上回ることが明らかになった。そして第5章で見たとおり，バスケットレベルで5％の値引きデーとポイント5倍デー（ポイント付与率5％）という比較的低いベネフィット水準では，売上金額，来店客数，客単価，商品単価においてポイントデーの効果が値引きデーの効果を上回っていた。値引きデーは値引き5％に加えて1％のポイント付与に対してポイントデーでは実質のポイント増分は＋4％でありポイント付与1％分だけ値引きデーの方が消費者にとっての価値が高いにもかかわらず，ポイントデーの効果が値引きデーの効果を上回っていたということは，ポイントの販促効果の頑健性を示しているといえる。

第6章では，バスケットレベルにおける販促デーの来店客数への効果に与える商圏要因を検証し，商圏における競合店舗数が多いほど，昼夜間人口比率が高いほど，高所得世帯比率が高いほど，単身世帯比率が高いほど，高齢者人口比率が低いほど，ポイントデーの効果が相対的に高まることが明らかになった。

一方で支払い手段としてのポイントについて，第7章でみてきたとおり，ポイント使用意向に影響をするのは，従来の研究結果とは異なり，支払金額ではなくポイント残高であることが明らかになった。また，支払いの知覚コストを支払金額，ポイント残高，ポイント使用割合によって比較したところ，ポイント使用割合が支払いの知覚コストを低くする効果に対して，ポイント残高の正の調整効果があることが確認された。

第8章では，ポイントカードのポイント使用経験者および非使用経験者を対象として，ポイントカードによって実際にどの程度のスイッチング・コスト，顧客満足，店舗ロイヤルティを生み出しているのかを，JCSIの顧客満足モデル（顧客満足がロイヤルティおよびスイッチング・コストに影響を与えるとするモデル）によって，ポイント使用者と非使用者を対象とした多母集団同時分析により分析をおこなった。ネット店舗ではリアル店舗に比べて，ポイントカードによって顧客満足を容易に高めること，しかしながらネット店舗ではリアル店舗に比べて，ポイントカードによってスイッチング・コストを高めることができないこと（逆にいうとリアル店舗ではポイントカードによってスイッチング・コストを高めること）を明らかにした。その結果，ネット店舗ではスイッチング・コストや顧客満足を高めることを経由したロイヤルティ向上への間接効果はあまり無い一方，リアル店舗ではポイントカードはスイッチング・コストの向上や顧客満足の向上を通じ

た間接効果が直接効果を上回ることを明らかにした。

　第3章，第4章，第5章，第7章の結果を統一的に説明できると考えられるのが，第3章で説明したポイントに関するメンタル・アカウンティング理論である。これは，ポイント付与と値引きのマグニチュード効果に関連するものであり，ベネフィット水準が低い場合には消費者はポイントを貯蓄勘定，値引き（現金）を当座勘定に振り分け，ベネフィット水準が高い場合には消費者はポイントを当座勘定，値引き（現金）を貯蓄勘定に振り分ける，というものである。このため，低いベネフィット水準ではポイント付与の方が値引きよりも知覚価値が高くなり，高いベネフィット水準では値引きの方がポイント付与よりも知覚価値が高くなることが想定される。この効果によって，ベネフィット水準が低い条件では，ポイントの方が値引きよりも知覚価値が高くなり（第3章），ベネフィット水準によって，値引きとポイント付与の効果が逆転し（第4章），ポイントデーの方が値引きデーよりも効果が高かった（第5章）と考えられる。

　現金のメンタル・アカウンティング理論を例えると，あたかも我々が日常で使う財布そのものである。普段は財布から少額ずつ出して使い，まとまった金額が財布に入ったときには銀行口座へ一旦預金しようとするからである。一方で，ポイントに関するメンタル・アカウンティング理論を例えると，あたかも貯金箱のようである。少額のポイントをコツコツ貯めていき，貯金箱が満杯になった時点で貯金箱を割って買物をするのによく似ている。

　さらに，第3章，第4章，第5章のようなフローとしてのポイントの大小でなく，ストックとしてのポイントの大小，すなわちポイント残高の大小を考えた場合，ポイント残高が多いときにはポイントは当座勘定に振り分けられるためにポイントによる支払いの知覚コストを低くし，ポイント残高が少ないときにはポイントは貯蓄勘定に振り分けられるためにポイントによる支払いの知覚コストを高くすると想定される。第7章の実験により，ポイント残高が多い場合にはポイントを使うほど知覚コストが減少するのに対し，ポイント残高が少ない場合にはポイントを使う場合の知覚コストをかえって上昇させてしまうことを確認した。

　ここでは，現金とポイントに関するメンタル・アカウンティング理論の背景にどのようなメカニズムが働いているかを，心理的財布，心的モノサシ，値引きのマグニチュード効果，および値引きの可視化の4つの観点から解釈をこころみよう。

　まず第1に，入金による心理的財布の違いによって，現金およびポイントへの扱いの違いが発生するというメカニズムである。ポイントの支払いによる痛みの減少は，現金とは異なるラベリングがなされた異なる「財布」からの支払いとい

う認識と関連する。小嶋（1986）は，心の中にあたかも異なる財布（心理的財布）を所持するように振る舞う，ということを提唱し，消費者の価格知覚や判断を説明した。また小嶋（1986）は，消費者は通常1つの財布（物理的財布）を所持するが，心理的レベルでは複数の心理的財布に分割し，購入商品・サービスの種類や，それを買うときの状況に応じ，異なる財布から支払うと捉えた。また，毎月の給与のような定期的な収入と臨時のボーナスのような不定期に支払われる収入とでは，どの心理的財布への「入金」となるかも異なる。こうした要因により，異なる心理的財布に対しては異なる価格評価関数が適用される。このため，同じ価格に対する出費においても，異なる心理的財布からの出費となり，入手した商品やサービスの満足感や出費に伴う心理的な痛みも異なるとされる。

　心理的財布の概念によってポイントによる支払いを検討すると，日々の購買によるポイントの蓄積は，異なる財布にお金を入れるという行為に相当すると考えられる。これは，上記の「入金」による財布の違いと解釈できる。この財布からの出費では，日々の買物で（場合によっては苦労して）貯めているため，ある程度のポイント数まで貯まる前は，支払いへの痛みがとても強まる。しかし，ある程度のポイント数まで貯まった後は，もうこれ以上財布にお金を入れなくともよいという感情になるため，支払いへの痛みが緩和されると考えられる。

　第2に，心的モノサシによる値引きとポイント付与の評価のメカニズムである。心的モノサシとは，決定フレームのモデル（Tversky and Kahneman 1981）や心理的サイフ（小嶋 1986）を発展させたもので，消費者があたかもモノサシを持っているかのように意思決定をおこなうというものである（竹村 1998）。心的モノサシのもとでは，消費者は状況に応じて適当な心的モノサシを構成し，異なる心的モノサシ間の比較は困難となることが予想される[1]。前者については，消費者が状況に応じたモノサシの目盛やモノサシの大きさをつくるということである。例えば，自動車の購入の際には目盛りが大きくなり，スーパーマーケットで卵のパックの購入の際には目盛りが小さくなる。後者については，一般に消費者は状況に焦点を当てて，その状況を主観的に構成して，その状況のうえに1つのモノサシを構成するので，1つの状況のうえに2つ以上のモノサシを構成することは認知的負荷の観点からも困難であると考えられるからである。消費者は，経済的合理性から考えると，本来は同じ評価をしなければならないときも異なるモノサシで評価したり，その逆に，本来異なるモノサシで測るべき状況でも同じモノサシで評価することがあるだろう。

　心的モノサシで値引きとポイント付与を評価すると，値引きは最も頻繁に実施されているセールス・プロモーションであり，消費者にとっては非常に馴染みが

あり，値引きを評価する目盛りも小さいものと考えられる。これに対して商品ポイント付与は比較的最近になって始まったセールス・プロモーションであり，実施されている範囲（実施対象商品の数）も実施されている深さ（ポイント付与の大きさ）も，値引きに比べれば狭く浅い。したがって消費者にとっては，ポイント付与を評価する目盛りが値引きに比べて大きいと考えられる。さらに，同じ商品に対してある時期には値引きが実施され，別のある時期にはポイント付与がなされると，本来は1ポイント＝1円で同じ評価をしなければならないときも異なるモノサシで評価してしまうと考えられる。このため，低いベネフィットのときには，ポイント付与の方が値引きよりも高く評価してしまうと解釈される。

　第3に，値引きのマグニチュード効果が，低いベネフィット水準では，ポイントは貯蓄勘定に，現金は当座勘定に振り分けられる一方，高いベネフィット水準では，ポイントは当座勘定に，現金は貯蓄勘定に振り分けられるとするそのメカニズムを発生するというメカニズムである。ポイントのメンタル・アカウンティング理論が生じる本質は，値引きのマグニチュード効果であると考えられる。すなわち，消費者にとって1,000円値引きは100円値引きの10倍の価値ではなく，それ以上の価値を持っている。実際にポイント付与と値引きの弾性値を測定した第5章において，値引率が高いほど弾性値も高くなることが確認されている。

　一方で，付与されるポイント数が多くなるほどポイントの単位当たりのポイントの価値は，現金に比べて低くなる。実際に第3章において，ポイント付与率が低くなるほどポイント付与の弾性値が低くなっていることが確認されている。これは，上記の現金のマグニチュード効果のコインの裏側の関係にあると考えられる。すなわち，大きい値引きほど値引き1円当たりの知覚価値が高くなるため，ポイントをある程度以上貯め，ある程度の大きさの値引きが可能なポイント数となってから，ポイントを使用する方が知覚価値は高くなる。

　第4に，ポイントを値引きの可視化のツールとして消費者に捉えられていることが，値引きとポイントとで知覚される価値が異なることになると考えられる。例えば1,000円の買物における10円の値引きを考えたとき，値引かれた10円はどこで何に使ったのかを通常意識することはまず無いであろう。ところが，ポイントの場合は10ポイント貯まるということで可視化できる。すなわち，低いベネフィット水準における値引きは意識しない（できない）ために知覚価値が低いが，ポイントとして可視化可能なポイントの知覚価値は高くなると考えられる。

　以上述べたように，心理的財布，心的モノサシ，値引きのマグニチュード効果，および値引きの可視化，という心理学的なメカニズムが背景にあり，現金とポイントのメンタル・アカウンティング理論が成立していると考えられる。

2．今後の研究課題

　最後に，ポイントカード研究の全体像において残されている課題を述べる。

　まず第1に，ポイント販促と値引き販促の効果を全店データによって第4章において検証したが，店舗ごとに価格弾力性の測定をおこなうと，店舗によってバラツキが生じることが先行研究では示されている。星野・中川（2015）は，商品ポイント販促についても同様に小売業の売上データを用いて店舗ごとに弾性値を測定したところ，弾性値が店舗ごとにバラツキが見られることを確認している。店舗間でポイント販促の弾性値がバラつく要因は何か，それは価格弾力性の要因とは異なるのか，といった点が今後の課題として残されている。

　そこで，マルチレベルの直接効果と調整効果を同時に推定することにより，商圏レベルの効果を識別する。すなわち，商品×店舗×日のパネルデータによる分析の階層と店舗要因の階層を分けて2階層とし，マルチレベル分析（Cross-classified multilevel analysis）をおこなうことが考えられる（図9-1）。分析の第1階層は，商品ごと店舗ごと日ごとの売上データによるパネルデータである。分析の第2階層は，消費者要因（世帯人数，高齢者，昼夜間人口比率，所得）と競合要因（競合店舗数や店舗までの距離）に関する店舗の商圏データである。この2つの階層を区分けして，マルチレベル分析をおこなう。説明変数として，どちらの階層のどの要因の説明力が高いかの検討をおこなう。このようにマルチレベル分析をおこなうことによって，店舗要因に関する集団平均の効果や集計バイアスを排除することが可能になる。

　第2に，ポイント使用に関する，実データによるポイント使用行動の検証はまだおこなわれていない。第7章でポイント使用の要因に関するサーベイ実験がおこなわれたが，小売業のトランザクションデータを用いた消費者の行動データからの研究はまだなされていない。特に，1ポイント単位で使用できるようなポイントカードにおいては，いつでもポイントを使用することができるため，理論上はポイント・プレッシャー効果が存在しないはずであるが，実際には消費者はある程度までポイントを貯めている傾向があるのであろうか。

　第3に，ポイント付与の長期的効果の検証は今後の課題である。第3章，第4章，第5章，第6章での研究結果は，あくまでもポイント付与の短期的効果である。すなわち，プロモーションが行われたその日に売上数量などがどの程度伸びたかというものであり，例えば商品ポイント方式の長期的な効果は，値引きの長期的な効果と比較して高いか否かということについては，今後の課題として残さ

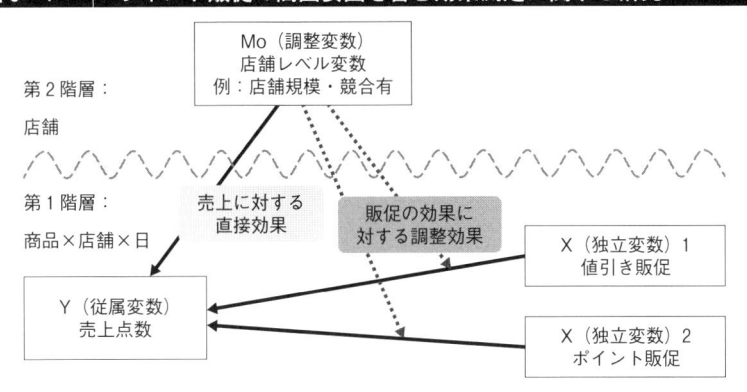

図9-1　ポイント販促の商圏要因を含む効果測定に関する研究

れている。長期的に見たポイント付与の参照価格に与える影響についての検証を
おこなう必要がある。

(1)　竹村（1998）の基本的機能1と基本的機能6にそれぞれ該当する。

おわりに

　2010年頃だと記憶しているが，都内のとある家電量販店での買い物でレジ待ちをしていたとき，何気なく精算中の顧客と店員とのやり取りをぼんやりと眺めていた。顧客が店員に「ポイントを使用されますか？」と尋ねられ，「いや，貯めます」と回答していた。次の顧客も，次の次の顧客も，「ポイントを貯めます」と回答していた。私がポイントの消費者心理に興味を持ったのは，まさにこの瞬間だった。消費者は，なぜ値引きの恩恵をすぐに享受せずに，わざわざ後にまわすのだろうか？　この消費者のポイントに関する摩訶不思議な心理を少しでも解明してやろうと，その後10年以上のポイント研究が始まった。本書は，この間の研究成果である。すべての謎が解明された訳ではないが，本書がポイントカードの消費者行動研究の橋頭堡となれば幸いである。

　研究は様々なサポート無しには成り立たない。研究にあたっては，JSPS 科研費18K12887（若手：研究代表者 中川宏道），および名城大学経済・経営学会の研究助成を受けている。感謝申し上げる次第である。そして昨今の厳しい出版事情にもかかわらず，本書の出版を認めていただいた千倉書房，ならびに遅筆の筆者を辛抱強く励まし，丁寧な校正作業を進めていただいた岩澤孝氏に厚く御礼申し上げたい。

　本書の執筆において，多くの方々からのご指導やご支援を賜った。私が博士後期課程に在学中に指導教授として懇切丁寧に指導をいただいた恩師の中村知靖先生（九州大学）に御礼を申し上げたい。「優れた研究業績」に認定され，入学後2年間で博士学位論文を提出することができたのは，ひとえに中村先生のご指導の賜物である。共同研究者である星野崇宏先生（慶應義塾大学），小野譲司先生（青山学院大学）には，研究を通じて大変お世話になった。お二人からは大変に研究に対する真摯な向き合い方を教えていただいた。お二人との共同研究（それぞれ第4章と第8章）を本書に収めることを承諾いただいたことに対しても感謝申し上げたい。

　さらに，私の前々職である流通経済研究所のメンバーからも多大な影響を受け

た。守口剛先生（早稲田大学）からは，いつも鋭く的確なコメントをいただいている。佐藤栄作先生（千葉大学）からは，研究に対する粘り強さを学ばせていただいた。加藤専務理事および山崎常務理事には，データ提供などで今でも研究をサポートいただいている。感謝申し上げる次第である。

　私が大学時代に受けた学恩についても，謝意を表したい。学部時代のゼミの指導教授であった木村福成先生（慶應義塾大学，アジア経済研究所）には研究，とりわけ実証研究の面白さ，楽しさを教えていただいた。木村福成ゼミの2学年上の先輩であり，当時大学院修士課程に在籍していた入山章栄先生（早稲田大学）には，ゼミでの指導を通じて大変お世話になった。学部時代からこのような先生や先輩方から多大な学恩を受けることができたという意味で，慶應には感謝している。

　私が象牙の塔にこもらずに社会の前線で研究ができているのは，産学で共同研究をさせていただいている株式会社クレオの皆様のおかげである。調査パネル「なるほどMC.net」を質問表調査やサーベイ実験としてご提供いただくなど，私の研究はクレオ様のサポート無しには不可能であった。株式会社クレオの横井司社長，小林正明様，相川貴文様，能登一真様，関智美様には感謝申し上げる次第である。

　現職の名城大学経営学部では，同僚の先生方の努力によって快適な研究環境を提供いただいている。特に田代樹彦先生（名城大学），橋場俊展先生（名城大学）には感謝申し上げる次第である。また，同じマーケティング分野の同僚である山岡隆志先生（名城大学），新美潤一郎先生（名城大学）には，大学運営面や教育面でお世話になっている。また本書の出版にあたり，名城大学経済・経営学会から2024年度出版助成を受けた。同学会からは出版助成以外にも，研究助成，学会開催補助，学生研究助成，大学間ゼミナール大会研究発表援助金など常日頃から手厚い援助をいただいており，研究・教育活動を手厚くバックアップいただいている。感謝申し上げる次第である。

　本書には，学会や研究会の場でお名前を挙げきれなかった様々な先生方からのコメントおよびディスカッションが反映されている。ご指導いただいた先生方に，改めて御礼を申し上げたい。

　私の家族に謝意を表することにもお許しいただきたい。父・二郎と母・佐代子には，ここには書き切れないほどの恩を受けてきた。例えば私の書斎はマーケティングに限らない様々な分野の本で溢れているのは，間違いなく本好きな父の影響であろう。受けた恩を返せるとは思っていないが，本書が恩返しの一部になれ

ば幸いである。

　最後に，名城大学経営学部中川ゼミナールの学生たちに感謝したい。ハードワークを厭わずゼミ活動をおこない，最終的には水準の高い研究成果を毎年残してくれている。ゼミ活動を通じて研究の楽しさに目覚め，東京大学などの大学院に進学したゼミ生もいる。ゼミの皆さんの成長を見ることが，私の生きがいである。私が上記の方々から受けた恩を直接お返しすることができない分，せめてゼミ生の皆さんへの指導を通して返していければと考えている。

2024年7月

中川宏道

参考文献

Allaway, A.W., D. Berkowitz and G. D'Souza（2003）, Spatial diffusion of a new loyalty program through a retail market. *Journal of Retailing*, 79（3）, pp.137-151.

Anderson, E.W., C. Fornell and D.R. Lehmann（1994）, Customer satisfaction, market share, and profitability: Findings from Sweden. *Journal of Marketing*, 58（3）, pp.53.

Ashley, C., S.M. Noble, N. Donthu and K.N. Lemon（2011）, Why customers won't relate: Obstacles to relationship marketing engagement. *Journal of Business Research*, 64（7）, pp. 749-756.

Bagozzi, R. and Y. Yi（1988）, On the evaluation of structural equation models. *Journal of the Academy of Marketing Science*, 16（1）, pp.74-94.

Bendapudi, N. and L.L. Berry（1997）, Customers' motivations for maintaining relationships with service providers. *Journal of Retailing*, 73（1）, pp.15-37.

Berry, J.（2013）, *Bulking up: The 2013 COLLOQUY loyalty census - Growth and trends in U.S. loyalty program activity*.

Bijmolt, T.H.A., H.J. Van Heerde and R.G.M. Pieters（2005）, New Empirical Generalizations on the Determinants of Price Elasticity. *Journal of Marketing Research*, 42（2）, pp.141-156.

Blattberg, R., T. Buesing, P. Peacock and S. Sen（1978）, Identifying the Deal Prone Segment. *Journal of Marketing Research*, 15（3）, pp.369-377.

Blattberg, R.C., P.-d. Kim and S.A. Neslin（2008）, *Database marketing: analyzing and managing customers*. Springer.

Bolton, R.N.（1989）, The Robustness of Retail-Level Price Elasticity Estimates. *Journal of Retailing*, 65（2）, pp.193-219.

Bolton, R. N., P. K. Kannan and M. D. Bramlett（2000）, Implications of loyalty program membership and service experiences for customer retention and value. *Journal of the Academy of Marketing Science*, 28（1）, pp.95-108.

Bolton, R.N., K.N. Lemon and P.C. Verhoef（2004）, The Theoretical Underpinnings of Customer Asset Management: A Framework and Propositions for Future Research. *Journal of the Academy of Marketing Science*, 32（3）, pp.271-292.

Brehm, S.S. and J.W. Brehm（1981）, *Psychological reactance: a theory of freedom and control*. Academic Press.

Breugelmans, E., T.H.A. Bijmolt, J. Zhang, L.J. Basso, M. Dorotic, P. Kopalle, A. Minnema, W.J. Mijnlieff and N.V. Wunderlich（2015）, Advancing research on loyalty programs: a future research agenda. *Marketing Letters*, 26（2）, pp.127-139.

Bridson, K., J. Evans and M. Hickman (2008), Assessing the relationship between loyalty program attributes, store satisfaction and store loyalty. *Journal of Retailing and Consumer Services*, 15 (5), pp.364–374.

Burnham, T.A., J.K. Frels and V. Mahajan (2003), Consumer switching costs: A typology, antecedents, and consequences. *Academy of Marketing Science Journal*, 31 (2), pp.109.

Cameron, A. C. and P. K. Trivedi (2005), *Microeconometrics: methods and applications.* Cambridge University Press.

Carlsson, F. and A. Lofgren (2006), Airline choice, switching costs and frequent flyer programmes. *Applied Economics*, 38 (13), pp.1469–1475.

Chen, S.F.S., K.B. Monroe and Y.C. Lou (1998), The effects of framing price promotion messages on consumers' perceptions and purchase intentions. *Journal of Retailing*, 74 (3), pp.353–372.

Chen, Y., T. Mandler and L. Meyer-Waarden (2021), Three decades of research on loyalty programs: A literature review and future research agenda. *Journal of Business Research*, 124, pp.179–197.

Cialdini, R.B. (2009), *Influence: science and practice.* Pearson/Allyn and Bacon.

Cigliano, J., M. Georgiadis, D. Pleasance and S. Whalley (2000), The price of loyalty. *McKinsey Quarterly* (4), pp.68–77.

Cohen, J. (1969), *Statistical power analysis for the behavioral sciences.* Academic Press.

Day, G.S. (1969), A Two-Dimensional Concept Of Brand Loyalty. *Journal of Advertising Research*, 9 (3), pp.29–35.

De Wulf, K., G. Odekerken-Schroder and D. Iacobucci (2001), Investments in consumer relationships: A cross-country and cross-industry exploration. *Journal of Marketing*, 65 (4), pp.33–50.

Demoulin, N.T.M. and P. Zidda (2009), Drivers of Customers' Adoption and Adoption Timing of a New Loyalty Card in the Grocery Retail Market. *Journal of Retailing*, 85 (3), pp.391–405.

Dholakia, U. M. (2006), How customer self-determination influences relational marketing outcomes: Evidence from longitudinal field studies. *Journal of Marketing Research*, 43 (1), pp.109–120.

Diamond, W. D. and L. Campbell (1989), The Framing of Sales Promotions: Effects on Reference Price Change. *Advances in Consumer Research*, 16 (1), pp.241–247.

Diamond, W.D. and R.R. Johnson (1990), The Framing of Sales Promotions: An Approach to Classification. *Advances in Consumer Research*, 17 (1), pp.494–500.

Diamond, W.D. and A. Sanyal (1990), The Effect of Framing on the Choice of Supermarket Coupons. *Advances in Consumer Research*, 17 (1), pp.488–493.

Dodson, J.A., A.M. Tybout and B. Sternthal (1978), Impact of Deals and Deal Retraction on Brand Switching. *Journal of Marketing Research*, 15 (1), pp.72–81.

Dorotic, M., T.H.A. Bijmolt and P.C. Verhoef (2012), Loyalty Programmes: Current Knowledge and Research Directions. *International Journal of Management Reviews*, 14 (3), pp.217–237.

Dorotic, M., D. Fok, P.C. Verhoef and T.H.A. Bijmolt (2011), Do vendors benefit from promotions in a multi-vendor loyalty program? *Marketing Letters*, 22 (4), pp.341-356.

Dorotic, M., P.C. Verhoef, D. Fok and T.H.A. Bijmolt (2014), Reward redemption effects in a loyalty program when customers choose how much and when to redeem. *International Journal of Research in Marketing*, 31 (4), pp.339-355.

Dowling, G.R. and M. Uncles (1997), Do customer loyalty programs really work? *Sloan Management Review*, 38 (4), pp.71-82.

Drèze, X. and S.J. Hoch (1998), Exploiting the installed base using cross-merchandising and category destination programs. *International Journal of Research in Marketing*, 15 (5), pp. 459-471.

Drèze, X. and J.C. Nunes (2004), Using combined-currency prices to lower consumers' perceived cost. *Journal of Marketing Research*, 41 (1), pp.59-72.

Drèze, X. and J.C. Nunes (2009), Feeling Superior: The Impact of Loyalty Program Structure on Consumers' Perceptions of Status. *Journal of Consumer Research*, 35 (6), pp.890-905.

Drèze, X. and J.C. Nunes (2011), Recurring Goals and Learning: The Impact of Successful Reward Attainment on Purchase Behavior. *Journal of Marketing Research*, 48 (2), pp. 268-281.

Echambadi, R., R.P. Jindal and E.A. Blair (2013), Evaluating and Managing Brand Repurchase Across Multiple Geographic Retail Markets. *Journal of Retailing*, 89 (4), pp.409-422.

Evanschitzky, H. and M. Wunderlich (2006), An examination of moderator effects in the four-stage loyalty model. *Journal of Service Research*, 8 (4), pp.330-345.

Folkes, V. and R.D. Wheat (1995), Consumers' price perceptions of promoted products. *Journal of Retailing*, 71 (3), pp.317-328.

Fornell, C. (1992), A National Customer Satisfaction Barometer: The Swedish Experience. *Journal of Marketing*, 56 (1), pp.6-21.

Fornell, C. and D.F. Larcker (1981), Evaluating Structural Equation Models with Unobservable Variables and Measurement Error. *Journal of Marketing Research*, 18 (1), pp.39-50.

Furinto, A., T. Pawitra and T.E. Balqiah (2009), Designing competitive loyalty programs: How types of program affect customer equity. *Journal of Targeting, Measurement & Analysis for Marketing*, 17 (4), pp.307-319.

Gable, M., S.S. Fiorito and M.T. Topol (2008), An empirical analysis of the components of retailer customer loyalty programs. *International Journal of Retail and Distribution Management*, 36 (1), pp.32-49.

Gijsbrechts, E., K. Campo and T. Goossens (2003), The impact of store flyers on store traffic and store sales: a geo-marketing approach. *Journal of Retailing*, 79 (1), pp.1-16.

Gómez, B.G., A.G. Arranz and J.G. Cillán (2006), The role of loyalty programs in behavioral and affective loyalty. *Journal of Consumer Marketing*, 23 (7), pp.387-396.

Gwinner, K.P., D.D. Gremler and M.J. Bitner (1998), Relational benefits in services industries: The customer's perspective. *Journal of the Academy of Marketing Science*, 26 (2), pp.

101-114.

Haans, H. and E. Gijsbrechts (2011), "One-deal-fits-all?" On Category Sales Promotion Effectiveness in Smaller versus Larger Supermarkets. *Journal of Retailing*, 87 (4), pp. 427-443.

Hair, J.F., W.C. Black, B.J. Babin and R.E. Anderson (2014), *Multivariate data analysis*. Pearson.

Hardesty, D.M. and W.O. Bearden (2003), Consumer evaluations of different promotion types and price presentations: the moderating role of promotional benefit level. *Journal of Retailing*, 79 (1), pp.17-25.

Henderson, C.M., J.T. Beck and R.W. Palmatier (2011), Review of the theoretical underpinnings of loyalty programs. *Journal of Consumer Psychology*, 21 (3), pp.256-276.

Hoch, S.J., B.-d. Kim, A.L. Montgomery and P.E. Rossi (1995), Determinants of Store-Level Price Elasticity. *Journal of Marketing Research*, 32 (1), pp.17-29.

Hsee, C.K., F. Yu, J. Zhang and Y. Zhang (2003), Medium maximization. *Journal of Consumer Research*, 30 (1), pp.1-14.

Hull, C.L. (1934), The rat's speed-of-locomotion gradient in the approach to food. *Journal of Comparative Psychology*, 17 (3), pp.393-422.

Johnson, M.D., E.W. Anderson and C. Fornell (1995), Rational and Adaptive Performance Expectations in a Customer Satisfaction Framework. *Journal of Consumer Research*, 21 (4), pp.695-707.

Jones, M.A., D.L. Mothersbaugh and S.E. Beatty (2000), Switching Barriers and Repurchase Intentions in Services. *Journal of Retailing*, 76 (2), pp.259.

Kalwani, M.U. and C.K. Yim (1992), Consumer Price and Promotion Expectations: An Experimental Study. *Journal of Marketing Research*, 29 (1), pp.90.

Keh, H.T. and Y.H. Lee (2006), Do reward programs build loyalty for services? The moderating effect of satisfaction on type and timing of rewards. *Journal of Retailing*, 82 (2), pp.127-136.

Kim, B.D., M. Shi and K. Srinivasan (2001), Reward programs and tacit collusion. *Marketing Science*, 20 (2), pp.99-120.

Kim, D., S.-y. Lee, K. Bu and S. Lee (2009), Do VIP Programs Always Work Well? The Moderating Role of Loyalty. *Psychology & Marketing*, 26 (7), pp.590-609.

Kim, J.J., L. Steinhoff and R.W. Palmatier (2021), An emerging theory of loyalty program dynamics. *Journal of the Academy of Marketing Science*, 49 (1), pp.71-95.

Kivetz, R. (2003), The effects of effort and intrinsic motivation on risky choice. *Marketing Science*, 22 (4), pp.477-502.

Kivetz, R. (2005), Promotion reactance: The role of effort-reward congruity. *Journal of Consumer Research*, 31 (4), pp.725-736.

Kivetz, R. and I. Simonson (2002), Earning the right to indulge: Effort as a determinant of customer preferences toward frequency program rewards. *Journal of Marketing Research*, 39 (2), pp.155-170.

Kivetz, R., O. Urminsky and Y.H. Zheng (2006), The goal-gradient hypothesis resurrected: Purchase acceleration, illusionary goal progress, and customer retention. *Journal of Marketing Research*, 43 (1), pp.39-58.

Köcher, S. (2015), *The Paradox of Points: Theoretical Foundation and Empirical Evidence of Medium Magnitude Effects in Loyalty Programs*. Springer.

Kopalle, P.K. and S.A. Neslin (2003), The Economic Viability of Frequency Reward Programs in a Strategic Competitive Environment. *Review of Marketing Science*, 1 (1), pp.1-39.

Kopalle, P.K., S.A. Neslin, B. Sun, Y. Sun and V. Swaminathan (2009), A Dynamic Structural Model of the Impact of Loyalty Programs on Customer Behavior. *Advances in Consumer Research - Asia-Pacific Conference Proceedings*, 8, pp.265-266.

Kopalle, P.K., Y.C. Sun, S.A. Neslin, B.H. Sun and V. Swaminathan (2012), The Joint Sales Impact of Frequency Reward and Customer Tier Components of Loyalty Programs. *Marketing Science*, 31 (2), pp.216-235.

Kreis, H. and A. Mafael (2014), The influence of customer loyalty program design on the relationship between customer motives and value perception. *Journal of Retailing and Consumer Services*, 21 (4), pp.590-600.

Kumar, V. and W.J. Reinartz (2012), *Customer relationship management: concept, strategy, and tools*. Springer.

Kumar, V. and D. Shah (2004), Building and sustaining profitable customer loyalty for the 21st century. *Journal of Retailing*, 80 (4), pp.317-330.

Kumar, V. and S. Swaminathan (2005), The Different faces of coupon elasticity. *Journal of Retailing*, 81 (1), pp.1-13.

Kwong, J.Y.Y., D. Soman and C.K.Y. Ho (2011), The role of computational ease on the decision to spend loyalty program points. *Journal of Consumer Psychology*, 21 (2), pp.146-156.

Lacey, R. (2009), Limited influence of loyalty program membership on relational outcomes. *Journal of Consumer Marketing*, 26 (6), pp.394-404.

Lal, R. and D. Bell (2003), The Impact of Frequent Shopper Programs in Grocery Retailing. *Quantitative Marketing and Economics*, 1 (2), pp.179-202.

Lara, P.R. and J.G. de Madariaga (2007), The importance of rewards in the management of multisponsor loyalty programmes. *Journal of Database Marketing & Customer Strategy Management*, 15 (1), pp.37-48.

Lee, J., J. Lee and L. Feick (2001), The impact of switching costs on the customer satisfaction-loyalty link: mobile phone service in France. *The Journal of Services Marketing*, 15 (1), pp.35-48.

Leenheer, J., H.J. van Heerde, T.H.A. Bijmolt and A. Smidts (2007), Do loyalty programs really enhance behavioral loyalty? An empirical analysis accounting for self-selecting members. *International Journal of Research in Marketing*, 24 (1), pp.31-47.

Lemon, K.N. and F.V. Wangenheim (2009), The Reinforcing Effects of Loyalty Program Partnerships and Core Service Usage A Longitudinal Analysis. *Journal of Service Research*,

11 (4), pp.357-370.

Lessne, G.J. and E.M. Notarantonio (1988), The effect of limits in retail advertisements: A reactance theory perspective. *Psychology & Marketing*, 5 (1), pp.33-44.

Lewis, M. (2004), The influence of loyalty programs and short-term promotions on customer retention. *Journal of Marketing Research*, 41 (3), pp.281-292.

Lieber, R. (2011), All About Your Unused Rewards Points., *The New York Times*, April 19th (accessed May 9, 2016). [http: //bucks. blogs. nytimes. com/2011/04/19/all-about-your-unused-rewards-points/].

Liu, M.T. and J.L. Brock (2010), Antecedents of Redemption of Reward Points: Credit Card Market in China and International Comparison. *Journal of International Consumer Marketing*, 22 (1), pp.33-45.

Liu, Y. (2007), The long-term impact of loyalty programs on consumer purchase behavior and loyalty. *Journal of Marketing*, 71 (4), pp.19-35.

Liu, Y. and R. Yang (2009), Competing Loyalty Programs: Impact of Market Saturation, Market Share, and Category Expandability. *Journal of Marketing*, 73 (1), pp.93-108.

Mägi, A.W. (2003), Share of wallet in retailing: the effects of customer satisfaction, loyalty cards and shopper characteristics. *Journal of Retailing*, 79 (2), pp.97-106.

Mauri, C. (2003), Card loyalty. A new emerging issue in grocery retailing. *Journal of Retailing and Consumer Services*, 10 (1), pp.13-25.

Melancon, J.P., S.M. Noble and C.H. Noble (2011), Managing rewards to enhance relational worth. *Journal of the Academy of Marketing Science*, 39 (3), pp.341-362.

Meyer-Waarden, L. (2007), The effects of loyalty programs on customer lifetime duration and share of wallet. *Journal of Retailing*, 83 (2), pp.223-236.

Meyer-Waarden, L. (2008), The influence of loyalty programme membership on customer purchase behaviour. *European Journal of Marketing*, 42 (1-2), pp.87-114.

Meyer-Waarden, L. (2015), Effects of loyalty program rewards on store loyalty. *Journal of Retailing and Consumer Services*, 24, pp.22-32.

Meyer-Waarden, L. and C. Benavent (2006), The Impact of Loyalty Programmes on Repeat Purchase Behaviour. *Journal of Marketing Management*, 22 (1-2), pp.61-88.

Meyer-Waarden, L. and C. Benavent (2009), Grocery retail loyalty program effects: self-selection or purchase behavior change? *Journal of the Academy of Marketing Science*, 37 (3), pp.345-358.

Mimouni-Chaabane, A. and P. Volle (2010), Perceived benefits of loyalty programs: Scale development and implications for relational strategies. *Journal of Business Research*, 63 (1), pp.32-37.

Montgomery, A.L. (1997), Creating micro-marketing pricing strategies using supermarket scanner data. *Marketing Science*, 16 (4), pp.315-337.

Morrison, S.A., C. Winston, E.E. Bailey and A.E. Kahn (1989), Enhancing the Performance of the Deregulated Air Transportation System. *Brookings Papers on Economic Activity*

Microeconomics, 1989, pp.61-123.

Mulhern, F.J. and J.D. Williams (1994), A comparative analysis of shopping behavior in Hispanic and non-Hispanic market areas. *Journal of Retailing*, 70 (3), pp.231-251.

Mulhern, F.J., J.D. Williams and R.P. Leone (1998), Variability of Brand Price Elasticities across Retail Stores: Ethnic, Income, and Brand Determinants. *Journal of Retailing*, 74 (3), pp. 427-446.

Nako, S. M. (1992), Frequent flyer programs and business travellers: An empirical investigation. *Logistics and Transportation Review*, 28 (4), pp.395.

Neslin, S.A. (2002), *Sales promotion*. Marketing Science Institute.

Neslin, S.A., D. Grewal, R. Leghorn, V. Shankar, M.L. Teerling, J.S. Thomas and P.C. Verhoef (2006), Challenges and Opportunities in Multichannel Customer Management. *Journal of Service Research*, 9 (2), pp.95-112.

Noble, S. M., C. L. Esmark and C. H. Noble (2014), Accumulation versus instant loyalty programs: The influence of controlling policies on customers' commitments. *Journal of Business Research*, 67 (3), pp.361-368.

Noordhoff, C., P. Pauwels and G. Odekerken-Schroder (2004), The effect of customer card programs - A comparative study in Singapore and The Netherlands. *International Journal of Service Industry Management*, 15 (3-4), pp.351-364.

Nunes, J.C. and X. Drèze (2006a), The endowed progress effect: How artificial advancement increases effort. *Journal of Consumer Research*, 32 (4), pp.504-512.

Nunes, J.C. and X. Drèze (2006b), Your loyalty program is betraying you. *Harvard Business Review*, 84 (4), pp.124-+.

O'Brien, L. and C. Jones (1995), Do Rewards Really Create Loyalty? *Harvard Business Review*, 73 (3), pp.75-82.

Oliver, R.L. (1999), Whence consumer loyalty? *Journal of Marketing*, 63, pp.33-44.

Oliver, R.L. (2010), *Satisfaction: A Behavioral Perspective on the Consumer*. M.E. Sharpe.

Palmatier, R.W., C.B. Jarvis, J.R. Bechkoff and F.R. Kardes (2009), The Role of Customer Gratitude in Relationship Marketing. *Journal of Marketing*, 73 (5), pp.1-18.

Proussaloglou, K. and F.S. Koppelman (1999), The choice of air carrier, flight, and fare class. *Journal of Air Transport Management*, 5 (4), pp.193-201.

Raghubir, P. and J. Srivastava (2008), Monopoly money: The effect of payment coupling and form on spending behavior. *Journal of Experimental Psychology-Applied*, 14 (3), pp.213-225.

Rayner, S. (1996), *Customer loyalty schemes: Effective implementation and management*. Financial Times Business Information.

Roehm, M.L., E.B. Pullins and H.A. Roehm (2002), Designing loyalty-building programs for packaged goods brands. *Journal of Marketing Research*, 39 (2), pp.202-213.

Rothschild, M. L. (1981), Behavioral Learning Theory: Its Relevance to Marketing and Promotions. *Journal of Marketing*, 45 (2), pp.70-78.

Rust, R.T. and R.L. Oliver (2000), Should we delight the customer? *Journal of the Academy of*

Marketing Science, 28 (1), pp.86.

Shankar, V., A.K. Smith and A. Rangaswamy (2003), Customer satisfaction and loyalty in online and offline environments. *International Journal of Research in Marketing*, 20 (2), pp. 153.

Shapiro, C. and H.R. Varian (1999), *Information rules: a strategic guide to the network economy*. Harvard Business School Press.

Sharma, A. and T. F. Stafford (2000), The Effect of Retail Atmospherics on Customers' Perceptions of Salespeople and Customer Persuasion:: An Empirical Investigation. *Journal of Business Research*, 49 (2), pp.183-191.

Sharp, B. and A. Sharp (1997), Loyalty programs and their impact on repeat-purchase loyalty patterns. *International Journal of Research in Marketing*, 14 (5), pp.473-486.

Shefrin, H. M. and R. H. Thaler (1988), The Behavioral Life-Cycle Hypothesis. *Economic Inquiry*, 26 (4), pp.609-609.

Sinha, I. and M. F. Smith (2000), Consumers' perceptions of promotional framing of price. *Psychology & Marketing*, 17 (3), pp.257-275.

Smith, A. and L. Sparks (2009), Reward Redemption Behaviour in Retail Loyalty Schemes. *British Journal of Management*, 20 (2), pp.204-218.

Smith, A., L. Sparks, S. Hart and N. Tzokas (2003), Retail loyalty schemes: results from a consumer diary study. *Journal of Retailing and Consumer Services*, 10 (2), pp.109-119.

Soman, D. (2003), The Effect of Payment Transparency on Consumption: Quasi-Experiments from the Field. *Marketing Letters*, 14 (3), pp.173-183.

Steffes, E.M., B.P.S. Murthi and R.C. Rao (2008), Acquisition, affinity and rewards: Do they stay or do they go? *Journal of Financial Services Marketing*, 13 (3), pp.221-233.

Stourm, V., E. T. Bradlow and P. S. Fader (2015), Stockpiling Points in Linear Loyalty Programs. *Journal of Marketing Research*, 52 (2), pp.253-267.

Taylor, G.A. and S.A. Neslin (2005), The current and future sales impact of a retail frequency reward program. *Journal of Retailing*, 81 (4), pp.293-305.

Thaler, R. (1985), Mental Accounting and Consumer Choice. *Marketing Science*, 4 (3), pp. 199-214.

Tse, D.K. and P.C. Wilton (1988), Models of Consumer Satisfaction Formation: An Extension. *Journal of Marketing Research*, 25 (2), pp.204-212.

Tversky, A. and D. Kahneman (1981), The framing of decisions and the psychology of choice. *Science*, 211 (4481), pp.453-458.

v. Wangenheim, F. and T. Bayon (2007), Behavioral consequences of overbooking service capacity. *Journal of Marketing*, 71 (4), pp.36-47.

van Doorn, J. and P.C. Verhoef (2011), Willingness to pay for organic products: Differences between virtue and vice foods. *International Journal of Research in Marketing*, 28 (3), pp. 167-180.

Van Heerde, H.J. and T.H.A. Bijmolt (2005), Decomposing the promotional revenue bump for loyalty program members versus nonmembers. *Journal of Marketing Research*, 42 (4), pp. 443-457.

Verhoef, P.C. (2003), Understanding the effect of customer relationship management efforts on customer retention and customer share development. *Journal of Marketing*, 67 (4), pp. 30-45.

Verhoef, P. C., S. A. Neslin and B. Vroomen (2007), Multichannel customer management: Understanding the research-shopper phenomenon. *International Journal of Research in Marketing*, 24 (2), pp.129-148.

Voorhees, C.M., R.C. White, M. McCall and P. Randhawa (2015), Fool's Gold? Assessing the Impact of the Value of Airline Loyalty Programs on Brand Equity Perceptions and Share of Wallet. *Cornell Hospitality Quarterly*, 56 (2), pp.202-212.

Wathne, K.H., H. Biong and J.B. Heide (2001), Choice of Supplier in Embedded Markets: Relationship and Marketing Program Effects. *Journal of Marketing*, 65 (2), pp.54-66.

Wei, L.Y. and J.J. Xiao (2015), Are points like money? An empirical investigation of reward promotion effectiveness for multicategory retailers. *Marketing Letters*, 26 (1), pp.99-114.

Wirtz, J., A.S. Mattila and M.O. Lwin (2007), How effective are loyalty reward programs in driving share of wallet? *Journal of Service Research*, 9 (4), pp.327-334.

Yi, Y.J. and H. Jeon (2003), Effects of loyalty programs on value perception, program loyalty, and brand loyalty. *Journal of the Academy of Marketing Science*, 31 (3), pp.229-240.

Zhang, J. and E. Breugelmans (2012), The Impact of an Item-Based Loyalty Program on Consumer Purchase Behavior. *Journal of Marketing Research*, 49 (1), pp.50-65.

Zhang, Z.J., A. Krishna and S.K. Dhar (2000), The Optimal Choice of Promotional Vehicles: Front-Loaded or Rear-Loaded Incentives? *Management Science*, 46 (3), pp.348-362.

青木章通・佐々木郁子 (2011)「小売業におけるプロモーション手法の検討：ポイント制度と値引き販売に関する実証分析」『メルコ管理会計研究』第4号、3-16頁。

秋山学 (2011)「割引におけるポイント・貨幣の主観的価値」『人間文化』、41-47頁。

阿部誠 (2013)「データの集計における盲点」『マーケティング・サイエンス』第21巻第1号、1-5頁。

池田新介 (2012)『自滅する選択：先延ばしで後悔しないための新しい経済学』東洋経済新報社。

池尾恭一 (1993)「消費者業態選択の規定因：購買関与度と品質判断力」『慶応経営論集』第10巻第2号、p13-29頁。

近江幸治 (2016)『学術論文の作法：(付) リサーチペーパー・小論文・答案の書き方』成文堂。

小嶋外弘 (1986)『価格の心理：消費者は何を購入決定の"モノサシ"にするのか』ダイヤモンドセールス編集企画。

小野譲司 (2002)「顧客満足、歓喜、ロイヤルティ：理論的考察と課題」『明治学院論叢』第682号、57-83頁。

恩蔵直人・守口剛（1994）『セールス・プロモーション：その理論，分析手法，戦略』同文舘出版。

粕谷英一（2012）『一般化線形モデル』共立出版。

狩野裕・三浦麻子（2007）『AMOS, EQS, CALIS によるグラフィカル多変量解析：目で見る共分散構造分析』現代数学社。

北村行伸（2005）『パネルデータ』岩波書店。

北村行伸（2009）『ミクロ計量経済学入門』日本評論社。

小杉考司・清水裕士（2014）『M - plus と R による構造方程式モデリング入門』北大路書房。

酒井麻衣子（2010）「顧客維持戦略におけるスイッチング・バリアの役割：JCSI（日本版顧客満足度指数）を用いた業界横断的検討」『マーケティングジャーナル』第30巻第 1 号，35-55頁。

酒井麻衣子（2012）「サービス業におけるスイッチング・バリアの先行指標と成果指標」『流通研究』第14巻第 2 号，17-53頁。

佐藤栄作（1997）「商圏分析モデルの現状と課題」『オペレーションズ・リサーチ』第42巻第 3号，137-142頁。

佐藤伸（2012）「ポイント使用状況と消費行動の関連」『日本マーケティングサイエンス学会第91回研究大会報告資料』。

白井美由里（2005）『消費者の価格判断のメカニズム：内的参照価格の役割』千倉書房。

関庸一・亀倉大和（2012）「一般化線形モデルによる価格弾力性推定に基づく粗利最大化（調査研究，〈特集〉サービス工学）」『日本経営工学会論文誌』第63巻第 3 号，161-172頁。

新日本有限責任監査法人（2011）『ポイント制度の会計と税務：カスタマー・ロイヤルティ・プログラムのすべて』税務経理協会。

清水聰（2004）『消費者視点の小売戦略』千倉書房。

青木章通・佐々木郁子（2011）「小売業におけるプロモーション手法の検討：ポイント制度と値引き販売に関する実証分析」『メルコ管理会計研究』第 4 号，3-16頁。

大雄智・中村亮介・岡田幸彦（2011）「ポイントプログラム会計のフレームワーク」『會計』第179巻第 6 号，891-905頁。

竹村和久（1998）「消費者行動の心理学　4．消費者の心的モノサシ　状況依存的購買意思決定の定性的モデル：状況依存的購買意思決定の定性的モデル」『繊維製品消費科学』第39巻第 7 号，426-431頁。

竹村和久（2015）『経済心理学：行動経済学の心理的基礎』培風館。

立澤芳男（2012）『2012年度都市生活者意識調査レポート』公益財団法人ハイライフ研究所。

筒井淳也・平井裕久・秋吉美都・水落正明・坂本和靖・福田亘孝（2011）『Stata で計量経済学入門』ミネルヴァ書房。

豊田秀樹（2007）『共分散構造分析：構造方程式モデリング』東京図書。

中川宏道（2010）「男性の消費者行動の特徴とマーケティング対応（特集「ショッピングマン・マーケティング」のすすめ）」『流通情報』第42巻第 3 号，22-34頁。

中川宏道（2015）「ポイントと値引きはどちらが得か？：ポイントに関するメンタル・アカウンティング理論の検証」『行動経済学』第 8 巻，16-29頁。

中川宏道（2016）「ポイントと現金の支払いに関する知覚コスト：消費者はどのようなときにポイントを使うのか?」『行動経済学』第9巻，12-29頁。

中川宏道（2018）「スーパーマーケットにおけるポイントカードの知覚価値とその要因」『流通情報』第49巻第5号，64-84頁。

中川宏道（2022）「ドラッグストアにおけるポイントカードの知覚価値とその要因」『流通情報』第54巻第1号，39-52頁。

中川宏道（2024）「ポイントデーと値引きデーはどちらが有効か?：商圏要因を考慮した販促デーの効果測定」『名城論叢』第24巻第4号，19-40頁。

中川宏道・守口剛（2013）「消費者はなぜポイントを貯めようとするのか?：ロイヤルティ・プログラムの消費者行動研究」『日本消費者行動研究学会第46回消費者行動研究コンファレンス報告資料』。

中川宏道・小野讓司（2016）「オンライン販売におけるロイヤルティ・プログラムの効果：リアル店舗との比較」『Direct marketing review: Journal of the Academic Society of Direct Marketing』第15巻，5-32頁。

中川宏道・星野崇宏（2017）「ポイント付与と値引きはどちらが効果的か?：マグニチュード効果を導入したプロモーション効果の推定」『流通研究』第20巻第2号，1-15頁。

星野崇宏（2009）『調査観察データの統計科学：因果推論・選択バイアス・データ融合』岩波書店。

星野崇宏・中川宏道（2015）「店舗レベルにおけるポイント販促弾力性と価格弾力性の決定要因：食品スーパーのチェーン全店データによる商圏分析」『日本商業学会第65回全国研究大会報告論集』，187-189頁。

南知恵子（2006）『顧客リレーションシップ戦略』有斐閣。

南知恵子・小川孔輔（2010）「日本版顧客満足度指数（JCSI）のモデル開発とその理論的な基礎」『マーケティングジャーナル』第30巻第1号，4-19頁。

野村康（2017）『社会科学の考え方：認識論，リサーチ・デザイン，手法』名古屋大学出版会。

野村総合研究所（2006）『2010年の企業通貨：グーグルゾン時代のポイントエコノミー』東洋経済新報社。

安岡寛道（2014）『「ポイント・会員制サービス」入門：会員組織の構築と改善，成功のポイントと未来戦略』東洋経済新報社。

山本勲（2015）『実証分析のための計量経済学：正しい手法と結果の読み方』中央経済社。

守口剛（2002）『プロモーション効果分析』朝倉書店。

守口剛（2011）「"100人に1人がタダ"はなぜ魅力的なのか：行動経済学で考える価格効果（特集 行動経済学とマーケティング）」『流通情報』第43巻第3号，51-61頁。

流通経済研究所（2007）「商品ポイントプログラムの効果検証　業態別ディマンド・チェーン開発協同研究機2006年度報告書（会員限定公開資料）」。

事 項 索 引

著者略歴

中川宏道（なかがわ・ひろみち）

名城大学経営学部准教授

1998年慶應義塾大学経済学部卒業，2000年慶應義塾大学大学院経済学研究科修士課程修了，2017年九州大学大学院人間環境学府博士後期課程修了。博士（心理学）。

財団法人流通経済研究所研究員，中村学園大学流通科学部講師，准教授を経て，2018年より現職。

主要業績に「ポイントと値引きはどちらが得か？：ポイントに関するメンタル・アカウンティング理論の検証」（単著）『行動経済学』，「ポイント付与と値引きはどちらが効果的か？：マグニチュード効果を導入したプロモーション効果の推定」（共著）『流通研究』など。

ポイントカードの消費者行動

2024年10月5日　初版第1刷発行

著　者　　中川宏道

発行者　　千倉成示
発行所　　株式会社 千倉書房
　　　　　〒104-0031 東京都中央区京橋 3 丁目 7 番 1 号
　　　　　電話 03-3528-6901（代表）
　　　　　https://www.chikura.co.jp/

印刷・製本　精文堂印刷株式会社